Bien gérer son temps POUR LES NULS BUSINESS

Dirk Zeller et Patricia Lentini

FIRST Editions

12, avenue d'Italie
75013 Paris
Tél : 01 44 16 09 00
Fax : 01 44 16 09 01
Courriel : firstinfo@efirst.com
Internet : www.editionsfirst.fr

ISBN : 978-2-7540-8479-6
Dépôt légal : avril 2016
Imprimé en Italie par La Tipografica Varese Srl, Via Cherso 2, 21100 Varese

Traduction : Christophe Billon
Correction : Christine Cameau
Couverture et mise en page : Catherine Kédémos

À propos des auteurs

Dirk Zeller a démarré sa carrière il y a près de 40 ans, avec la tenue de stands où il vendait du citron pressé. Il a été loué pour ses qualités en matière de gestion du temps et son talent commercial dans tous les secteurs d'activité qu'il a côtoyés, du racquetball exercé au niveau professionnel à l'immobilier, en passant par la publicité, le marketing et le parrainage d'événements. Son talent de « gestionnaire du temps » a explosé dans l'immobilier, où il a vendu plus de 150 maisons par an en travaillant seulement du lundi au jeudi.

Depuis 1998, Dirk apprend à des dirigeants, responsables et commerciaux à mettre en œuvre des stratégies pour bien gérer leur temps, décrocher des succès et connaître la réussite commerciale, au sein de Sales Champions et Real Estate Champions, structures qu'il a créées. C'est l'un des conférenciers les plus demandés sur les thèmes de la gestion du temps, de l'optimisation des performances et de la réussite commerciale. Il s'est adressé à des centaines de milliers de personnes sur les cinq continents.

Dirk fait partie des auteurs qui ont le plus publié sur le succès, la gestion du temps, la productivité, le commerce et sur l'équilibre vie professionnelle/personnelle. Il a écrit cinq ouvrages à succès, publié plus de 400 articles et plus de 350 000 personnes lisent son bulletin d'information hebdomadaire.

Le temps le plus précieux aux yeux de Dirk est celui qu'il passe en famille avec sa femme Joan, son fils Wesley, et sa fille Annabelle. Il habite Bend, dans l'Oregon. Voici son site web, en anglais : `www.dirkzeller.com`.

Patricia Lentini est sophrologue certifiée. Spécialisée dans la gestion du stress, la communication et le développement personnel dans les domaines professionnel, universitaire, sportif et privé. Elle exerce en cabinet privé et anime différentes formations auprès d'entreprises, d'administrations et d'universités, en s'adaptant aux besoins spécifiques de chaque demande : gestion du stress, gestion du temps, gestion de soi, gestion en management…

Patricia a mis en place ces formations afin d'aider les individus à s'adapter le mieux possible aux nouveaux modes de vie et de travail. Elle apprend à mettre en pratique des stratégies simples, faciles et efficaces afin que tout individu trouve sa juste place et organise sa vie en fonction de ses propres choix malgré les contraintes qui lui sont infligées. En tant qu'enseignante, elle est également responsable de la formation de futurs praticiens.

Selon Patricia, avoir une bonne gestion de son temps favorise indéniablement une meilleure gestion de son stress. C'est donc une approche salutaire afin de préserver sa santé.

Patricia est l'auteur d'*Objectif no Stress*, une méthode positive pour comprendre et gérer le stress afin d'être serein au quotidien. Sa priorité dans la vie est de gérer au mieux son temps afin d'en consacrer le plus possible à sa famille proche. Elle estime que la vie est trop courte pour qu'on la rende compliquée. Elle trouve indispensable de prendre le temps de rêver, de penser et d'écouter afin de s'enrichir, de s'épanouir et de se sentir bien. Voici son site web : `www.institutdegestiondustress.com`.

Sommaire

Chapitre 13 : Optimiser la collaboration avec ses partenaires

Introduction

Le temps est la seule ressource que nous ne pouvons emprunter, acheter ou échanger. Et le temps se refuse à respecter l'un des principes essentiels de la loi de l'offre et de la demande : lorsque la demande explose, l'offre augmente pour répondre à cette demande. Le temps nécessaire pour parvenir à ses fins varie selon les individus, mais tout le monde est logé à la même enseigne en la matière : nous disposons en tout et pour tout de 86400 secondes par jour.

Votre faculté de gérer ce temps est vraiment l'une des deux premières causes de succès ou d'échec dans votre vie. Consacrer plus de temps à la satisfaction d'un besoin, à l'atteinte d'un objectif, voire à la prise en charge d'une faiblesse peut faire pencher la balance de votre côté. À de nombreux carrefours de ma vie, j'ai dû me résoudre à soutenir plus longtemps mes efforts afin de prendre une longueur d'avance sur mes concurrents. Je ne suis jamais parti du principe que je disposais d'un pouvoir mental largement supérieur au leur. C'est ma volonté de consacrer plus de temps à certaines tâches ou de rendre plus efficace l'utilisation de mon temps de travail qui a plutôt nivelé les forces.

Bien entendu, si vous passez trop de temps au travail, vous pouvez réussir votre vie professionnelle, mais échouer dans votre vie personnelle. Un vrai champion trouve son rythme dans sa vie privée et s'investit suffisamment pour entretenir des relations de travail qui l'enrichissent et le font grandir. La bonne nouvelle, c'est que ce livre traite les deux sphères, professionnelle et privée. Félicitations pour votre engagement à réussir dans la vie!

À propos de ce livre

Bien gérer son temps pour les Nuls vous apprend à utiliser plus efficacement le temps dont vous disposez afin d'obtenir de meilleurs résultats au travail et à la maison. Il va vous aider pour tout ce qui concerne l'organisation, la discipline, les automatismes, les objectifs, les valeurs, le style de management, la persuasion et même les voyages. Il ne s'agit pas d'un ouvrage théorique mais d'un manuel qui vous expose des techniques, stratégies et outils que j'ai personnellement utilisés, enseignés, conseillés et traités dans des conférences. J'ai pu constater qu'ils m'avaient beaucoup apporté dans ma vie, ainsi que dans celle d'une multitude de personnes.

Je vous aide à adopter mentalement les problèmes de gestion du temps, puis j'explique comment établir un système solide, reproductible à l'envi. Je vous présente des systèmes de « priorisation », des systèmes de catégorisation du temps, des stratégies de découpage du temps et des stratégies de fixation de rendez-vous.

À noter qu'en matière de gain de temps, le présent ouvrage fait aussi référence. Autrement dit, vous n'avez pas besoin de le lire du premier au dernier mot. Lisez le contenu en rapport avec vos besoins, puis appliquez les idées correspondantes.

Les conventions utilisées dans ce livre

Pour rendre ce livre le plus facile possible à utiliser, voici les conventions que j'ai décidé d'utiliser :

- Lorsque certaines adresses web tiennent sur deux lignes, je n'ai inséré aucun trait d'union en fin de ligne. Vous pouvez donc saisir dans votre navigateur l'adresse telle qu'elle apparaît pour trouver le site web souhaité ;
- Les termes nouveaux apparaissent en *italique* et sont rapidement suivis d'une définition facile à comprendre ;
- Le **gras** sert à mettre l'accent sur des mots clés apparaissant dans des listes ou à identifier les actions au sein de procédures à étapes ;

- Les dialogues sont reproduits en *italique* dans tout le livre. Vous pouvez les reprendre mot pour mot ou les modifier légèrement, afin d'améliorer votre gestion du temps.

Comment ce livre est organisé

J'ai divisé le présent ouvrage en cinq grandes parties afin de vous permettre de trouver votre bonheur le plus vite possible. Le texte est organisé de façon que vous puissiez sélectionner les thèmes qui vous intéressent ou lire la partie en question dans son intégralité. Voici ces cinq parties :

Première partie : La révolution en marche : des mesures simples pour commencer

La première partie fait le tour d'horizon des éléments les plus importants à maîtriser pour gérer votre temps avec efficacité. Je commence par vous aider à reprendre le contrôle dans le chapitre 1, puis, dans le chapitre 2, je vous montre comment ajuster vos objectifs par rapport au temps dont vous disposez. Dans le chapitre 3, je vous aide à percevoir la valeur du temps à la minute près.

Deuxième partie : Mettre en place un bon système

Quiconque sait bien gérer son temps a créé un système, certes personnalisé, mais qui présente nombre des stratégies et principes que j'expose dans cette partie. Le chapitre 4 approfondit les stratégies et outils de « priorisation », vous faisant découvrir les qualités les plus importantes d'un bon gestionnaire de temps. Il vous apprend à utiliser des tranches horaires pour cheminer vers le succès. Dans le chapitre 5, je vous montre comment surmonter les difficultés rencontrées dans votre espace de travail tout en clarifiant les questions technologiques dans le chapitre 6.

Troisième partie : Relever les défis de la gestion du temps

Quelles que soient vos compétences ou stratégies en termes de gestion du temps, vous serez régulièrement confronté(e) à des difficultés qui tendront à vous détourner de votre but. Je les passe en revue dans le chapitre 7 et vous indique comment faire passer votre message avec autorité, précision, clarté et concision. Dans le chapitre 8, je m'attaque au sujet qui concerne tout le monde : les interruptions au cours de la journée. Je vous apprends à abaisser votre niveau d'hésitation dans le chapitre 9 afin que vous puissiez vous montrer positif(ve) à propos de vous-même, de vos compétences et de vos résultats. Dans le chapitre 10, vous découvrirez comment prendre plus rapidement des décisions plus pertinentes et de meilleure qualité, de façon à vous éloigner des sphères de l'indécision.

Quatrième partie : Garder son efficacité au contact des autres

Personne ne travaille seul dans sa bulle. À un moment ou à un autre, vous avez besoin d'aider, d'administrer, de servir, de vendre, de gérer, de guider, de diriger et de déléguer. Dans le chapitre 11, je vous aide à traiter une plaie des plus agaçantes : gérer votre temps quand un supérieur hiérarchique ne vous facilite pas la tâche. La plupart des gens ont déjà vécu dans leur carrière de nombreuses réunions fastidieuses. Dans le chapitre 12, je vous aide donc à ériger des règles et à créer des processus pour éviter cette issue fatale. Je termine cette partie par le chapitre 13, qui offre un tour d'horizon des compétences nécessaires pour dénicher des clients potentiels, préparer des rendez-vous et inciter vos clients à prendre une décision rapidement.

Cinquième partie : La partie des Dix

Tout ouvrage *Pour les Nuls* se termine par cette célèbre partie, qui comprend ici quatre chapitres remplis de conseils consacrés aux thèmes suivants : les comportements générant une perte de temps, les habitudes favorisant une gestion du temps efficace, les mesures économes en temps pour votre vie privée et les techniques expliquant comment ne pas perdre de vue ses objectifs.

Les icônes utilisées dans ce livre

Des icônes situées dans la marge sont destinées à faciliter votre navigation au cœur de cet ouvrage. Elles signalent des infos importantes.

Cette icône vous indique que j'ai dévoilé des pans de ma vie ou de celle de mes clients qui ont réussi pour illustrer un élément abordé.

C'est l'équivalent du feu rouge sur la route. Lorsque vous croisez cette icône, attention… restez à distance raisonnable de la pratique, du comportement ou de la réaction que je décris.

Cette icône signale des informations essentielles qu'il faut absolument garder à l'esprit. Si vous ne deviez retenir que quelques notions, il s'agit de celles-ci. Vous risquez fort de les rencontrer régulièrement dans la pratique.

Cette petite cible met en lumière les petites pépites de connaissance dont l'acquisition contribuera à améliorer vos compétences en matière de gestion du temps.

Et maintenant, par où commencer ?

Cet ouvrage ne déroge pas à la règle immuable des livres de la collection « Pour les Nuls » : vous pouvez facilement accéder aux informations dont vous avez besoin, lorsque vous le souhaitez. Vous pouvez démarrer par la page 1 et effectuer une lecture linéaire, ou sauter d'un chapitre à l'autre dans le désordre au gré de vos envies ou besoins. Gardez ce livre à portée de main afin de vivre votre vie à fond pendant les 24 heures qui vous sont allouées chaque jour.

La première partie est un point de départ idéal car elle vous aide à surmonter les barrières mentales de la gestion du temps qui semblent parfois prendre la forme d'un mur infranchissable. Vous souhaiterez peut-être choisir les thèmes qui vous donnent du fil à retordre ou sont une source de frustration et d'agacement. Par exemple, vous pouvez lire le chapitre 10 pour trouver des moyens de combattre une tendance à tergiverser ou le chapitre 12 pour découvrir comment préparer une réunion.

Quel que soit l'endroit où vous piquerez une tête, vous vous retrouverez dans des eaux limpides, à bonne température, peuplées d'informations précieuses, que vous pêcherez afin d'améliorer vos performances sans rallonger votre temps de travail.

Première partie

La révolution en marche : des mesures simples pour commencer

« Actuellement, je bosse ma gestion du temps en revoyant mes priorités, en méditant et en limitant les visites de mon emmerdeuse de voisine. »

Dans cette partie...

Chacun a sa propre version du rêve au cours duquel vous essayez de vous diriger vers quelque chose et chaque pas vous demande un effort surhumain. C'est comme si vous couriez dans l'eau. Vos jambes pèsent une tonne. Pas besoin d'être un spécialiste de Freud pour l'interpréter : vous estimez ne pas satisfaire vos ambitions, non pas à cause d'un obstacle externe mais parce que vous faites des erreurs.

L'excellente nouvelle, c'est que vous pouvez aussi étudier les raisons de votre succès en matière de gestion du temps. Le chapitre 1 vous donne l'occasion de vous évaluer dans ce domaine, de découvrir l'importance de la création d'un système et de vous lancer, armé(e) de directives élémentaires. Le chapitre 2 passe en revue le processus de fixation des objectifs en accord avec vos efforts en matière de gestion du temps. Enfin, dans le chapitre 3, j'étaye un argument fondamental : le temps, c'est de l'argent, et vous explique comment calculer la valeur de votre temps.

Chapitre 1

Réunir les conditions du succès

Dans ce chapitre :

- Exploiter ses forces en matière de gestion du temps
- Créer un système de gestion du temps à toute épreuve
- Faire face aux plus grandes difficultés liées à la gestion du temps
- Soulever des problèmes avec les autres
- Exploiter ses qualités de gestionnaire du temps dans tous les domaines

En matière de temps, tout le monde est logé à la même enseigne. Qui que vous soyez, où que vous viviez et quoi que vous fassiez, votre journée fait 24 heures. Le plus riche des individus sur Terre ne dispose pas d'une minute supplémentaire chaque jour que le plus pauvre.

Si cet état de fait vous semble quelque peu décourageant, prenez-le ainsi : vous n'avez peut-être pas le pouvoir de vous octroyer plus de temps mais vous avez bel et bien la faculté d'en tirer le meilleur parti. Vous pouvez consacrer les 365 jours annuels, 7 jours hebdomadaires et 1 440 minutes journalières à remplir votre vie et à attirer le succès dont vous rêvez.

C'est justement le thème de cet ouvrage : contrôler l'usage que vous faites de votre temps afin de l'exploiter comme vous l'entendez. Ce contrôle, vous l'exercez, bien que vous n'en ayez pas toujours conscience et même si votre métier vous oblige à faire des heures supplémentaires, si vos enfants vous imposent de nombreux trajets en voiture, si vous avez des rêves et des objectifs vous forçant à acquérir de nouvelles compétences ou à poursuivre votre formation.

Quoi qu'il en soit, découvrir comment bien gérer son temps, c'est exécuter un processus de restructuration mentale mais aussi créer un système. Pour bien gérer son temps, il faut un peu d'introspection, de bonnes habitudes, des qualités organisationnelles et un bel éventail d'outils logistiques et stratégiques. Tous ces éléments s'acquièrent et sont présentés dans cet ouvrage. Par conséquent, si vous avez du temps, et je peux vous assurer que vous en disposez, préparez-vous à effectuer un périple qui, s'il ne vous accordera pas un bonus temporel, vous montrera comment exploiter de manière optimale les 24 heures que comptent vos journées.

Apprendre à se connaître

Si tout le monde bénéficie du même nombre d'heures chaque jour, les atouts précieux ne sont pas forcément équitablement répartis : qualités, intelligence, argent, ambition, énergie, passion, attitude, et même apparence. Toutes ces réserves uniques jouent leur rôle dans votre usage du temps. Alors, mieux vous vous connaissez (forces, faiblesses, objectifs, valeurs et motivations), plus il vous est facile de bien gérer votre temps. Dans cette section, vous allez prêter attention à vos forces et objectifs, réfléchir à la valeur du temps dont vous disposez et observer l'énergie et les modèles de comportements qui influent sur votre concentration tout au long de la journée.

Évaluer ses forces et faiblesses

Quand j'étais jeune, je pensais avoir un bon niveau (bon, d'accord, je l'admets, je croyais être *génial*) dans un plus grand nombre de compétences, de tâches et de boulots que je ne l'estime aujourd'hui. En fait, avec l'âge, je me suis aperçu que la liste des domaines dans lesquels je ne suis pas bon fait paraître minuscule celle des domaines dans lesquels je suis performant. En revanche, la prise de conscience de ces quelques compétences m'a apporté beaucoup plus que l'inconscience de mon incompétence affichée par le passé.

Malgré mes mauvais résultats au lycée, lorsque j'étais jeune adulte, je n'avais pas mon pareil pour savoir ce dont j'avais besoin pour réussir dans la vie comme je l'entendais. Un jour, j'ai compris qu'il me fallait faire face à mes responsabilités pour atteindre mes objectifs.

J'ai commencé par faire l'inventaire de mes atouts : j'ai dressé la liste de mes forces, qualités et même faiblesses. J'ai répertorié les domaines dans lesquels je devais progresser et les caractéristiques à exploiter. C'est là que je me suis aperçu que si des gens étaient plus intelligents, avaient un bagage scolaire plus important, étaient plus riches et connaissaient un plus grand nombre de personnes influentes que moi, le temps dont nous disposions était le même. Et que, si je voulais progresser, il m'incombait d'exploiter le temps que j'avais devant moi pour en récolter les meilleurs fruits. Ma volonté de consacrer plus de temps pour réussir a contribué à équilibrer les chances et m'a aidé à jouir de la réussite qui est la mienne aujourd'hui.

Il y a de fortes chances qu'à ce stade de votre vie, vous ayez découvert en vous des qualités et compétences, innées ou durement acquises. Vous êtes peut-être un négociateur hors pair, un génie des chiffres, un excellent écrivain ou un orateur né. Quelles que soient vos forces, développer celles à même de vous récompenser de la meilleure manière et aller de l'avant afin d'atteindre vos objectifs est une résolution plus productive que tout faire pour exceller dans tous les domaines. Pour la plupart des individus, ces forces se comptent généralement sur les doigts de la main.

Outre l'identification de vos forces, il vous faut découvrir les domaines dans lesquels vous avez des lacunes. Repérez ensuite les tâches essentielles pour remplir vos objectifs, puis acquérez ces compétences. Passez du temps à exploiter et à renforcer vos points forts, sans oublier d'améliorer vos points faibles.

Pour réussir, vous devez faire des choix.

ANECDOTE

Jeter l'argent par les fenêtres

Un jour, j'ai vu sur un parking une femme jeter des pennies par terre. Lorsque je lui ai demandé ce qu'elle faisait, elle m'a répondu qu'elle venait de lire l'histoire d'un millionnaire qui avait calculé ce qu'il valait. Sur la base d'une heure de son temps, il avait déterminé que les quelques secondes qu'il lui fallait pour ramasser un billet d'un dollar sur le trottoir ne valaient pas le coup qu'il se baisse. Elle avait cependant décidé que, même si, dans son cas, le ramassage du billet d'un dollar valait la peine, elle pouvait se permettre de se séparer de quelques pennies.

J'estime qu'elle se fourvoyait, mais il est un enseignement à tirer de cet exemple : les minutes qui s'égrènent ont leur importance car le temps, c'est de l'argent, et le vôtre a aussi sa valeur. Le distribuer sans avoir conscience de sa valeur revient à jeter l'argent par les fenêtres. Le fait de connaître la valeur de votre temps vous permet d'accorder la priorité aux tâches qui vous rapportent le plus et de déléguer ou d'éliminer celles dont le rendement est le moins intéressant.

Se fixer des objectifs précis afin d'orienter sa quête

Vous savez pertinemment qu'il est beaucoup plus facile de rester concentré quand on a un objectif précis en tête. Par exemple, une femme souhaite perdre du poids mais elle a du mal à suivre un régime ou à respecter un programme d'activité physique. Mais, si son fils se marie dans trois mois, elle sera peut-être plus encline à garder le cap, évitera de se resservir à table et prendra la direction de la salle de sport.

N'OUBLIEZ PAS !

Vos objectifs peuvent vous pousser à adopter de bons comportements en termes de gestion du temps. Après tout, gérer son temps n'est pas vraiment un bienfait en soi, mais l'exploiter pour s'adonner à ce qui est réellement important pour vous est sans nul doute bénéfique, que vous économisiez pour partir à l'aventure une fois en retraite ou pour acheter la maison de vos rêves.

Pour vous servir de vos aspirations afin de favoriser une gestion réussie de votre temps, vous devez d'abord identifier vos objectifs puis les garder en permanence à l'esprit. Déceler les éléments les plus importants à vos yeux vous demandera peut-être une bonne dose d'introspection. Consignez tous vos objectifs par écrit, sans exception, puis suivez ces directives :

- **Ratissez large.** Fixez-vous de gros objectifs, tels que rejoindre le corps des Volontaires de la paix, ainsi que de plus modestes, tels qu'acheter l'an prochain une voiture respectueuse de l'environnement ;
- **Voyez les choses en grand.** Ne limitez pas vos rêves parce qu'ils ne vous semblent pas réalistes.
- **Soyez le plus précis possible.** Au lieu de vous contenter de dire « bâtir la maison de mes rêves », développez votre pensée : où se situera-t-elle ? Quelle sera la surface habitable ? Combien de pièces aura-t-elle ? À quoi ressemblera-t-elle ? Quand souhaitez-vous emménager ?
- **Ne vous contentez pas d'une seule catégorie d'objectifs.** Fixez-vous des objectifs concernant votre carrière, votre vie personnelle, votre situation sociale, votre richesse et n'importe quel autre pan de votre vie essentiel à vos yeux.

Le processus de recherche d'objectifs peut s'avérer une expérience amusante et stimulante. Vous allez pouvoir l'explorer dans le chapitre 2. Vous verrez également combien votre gestion actuelle du temps peut influer sur votre avenir.

Attribuer à son temps une valeur monétaire afin d'orienter ses priorités

La plupart des gens considèrent la valeur de leur temps par rapport à leur activité professionnelle. L'employé de restauration rapide sait qu'il a un salaire horaire minimum. L'artiste indépendant facture à l'heure. Le masseur propose des séances d'une demi-heure ou d'une heure. Mais, pour réellement apprécier la valeur de votre temps, vous devez également appliquer ce principe à votre vie personnelle. Dans votre vie privée, le temps est tout aussi précieux. Dans certains cas, le temps que vous avez pour vous n'a pas de prix.

N'OUBLIEZ PAS !

L'une des choses les plus importantes à retenir en lisant ce livre, c'est qu'il n'est jamais condamnable de ne pas réussir à tout faire. Il est en revanche essentiel de réaliser les choses importantes. En attribuant une valeur à votre temps et en utilisant les compétences acquises grâce au présent ouvrage, vous pourrez clairement distinguer l'essentiel de l'accessoire et faire des choix pertinents en toute connaissance de cause. Par exemple, si vous avez besoin de mettre 200 euros de côté par mois en prévision de l'entrée de vos enfants dans de grandes universités, vous estimerez peut-être qu'il ne vaut pas la peine de passer moins de temps avec votre famille pour faire des heures supplémentaires. Autre exemple, si vous détestez les travaux de jardinage, le fait de débourser 50 euros pour faire tondre la pelouse vous conviendra peut-être très bien, car cela vous permettra de passer deux heures devant la télévision à regarder un match.

ANECDOTE

Temps mort ! Aiguiser sa concentration en faisant une pause

Il y a une dizaine d'années, en passant en revue mes résultats commerciaux, j'ai essayé de comprendre pourquoi mes chiffres de ventes chutaient à la neuvième semaine lorsque j'avais enchaîné sans faire de pause. Je me suis très vite aperçu que ce déclin correspondait à une chute de ma concentration. C'est une tendance que j'avais observée les mois précédents. J'ai réalisé que la meilleure mesure était non pas d'en remettre une couche mais de prendre du recul. J'avais besoin de vacances.

J'ai également découvert que je n'avais pas besoin d'une semaine complète de repos pour revenir au travail frais et dispo, mais de quatre petits jours de vacances, un long week-end par exemple, pour fuir la routine et voir le monde sous un autre angle, qu'il s'agisse de me retirer en famille ou de faire une escapade à la plage.

Aujourd'hui, je planifie à l'avance l'année qui vient sur la base de ce rythme. À mesure que je vieillis, je constate que j'ai besoin de faire une pause toutes les huit semaines. Dans la prochaine décennie, c'est au bout de sept semaines que j'envisage de souffler, toujours pendant quatre jours.

Dans le chapitre 3, je vous aide à calculer la valeur d'une heure de votre temps, que vous soyez payé(e) au taux horaire ou non, afin que vous sachiez à quoi consacrer le plus clair de votre temps. Dans le chapitre 4, je vous présente une vérité universelle : 20 % de vos efforts produisent 80 % de vos résultats. En conséquence, une fois déterminé le type d'effort qui génère cet apport, vous pourrez mettre le paquet pour améliorer vos résultats. Le succès découle la plupart du temps de la décision de donner la priorité aux activités qui génèrent des résultats et en leur accordant l'attention qu'elles méritent, de façon que toutes les mesures prises pour améliorer votre concentration portent leurs fruits.

Trouver son rythme pour entrer « dans la zone »

Les sportifs disent qu'ils sont « dans la zone » lorsqu'ils attirent les excellentes performances comme un aimant. Je tiens tout de même à vous préciser que la zone n'est pas un lieu magique où tous vos vœux sont exaucés. Tout le monde peut entrer dans la zone sans argent ni magie. Il faut simplement de la concentration.

ANECDOTE

En tant qu'ex-joueur professionnel de racquetball dans les années quatre-vingt, je peux dire que je me suis retrouvé dans la zone à plusieurs reprises. J'ai ressenti cette même concentration et cette circulation d'énergie électrique dans des projets professionnels. Chaque fois, mon volume et ma qualité de travail atteignaient des niveaux incroyables. Si vous parvenez à contrôler votre concentration, vous pourrez entrer tous les jours dans la zone et réaliser des prouesses.

Si vous connaissez votre rythme (les périodes où vous êtes en pleine forme, les moments où vous êtes le plus à même d'exécuter certaines tâches), vous serez capable de mener vos activités les plus importantes quand vous êtes dans la zone. Chacun a son rythme de travail et l'identifier est une découverte personnelle majeure. Voici les aspects à explorer au cours de votre quête :

- Pendant combien d'heures pouvez-vous travailler à un haut niveau chaque jour ?

- À quelle heure êtes-vous le plus productif dans la journée ?
- Pendant combien de semaines pouvez-vous travailler à haute intensité sans prendre de congés ?
- Combien de temps doit durer votre pause pour que vous puissiez revenir aux affaires parfaitement concentré(e) et reprendre un rythme effréné ?

Suivre un système

Une gestion du temps efficace demande plus que de bonnes intentions et une solide connaissance de soi. Pour contrôler votre temps, un cadre s'impose. Dans votre arsenal doivent figurer le sens de l'organisation, une technologie vous permettant de garder le cap et des outils de planification vous aidant à maîtriser votre temps, heure après heure, jour après jour, semaine après semaine, etc.

La clé du succès en matière de gestion du temps est de créer un système solide que vous pouvez reproduire à l'infini. Les systèmes, normes, stratégies et règles protègent votre temps et vous permettent de l'utiliser au mieux. Ces compétences et qualités sont utilisables que vous soyez P-DG, commercial, cadre moyen, cadre supérieur ou agent administratif. Quel que soit votre travail ou votre environnement professionnel, la gestion du temps possède une valeur universelle.

Aménager son temps et créer une routine

Ce n'est pas parce que vous respectez un programme que vous allez récupérer vos jours de vacances perdus il y a des lustres, mais, en effectuant un suivi régulier des réunions, obligations et rendez-vous programmés, vous diminuez les risques de doublons ou de programmation irréaliste et intenable. La planification vous garantit de dégager avant tout suffisamment de temps pour les activités importantes.

Pendant des années, j'ai utilisé le système de tranches horaires que je détaille dans le chapitre 4. Il vous permet d'accorder des priorités (avec des routines, puis en gérant des tâches/activités individuelles), avant de traiter et de programmer des engagements et activités de moindre importance.

Rien ne vous empêche d'employer ces techniques de gestion du temps dans les autres domaines de votre vie. Voilà pourquoi je vous conseille de placer d'abord vos engagements personnels sur votre emploi du temps. Votre temps libre mérite toutes les attentions et vous pouvez l'exploiter encore mieux que vous ne le faites en appliquant des principes de gestion du temps.

Organiser son environnement

Un bon système de gestion du temps demande de l'ordre et de l'organisation. Le sens du rangement vous évite de perdre du temps à chercher sans arrêt les choses, des numéros de téléphone importants à vos chaussures. L'ordre physique permet de générer un certain ordre mental et vous aide à être plus performant(e).

Eh oui, votre espace de travail doit être bien rangé, les papiers et dossiers classés de manière pertinente afin que vous puissiez les trouver facilement. Votre bureau doit être net afin que vous disposiez de suffisamment de place pour travailler. Vos outils essentiels (téléphone, ordinateur, calculatrice) doivent être à portée de main, sans oublier, bien entendu, votre agenda. Votre mallette, votre programme de réunions et même votre armoire influent sur votre faculté de bien gérer votre temps. (Pour en savoir plus sur la façon d'avoir un bureau rangé, foncez au chapitre 5.)

Utiliser la technologie pour gagner du temps

Le sens de l'organisation ne doit pas se limiter à l'espace de travail : conservez certes à portée de main votre ordinateur mais veillez également à ranger dans celui-ci les fichiers, documents et coordonnées de vos contacts afin de pouvoir y accéder rapidement. L'ordinateur stocke votre liste d'adresses, garde une trace de votre correspondance et renferme votre calendrier et les rendez-vous programmés.

Mais il y a mieux. Le matériel moderne de téléconférence et visioconférence permet d'organiser des réunions hebdomadaires avec vos collègues travaillant à l'autre bout de la planète, sans avoir à remplir une fiche de frais de déplacement. Grâce aux téléphones portables 3G et au wifi dans les lieux publics, vous pouvez gérer vos affaires sur la route. Adieu la recherche désespérée d'un cyber café !

Le calendrier, outil de liberté

Trop de gens jugent toute cette structure trop contraignante. Ils pensent qu'ils gagneraient en liberté s'ils évoluaient dans un environnement moins rigide. Ils ont peur d'instaurer une routine qui les rendra prisonniers du temps.

Cependant, la plupart des personnes perdent un temps fou à traiter chaque journée à mesure qu'elle se présente. Elles ne font que *réagir*, à savoir qu'elles consacrent leur programme aux autres, au lieu d'*agir*, c'est-à-dire de planifier à quoi et comment consacrer le temps dont elles disposent.

Par exemple, supposons que vous ayez prévu un moment dans votre emploi du temps pour prendre les appels téléphoniques et résoudre les problèmes. Vous avez pris l'habitude de consacrer une tranche horaire donnée. Au lieu de traiter le problème à chaud, vous pouvez réserver votre réponse pour plus tard, lorsque vous êtes plus calme, plus concentré(e) et dans un état d'esprit propice à la recherche d'une solution.

La planification, qui semble de prime abord contraire à la notion de liberté, est la seule voie qui mène à la maîtrise du temps. Si vous optez pour la bonne routine, la simplicité, la productivité et la liberté seront au rendez-vous. Vous ne vous dites jamais « sur quoi est-ce que je vais travailler aujourd'hui ? » ou « qu'est-ce qu'il y a au programme aujourd'hui ? ». Et, une fois les tâches importantes exécutées, vous pouvez vous consacrer aux activités que vous aimez.

Si vous êtes épris(e) de liberté et que ma suggestion vous a interpellé(e), commencez par une petite routine. Posez-vous la question suivante : « Est-ce que je peux instaurer une routine quotidienne pour essayer ? Qu'est-ce que je peux faire sans me replier sur moi-même ? » Mettez ensuite en place une nouvelle routine chaque semaine. À la fin de l'année, vous aurez enrichi votre programme de plus de 50 éléments et constaterez que vous y avez largement gagné en termes de liberté.

En fait, la technologie progresse à un tel rythme qu'il faut lutter pour suivre la cadence. Dans le chapitre 6, je passe en revue les nombreuses technologies à votre disposition pour vous aider à exploiter au mieux votre temps.

Surmonter les obstacles en matière de gestion du temps

Tout le monde peut sortir vainqueur de la gestion du temps, mais ce n'est pas toujours de tout repos. Si vous êtes comme moi, vos journées ressemblent parfois à un jeu vidéo car vous risquez constamment de vous faire engloutir avant d'avoir franchi la ligne d'arrivée. Ce ne sont pas les menaces virtuelles qui vous guettent mais vos propres défauts (mauvaise communication, tergiversations et incapacité à prendre des décisions rapides et pertinentes), les collègues et supérieurs hiérarchiques qui perdent du temps, les interruptions dues au téléphone et aux visites, ainsi que les réunions qui n'apportent rien.

Bien communiquer

Bien communiquer est l'un des meilleurs moyens d'exploiter au mieux le temps dont vous disposez. Dans le monde de l'entreprise, parmi les plus grandes sources de perte de temps figurent, sans surprise, les discussions avec les collègues. Ce qui est surprenant en revanche, c'est qu'il ne s'agit pas de conversations privées se déroulant à la machine à café ou de potins échangés à la photocopieuse, mais des plaisanteries lors des réunions de service hebdomadaires, des réunions sans fin d'équipes de projet ou des digressions lors de présentations commerciales. Ce sont toutes ces réunions qui pourraient prendre dix petites minutes mais durent une heure, voire plus.

Vous avez cependant à votre disposition une arme redoutable pour dompter ces mauvais comportements : vos mots. Quelques remarques habiles vous permettent de conclure ces réunions avec des résultats satisfaisants.

Dans le chapitre 7, je détaille les types de situation les plus appropriés à chaque mode de communication principal (face à face, uniquement oral et écrit). Je propose également plein d'idées pour transmettre votre message et poser des questions de manière stratégique, succinctement et avec bonheur, afin que vos communications aboutissent à des résultats, actions et décisions, que vous animiez ou assistiez simplement à une réunion.

Empêcher les interruptions

Les interruptions s'immiscent insidieusement de plusieurs manières dans votre journée de travail. En dehors du collègue pénible qui débarque dans votre bureau en disant « T'as une minute ? », les interruptions prennent la forme de réunions improductives, d'appels téléphoniques, de conversations dans les couloirs que vous entendez depuis votre bureau et qui vous distraient. Même l'icône signalant que vous avez un message qui apparaît dans le coin de votre écran est perturbante.

En outre, la plupart des personnes qui gèrent mal leur temps s'interrompent elles-mêmes en essayant de faire trop de choses en même temps. Les études montrent que le multitâche n'est pas le style le plus efficace dans le monde professionnel. Les démarrages et arrêts constants perturbent le déroulement d'un projet puisqu'ils nécessitent une remise en route chaque fois que vous reprenez l'exécution de la tâche.

J'explore un certain nombre de ces interruptions dans le chapitre 8 et vous offre de nombreux conseils pour les prévenir et y couper court afin que vous puissiez reprendre votre ligne directrice.

Contrôler la tendance à remettre les choses à plus tard

Il est parfois tentant de se servir de ces interruptions comme prétexte pour reporter un projet ou une tâche. Quel bonheur de pouvoir rejeter la faute d'un retard sur quelqu'un d'autre ! Avant même de vous en être rendu compte, vous avez trouvé tant d'excellentes raisons de ne pas faire quelque chose que vous voilà au pied du mur avec une pression énorme sur les épaules.

Supposons que vous deviez écrire un ouvrage de 400 pages en dix mois. Vous avez devant vous pas loin d'un an pour boucler votre projet. Si vous approfondissez un peu la chose, vous constatez qu'il vous faut écrire 40 pages par mois, soit un peu plus d'une page par jour. Fastoche ! Vous pouvez vous permettre de ne pas commencer tout de suite. Attendez deux mois et vous devrez écrire 50 pages par mois. Cela reste faisable. Cependant, au bout d'un moment, de *faisable*, la réalisation de l'ouvrage devient *impossible*. Mais à partir de quand ? Quand vous avez quatre mois de retard et êtes obligé de produire tant bien que mal 100 pages par mois ou si vous attendez la dernière minute et vous retrouvez à devoir pondre 15 pages par jour ?

Il existe de nombreuses causes de tergiversations, mais la plupart des raisons invoquées pour vous y livrer vous mettent dans la panade. Le chapitre 9 traite les périls associés au fait de remettre au lendemain ce que vous pouvez faire le jour même. Vous y trouverez également des secrets pour surmonter cette tendance bien humaine.

Prendre des décisions : action !

L'une des choses les plus faciles à repousser à plus tard est la prise d'une décision. Même le report des décisions les plus anodines peut s'avérer particulièrement chronophage. Vous parcourez vos courriels et en sélectionnez un auquel vous réfléchirez et répondrez plus tard. Vous le relisez à plusieurs reprises mais ne parvenez toujours pas à vous engager à passer à l'action. L'expéditeur vous renvoie donc un autre message. Pour éviter de prendre une décision, vous posez deux questions, ce qui demande du temps et une certaine attention. Une fois le problème finalement résolu, vous vous apercevez qu'il vous a fallu mobiliser cinq fois plus votre attention que si vous aviez réglé la question sur-le-champ.

Nombreux sont les facteurs à créer la confusion et à entretenir une incertitude vous empêchant de prendre rapidement des décisions sensées. C'est souvent l'embarras du choix qui pose problème. La plupart des gens ont un mal fou à choisir entre la glace et le gâteau au chocolat au moment du dessert. Et pourtant, vous êtes chaque jour confronté(e) à des tas de choix. Disposer de plusieurs options est généralement une bonne chose, mais avoir trop de choix vous submerge, voire vous pétrifie.

Dans le chapitre 10, je vous indique comment réduire les options pour vous décider plus vite. Je révèle également une technique plutôt méconnue pour prendre des décisions avec succès : utiliser votre style comportemental naturel et l'intégrer à votre système de prise de décisions.

Obtenir du soutien tout en fixant des limites

Il arrive que votre famille, vos amis et vos collègues constituent votre plus gros obstacle à une gestion satisfaisante de votre temps. Qui vous appelle alors que vous êtes en pleine réflexion ? Qui vous attend à dîner alors que le délai de remise de votre proposition est pratiquement écoulé ? Quelles réunions vous obligent à faire une pause dans vos travaux de recherche fondamentaux ?

Malgré tous les défis qu'elles vous obligent à relever, ces personnes peuvent s'avérer vos meilleures alliées dans votre quête du Graal temporel. Les impliquer et les percevoir comme des camarades partageant les mêmes objectifs est un excellent moyen de compenser les interruptions dont elles se rendent inévitablement coupables.

Trouver un équilibre entre le travail et les moments passés en famille et avec les amis

Si votre devise est le travail et rien que le travail, c'est que vous n'avez pas une vie très équilibrée. Admettez que si votre carrière est partie prenante de votre identité, c'est aussi un moyen de soutenir des aspects de votre vie qui sont, je présume, plus importants à vos yeux : votre vie privée, qui englobe votre famille, vos amis, votre communauté, vos loisirs et activités sociales.

Si vous vous retrouvez constamment en fin de mois à rester très tard au bureau, c'est que quelque chose cloche : soit vous ne gérez pas bien votre temps, soit quelque chose ne va pas dans votre travail. Personne, pas même les avocats des grands cabinets, ne devrait faire régulièrement 70 heures hebdomadaires. Une semaine de 70 heures laisse peu de place pour le sommeil, les loisirs, la famille et la vie amoureuse.

Pourtant, le soutien des proches est vital pour réussir. Dans mon esprit, il ne fait aucun doute que ma famille passe avant mon travail, mais cela ne signifie pas que je peux mettre de côté mon métier quand je veux. Par conséquent, ma femme Joan et même mes deux enfants Wesley et Annabelle sont mes fidèles supporteurs. Nous œuvrons collégialement à passer plus de temps ensemble.

Le chapitre 5 dispense des conseils sur la façon de gérer son temps lorsque l'on travaille à domicile, tandis que le chapitre 3 vous dit comment privilégier le temps libre.

Rationaliser les interactions avec les collègues et clients

La plupart des gens évoluent dans un environnement où les interactions avec autrui sont régulières, qu'il s'agisse de collègues, d'associations professionnelles ou de clients. Dans une journée de travail, ce ne sont pas les occasions d'être interrompu, distrait ou de perdre son temps qui manquent. Outre les appels téléphoniques et les invasions de votre bureau, vous avez les rendez-vous professionnels, les collègues qui vous font attendre ou les réunions sans ordre du jour et mal animées.

Garder le contrôle de son temps au travail requiert des techniques de gestion des réunions, des rendez-vous et des autres interactions professionnelles, afin de les rendre au maximum efficaces et productifs. Que vous soyez l'instigateur de l'interaction ou un simple participant, vous avez la possibilité de la contrôler.

Et si vous vous trouvez dans un service commercial ou client ? Dans cette situation, contrôler son temps est un peu plus difficile. Pour réaliser la vente, vous devez prendre le temps que souhaite votre client potentiel. Et, quand vous devez régler un problème de service après-vente, votre objectif le plus important est de satisfaire le client. Mais vous pouvez réaliser une vente et contenter vos clients tout en contrôlant votre temps.

Faire en sorte que le patron ne soit pas la source d'une perte de temps

Essayer d'éviter que vos collègues ne viennent parasiter votre temps de travail est déjà épineux, alors dire à votre patron que vous n'avez pas de temps à perdre… Votre supérieur hiérarchique est pourtant souvent celui qui vous met le plus de bâtons dans les roues lorsque vous tentez de vous montrer le plus productif possible. Comment gérer un chef qui attend la dernière minute pour vous confier un gros projet à boucler pour hier ?

Quand vous avez à supporter un chef qui vous fait perdre du temps, vous devez être prêt(e) à user d'une bonne dose de diplomatie, ainsi qu'à vous montrer plus direct(e) dès le départ. Vous allez peut-être même être contraint(e) de suggérer certains des conseils et outils présentés dans ce chapitre et les suivants. Je vous montre dans le chapitre 11 comment aider votre chef à rester sur la bonne voie.

Rester très motivé

Selon Earl Nightingale, doyen du développement personnel, « le succès est la réalisation progressive d'un objectif ou d'un idéal louable ». Sa définition ne fait pas de la réussite un jalon mais un périple. À l'instar de la plupart des objectifs, la maîtrise de ses qualités de gestionnaire du temps ne saurait se matérialiser du jour au lendemain.

TRUC

Au cours de votre processus d'amélioration de votre gestion du temps, vous éprouverez par moments de la déception, doutant alors de la récompense obtenue pour tous les efforts fournis. Si vous êtes dans le creux de la vague (et cela arrivera), pensez à vous attribuer le mérite de tous les pas que vous effectuez dans la bonne direction. Pour rester motivé, un excellent moyen consiste à lier une incitation à une récompense. Autrement dit, récompensez-vous. Par exemple, si vous menez à bien certaines actions en rapport avec vos objectifs, prenez votre vendredi après-midi, offrez-vous une soirée dans votre canapé à regarder un bon film ou dînez dans votre restaurant préféré. Accordez-vous une récompense qui vous fait envie.

Faites franchir un palier à votre motivation en impliquant les autres dans la récompense. Signalez à votre conjoint(e) qu'une soirée au restaurant se profile si vous parvenez à remplir dans les temps vos objectifs hebdomadaires. Dites à vos enfants que si vous passez les deux prochaines soirées au bureau, vous pourrez tous vous rendre au parc d'attractions samedi. Cette stratégie est un moyen infaillible de doper votre motivation.

Lorsque vous œuvrez ardemment à vous améliorer, gardez à l'esprit les aspects positifs du but à atteindre et retenez deux vérités toutes simples :

- Vous êtes humain ;
- Le temps n'est pas extensible et il vous restera toujours quelque chose à faire.

Quelle que soit ma productivité, que j'aie simplement deux choses à faire ou une pile interminable de dossiers à traiter, que je quitte le bureau à une heure raisonnable ou que je travaille tard, il me restera toujours quelque chose à faire. Par conséquent, je ne suis pas obnubilé par ces tâches que je n'accomplis pas. Je me contente de conserver mon objectif en tête, de me fixer des priorités en conséquence, de déléguer dans la mesure du possible et de respecter avec soin mes limites. Ainsi, j'assume la quantité de tâches que je me sais capable de prendre en charge tout en restant heureux dans tous les domaines de ma vie. Lorsque le flot continu de travaux commence à vous peser, rappelez-vous que c'est le temps qui vous manque et non les choses à faire. Et ce n'est pas plus mal comme ça, non ?

Chapitre 2

Relier la gestion de son temps à ses objectifs dans la vie

Dans ce chapitre :

- Percevoir le lien entre la fixation des objectifs et la gestion du temps
- Coucher ses objectifs sur le papier
- Vivre et planifier en grand
- Trouver l'itinéraire qui mène le plus rapidement au succès

Aujourd'hui, plus qu'à n'importe quel moment de notre histoire, vous disposez de nombreuses possibilités, surtout si vous vivez dans un pays développé. Cependant, l'embarras du choix peut être source de confusion, de distraction et de perte de temps. Pour réussir dans n'importe quel domaine, il faut des objectifs, de l'assiduité et de la patience. Une question se pose donc : maîtriser vos rêves et désirs les plus précieux vous aide-t-il à en faire plus au quotidien ? Absolument ! Admettons par exemple que vous et votre conjoint(e) ayez toujours rêvé de partir pendant six mois à la découverte du monde pendant que vous êtes encore suffisamment jeune pour porter un sac à dos. Un tel objectif peut vous motiver à faire des heures supplémentaires ou à faire plus de ventes afin de mettre suffisamment d'argent de côté et de disposer du temps nécessaire pour cette aventure.

Même les objectifs à long terme peuvent influer sur la gestion actuelle de votre temps. Supposons que vous ayez l'intention de prendre votre retraite dans un modeste chalet des Alpes et de passer le restant de vos jours à écrire vos mémoires. Cet objectif ne pouvant être atteint que dans une trentaine d'années, votre priorité *actuelle* est plus probablement d'épargner, voire de prendre quelques cours d'écriture plutôt que de bâtir un chalet de 120 mètres carrés et d'apprendre à skier, à juste titre car les préparatifs qui s'imposent sont ceux qui vous permettront d'ériger votre chalet et de disposer de l'argent et du temps nécessaire pour écrire.

Tout le monde a des rêves et objectifs. Mais, pour en faire plus en moins de temps, pour créer le sens de l'urgence et faire preuve d'efficacité, il est fondamental de se fixer des priorités précises. Dans ce chapitre, je vous indique comment les coucher sur le papier, les classer de manière équilibrée, les diviser en parties plus accessibles afin de favoriser votre productivité.

Pourquoi il est nécessaire de consigner ses objectifs par écrit

Certaines études ont révélé que seulement 3 % des personnes qui se fixent des objectifs consignent leurs aspirations par écrit. Et je peux vous assurer que ce sont celles qui ont le plus d'argent, d'influence, de pouvoir, de prestige, de liberté et de temps pour accomplir leurs rêves. Pourquoi ? Parce que, comme le montrent de nombreuses études, les individus qui fixent précisément et notent leurs objectifs sont plus à même de les atteindre, plus vite et de manière plus directe. Les personnes qui ne définissent pas clairement leurs objectifs par écrit y consacrent plus de temps et obtiennent moins de résultats.

Lorsque vous prenez le temps d'écrire vos objectifs, ceux-ci deviennent plus précis et vous clarifiez le chemin à emprunter pour les atteindre, ce qui vous permet de :

- **Contrôler votre vie.** En identifiant, par écrit, ce qui est le plus important pour vous, vous signalez à votre cerveau qu'il ne s'agit pas d'un rêve à ignorer de type vague espoir, souhait flou ou vœu pieux, mais bien d'un projet auquel vous souhaitez consacrer du temps, des efforts, de l'énergie et des émotions ;
- **Tracer l'itinéraire le plus direct vers leur accomplissement.** Lorsque vous consignez vos objectifs par écrit, vous visualisez la destination finale avant même

de démarrer. Ils deviennent le cadre de votre gestion du temps et des priorités que vous fixez. Vous entamez le processus de planification et de mise en place de la stratégie qui vous servira à atteindre ces objectifs. Votre cerveau commence à rechercher le chemin le plus adapté, le plus direct et celui qui requiert le moins de temps ;

- **Limiter les détours.** Avez-vous déjà entendu cette phrase : « Si vous ne savez pas par où passer, n'importe quelle route vous y mènera » ? Le problème, c'est que si vous prenez *n'importe quelle* route, vous risquez de perdre trop de temps ou de vous retrouver dans un lieu qui n'est pas celui que vous souhaitiez. En consignant vos objectifs par écrit, il vous est plus facile de savoir si vos efforts vous en éloignent ou vous en rapprochent. Si vous avez vos objectifs bien en tête, les demi-tours sont moins nombreux, tout comme les tâtonnements qui ne mènent nulle part. Si vous savez que l'objectif de devenir « un père extraordinaire » figure en tête de votre liste, les heures supplémentaires, les multiples missions, les déplacements et autres actions vous éloignant de vos enfants ne vont pas vous distraire aussi facilement. Vous savez que vous avez plus de chances d'atteindre cet objectif en passant du temps avec eux, en les accompagnant à leurs activités extrascolaires, en faisant des promenades, en jouant au ballon, en vous déguisant ou en allant au parc avec eux ;
- **Rester motivé.** Les objectifs écrits renforcent votre motivation, en vous incitant à être plus performant, plus rapidement, afin de connaître le succès.

La fabuleuse liste de 50 objectifs

Lorsque vous dressez votre liste d'objectifs, vous devez prendre en compte les cinq sortes de souhaits que j'aborde dans cette section. Mon mentor Jim Rohn me les a enseignés lorsque j'avais une vingtaine d'années. Ces cinq questions ont considérablement réduit le temps dont j'avais besoin pour atteindre nombre des buts qui sont désormais barrés sur mes fiches d'objectifs. Elles peuvent vous permettre d'approfondir votre réflexion afin de bénéficier de plus de choses, d'enrichir votre être et de multiplier les succès.

Dès que vous aurez terminé cette section, ne poursuivez pas la lecture tant que vous n'aurez pas inscrit vos objectifs sur une feuille, au nombre de 50 minimum, à atteindre dans les dix prochaines années. Lorsque vous réfléchissez à cette liste, gardez ces principes à l'esprit afin de rendre la fixation d'objectifs efficace :

- **Assurez-vous que vos objectifs sont en phase avec vos souhaits.** Ne vous fixez pas d'objectifs en rapport avec ce dont vous estimez avoir besoin, ce que vous pensez mériter ou pouvoir atteindre raisonnablement. Privilégiez vos volontés. Votre succès sera conditionné par votre investissement au quotidien ;
- **Voyez grand.** « Visez haut ou disposez » est une philosophie que je conseille à mes clients et aux personnes qui participent à mes ateliers. Nombreux sont ceux à rechigner à se fixer des objectifs d'envergure pour diverses raisons, de la peur d'être déçu à la crainte de manquer de dynamisme et d'enthousiasme pour les atteindre.

  Si vous vous montrez conservateur dans votre façon de percevoir vos rêves (et privilégiez ce qui vous semble raisonnable ou réaliste), la probabilité que vous les dépassiez est mince, voire nulle. Mais, si vous laissez libre cours à votre imagination et visez votre rêve le plus fou, vous avez plus de chances d'atteindre le niveau de bonheur et d'accomplissement envisagé. Les rêves et objectifs d'envergure sont source de dépassement de soi, afin de décrocher ce qui vous tient vraiment à cœur. Ils favorisent une exploitation optimale de votre temps et de votre énergie ;
- **Choisissez un moment situé dans le futur et procédez à rebours.** Décomposez n'importe quel objectif distant de plus de dix ans en sous-objectifs d'une durée plus modeste afin d'accroître votre engagement et l'intensité des efforts à fournir. Reportez-vous à la section « Déterminer la durée de chaque objectif », plus loin dans ce chapitre ;

- **Optez pour des objectifs mesurables.** Lorsque vous définissez un objectif mesurable et quantifiable, vous savez que vous ne pouvez transiger sur la valeur du résultat final. Soit vous avez atteint l'objectif, soit vous ne l'avez pas atteint. Vous savez également où vous en êtes à tout moment. Il existe deux sortes d'objectifs en matière d'évaluation :
  - **Les objectifs quantifiables.** Lorsque l'objectif est quantifiable, la progression est facile à obtenir. Par exemple, vous le savez quand vous avez gagné un million d'euros ou perdu 15 kilos. La lecture du relevé de banque ou du pèse-personne est facile. Lorsque vous vous fixez des objectifs financiers ou chiffrés, soyez précis(e). Vous souhaitez un salaire mensuel donné, mettre de côté une certaine somme chaque année, courir un certain nombre de kilomètres d'ici septembre ?
  - **Les objectifs non quantifiables.** Pour évaluer un objectif non quantifiable, concentrez-vous sur la façon dont vous saurez qu'il est atteint. Par exemple, la reconnaissance d'une institution fera-t-elle de vous un archéologue mondialement reconnu ? Le fait d'être élu président de la chambre de commerce fera-t-il de vous un acteur de poids de la vie économique aux yeux de votre communauté ? Est-ce que le fait que vos enfants soient plus reconnaissants de vos efforts fera de vous une meilleure maman ou un meilleur papa ?

Lorsque vous faites le tour des 50 objectifs à atteindre dans les dix ans qui viennent, réfléchissez aux cinq questions clés suivantes afin de guider votre démarche.

Que souhaitez-vous avoir ?

Cette question concerne les acquisitions matérielles. Quels biens aspirez-vous à posséder ? Une piscine ? Un voilier ? Rêvez-vous de vous payer une voiture de sport ? Aspirez-vous à vous créer un jardin à la française dans votre propriété ?

Avez-vous envie d'engager du personnel pour faire le ménage et la cuisine ? Aimeriez-vous disposer d'un jet privé, vous offrir des vacances d'hiver dans les Caraïbes ? Si votre logement est une priorité, imaginez l'endroit où vous aimeriez vivre : sur la Côte d'Azur, dans une grande propriété, dans un loft dans le 16e arrondissement de Paris, dans une demeure qui fonctionne à l'énergie solaire et éolienne, dans une villa en Toscane ?

Si les biens sont des éléments importants, ils ne constituent généralement que des moyens de parvenir à vos fins, vous permettant de vous offrir le mode de vie dont vous rêvez.

L'un des meilleurs objectifs que j'aie atteints a été de posséder deux maisons, une principale et une secondaire dans laquelle je peux me retirer. Le fait d'atteindre cet objectif m'a également incité à optimiser le temps passé au travail afin d'apprécier de longs week-ends dans ma résidence secondaire.

Que voulez-vous voir ?

Quand vous vous demandez ce que vous voulez voir, pensez expérience. Les voyages ont de fortes chances d'avoir une place à part à vos yeux. Je suis certain qu'il existe au moins dix endroits qui vous font rêver. Certaines merveilles vous fascinent-elles ? Les pyramides d'Égypte, la Grande Muraille de Chine ? J'effectue quelques déplacements à l'étranger pour mes affaires et cela renforce mon désir de visiter d'autres coins de la planète et de découvrir d'autres modes de vie.

Votre soif de découverte peut concerner certains endroits peu communs, tels que des étendues désertiques ou des sommets enneigés si vous vivez à la campagne. Vos objectifs ont peut-être une origine plus personnelle : par exemple, visiter le pays dont étaient originaires vos ancêtres ou le village où ont vécu vos grands-parents.

Utiliser une méthode adaptée à soi

L'individualisme est essentiel en matière de création des objectifs et cela concerne à la fois les thèmes et la façon de les consigner. Il vous est peut-être plus facile de les saisir sur un ordinateur, à moins que vous trouviez plus d'inspiration en les couchant sur le papier de manière manuscrite. L'essentiel à retenir, c'est que, peu importe la méthode à partir du moment où elle favorise la circulation des idées. Ne vous laissez pas imposer vos objectifs, ni un mode de « stockage ».

Prenez mon cas : c'est mon troisième *Pour les Nuls* et je les ai tous écrits à la main ! Cette approche archaïque peut sembler ridicule au vu des moyens technologiques dont nous disposons aujourd'hui. Il me serait certainement plus facile d'utiliser un Dictaphone pour consigner mes idées, sans compter que cela représenterait un réel gain de temps. Moi, ça me convient. Il se trouve que le lien direct entre ma main, mon stylo, mes yeux et mon cerveau me permet d'obtenir un meilleur résultat. L'inspiration me vient souvent quand je couche mes pensées sur le papier. Je m'en tiens donc à cette routine et je confie à quelqu'un la transcription de ma prose sur un fichier électronique.

Que voulez-vous faire ?

Il est très probable que vos objectifs soient liés à ce que vous aimeriez faire à un moment de votre vie. Si les biens que vous souhaitez acquérir vous aident à vous façonner un mode de vie, cette question axée sur les actions à entreprendre concerne plutôt des événements situés hors du royaume quotidien. Dans la mesure où cette catégorie est immense, je conseille à mes clients de prendre en compte trois aspects :

- **Les activités.** Vous souhaiterez peut-être inclure des expériences à ne vivre qu'une seule fois dans sa vie : faire de la plongée avec les tortues de mer ou effectuer l'ascension du Kilimandjaro. Pourquoi ne pas faire du sport quatre fois par semaine ou assister à un concert de Céline Dion ?

- **Les compétences.** Par exemple, avez-vous toujours rêvé de parler l'espagnol ou le mandarin ? Aimeriez-vous jouer du piano ou de la guitare électrique ? Avez-vous tiré un trait sur une nouvelle expérience (faire du ski, du surf, pêcher à la mouche) parce que vous estimiez être trop vieux/vieille pour cela ? Que ces compétences puissent doper votre carrière ou vos revenus ou vous apportent simplement du plaisir, ratissez large et listez celles qui vous intriguent le plus ;
- **La carrière.** Comment souhaitez-vous vous épanouir à travers votre carrière ? Soyez honnête avec vous-même et découvrez comment vous aimeriez mesurer cette réussite. Aspirez-vous à être reconnu(e) comme le meilleur expert dans votre domaine, à gagner un prix international, à écrire un ouvrage qui servira de référence ?

ANECDOTE

Jauger son évolution personnelle

Voici une histoire vraie : lorsque j'ai gagné mon premier million, je venais d'avoir 30 ans, mais je peux sans conteste dire que ce n'est pas l'argent (dont j'ai malheureusement perdu une bonne partie à la suite de médiocres investissements) qui a donné toute sa valeur à cet objectif, mais plutôt les compétences acquises et les progrès personnels réalisés tout au long du processus de mise en place de la stratégie, ainsi que le temps consacré à la concrétisation de mon projet. Dans la mesure où j'avais changé en tant que personne, la réalisation de cet objectif était devenue moins difficile et les qualités que j'avais développées m'ont également permis de remplir d'autres objectifs.

J'ai évolué au rythme de chaque nouvel objectif que je me suis fixé. Pour atteindre mes objectifs dans l'immobilier, j'ai dû améliorer ma concentration et ma discipline. Lorsque j'ai décidé de me lancer dans le coaching et les conférences, il m'a fallu mieux analyser les comportements et mon sens du *leadership* pour emporter l'adhésion d'autrui. Enfin, en ce qui concerne la rédaction d'ouvrages susceptibles d'aider les lecteurs à réussir dans la vie, j'ai dû développer des trésors de patience, travailler mon sens de l'analyse et être mieux organisé.

Que voulez-vous offrir ?

Le grand industriel Andrew Carnegie a atteint dans la première moitié de sa vie son objectif de faire fortune. L'objectif de la seconde moitié de sa vie était de tout distribuer. C'est à sa philanthropie que l'on doit l'existence de nombreuses bibliothèques publiques aux États-Unis, au Canada et au Royaume-Uni.

Pour équilibrer tous les éléments de votre liste de 50 objectifs appartenant aux dimensions *vouloir*, *voir* et *faire*, incluez des objectifs appartenant à la dimension *offrir*. Que souhaitez-vous offrir en retour ? Comment voulez-vous partager votre fortune avec les autres ? Quelles causes vous sont chères ?

Votre liste d'éléments à offrir peut comprendre des objectifs monétaires (« donner 10 % de mes revenus à des associations caritatives »), mais votre épanouissement sera peut-être plus conséquent s'ils sont liés à vos autres centres d'intérêt. Par exemple, si vous aspirez à écrire un ouvrage à succès, vos objectifs peuvent être de soutenir une association qui organise des campagnes d'alphabétisation ou des programmes de lecture pour adultes. Si vous rêvez de visiter des lieux exotiques, vous pouvez participer à une opération humanitaire destinée à apporter des médicaments à la population d'un pays du tiers-monde. Si la défense de l'environnement vous tient à cœur, vous souhaiterez peut-être vous lancer dans l'écotourisme ou des opérations écologiques.

Que voulez-vous devenir ?

Dans un certain sens, ce que vous voulez avoir, voir, faire et donner dresse le portrait de la personne que vous souhaitez devenir. Mais, vous devez malgré tout visualiser et consigner par écrit les qualités que vous vous voyez développer tout en atteignant ces objectifs. La vraie valeur des objectifs n'est pas le résultat final mais la somme de connaissances et de compétences, la discipline et l'expérience acquises grâce à l'apprentissage, au changement, à l'amélioration et à votre investissement lors de la poursuite de vos objectifs. Souvent, ces caractéristiques découvertes ou consciencieusement développées constituent la seule acquisition durable à franchir avec succès l'épreuve du temps.

Comprenons-nous bien, je ne laisse pas entendre que vous devenez une autre personne. Je vous encourage à évaluer sérieusement et honnêtement les caractéristiques et résolutions les mieux adaptées à vos ambitions. Pour identifier les domaines sur lesquels vous concentrer, jetez un œil aux objectifs que vous avez couchés sur le papier (si vous n'avez pas encore lu les sections précédentes, faites-le avant de poursuivre). Puis, posez-vous les questions suivantes lorsque vous prenez en compte vos objectifs dans leur globalité :

- **Quelles caractéristiques personnelles devez-vous changer ou améliorer ?** Avez-vous besoin d'apprendre à vous affirmer afin de mieux vous y prendre avec votre chef ou vos collègues ? Faut-il que vous amélioriez vos qualités relationnelles ? Votre réussite est-elle contrariée par des accès de colère fréquents ?
- **Quelles résolutions devez-vous vous efforcer de prendre régulièrement ?** Êtes-vous capable de retarder la gratification et de faire ce qui s'impose au moment opportun ? Êtes-vous capable de mettre régulièrement de côté une certaine somme ou attendez-vous de gagner plus pour commencer à épargner ? Et si vous ne deviez jamais gagner plus ?

TRUC

Si vous avez du mal à repérer les domaines dans lesquels vous devez progresser, observez les personnes parvenues à atteindre les objectifs que vous visez, puis comparez vos caractéristiques et résolutions aux leurs.

Classer et équilibrer sa liste de 50 objectifs

Une fois dressée votre liste de 50 objectifs à atteindre dans les dix prochaines années, la tâche suivante consiste à tous leur attribuer une durée ainsi qu'une catégorie. Votre projet sera ainsi mieux ciblé et verra son intensité augmenter, ce qui peut accélérer la réalisation de vos objectifs et vous permettre de vérifier rapidement et facilement l'équilibre entre le temps consacré aux divers domaines de votre vie et la taille et la difficulté de ces objectifs.

Le but n'est pas d'obtenir le même nombre d'objectifs dans les six catégories mais de voir si une ou deux catégories sont moins bien dotées et de décider si vous devez mettre l'accent dessus. Il faut viser au final un système harmonieux qui traite toutes les dimensions de votre personnalité et auquel vous souhaiterez vous consacrer.

Déterminer la durée de chaque objectif

Je suis intimement persuadé que vous pouvez obtenir tout ce que vous voulez, mais pas en même temps, ni tout de suite. Ce n'est pas parce que vous vous êtes fixé l'objectif de perdre 10 kilos que vous allez vous réveiller amaigri le lendemain matin. La concrétisation de votre objectif implique un processus nécessitant une activité et une durée précises.

Ce ne sont pas les objectifs qui sont irréalistes mais plutôt leur durée. Le monde est peuplé d'individus ayant accompli des choses fabuleuses en prenant leur temps. Par exemple, on dit qu'Edison s'y est repris à 10000 fois avant d'inventer l'ampoule incandescente. Imaginez le temps qu'il faut pour échouer à 10000 reprises !

N'oubliez pas que votre liste renferme 50 objectifs à atteindre dans les dix ans qui viennent. Ceci dit, vous souhaitez peut-être en atteindre certains bien plus tôt, d'ici un an, par exemple. D'autres peuvent demander de remplir des objectifs intermédiaires. Par exemple, admettons que vous vouliez doubler votre revenu sous trois ans. Sachant pertinemment que vous n'obtiendrez pas une augmentation de 100 % de la part de votre employeur actuel, vous commencez à explorer d'autres pistes : un nouvel emploi mieux rémunéré avec une évolution de carrière rapide, des projets que vous pouvez réaliser en tant qu'indépendant pendant votre temps libre ou un investissement dans l'immobilier qui vous rapporte un loyer.

Avant de lire la section suivante, revenez à votre liste de 50 objectifs (créée dans la section « La fabuleuse liste de 50 objectifs », plus haut dans ce chapitre) et notez « 1 », « 3 », « 5 » ou « 10 » à côté de chaque objectif, afin d'indiquer si vous souhaitez atteindre cet objectif dans un, trois, cinq ou dix ans.

Lorsque vous commencez à réfléchir au temps nécessaire pour remplir vos objectifs, veillez à vous montrer raisonnable. Le caractère raisonnable de la durée choisie dépend exclusivement de votre situation. Pour vous aider à rester sur la bonne voie, procédez comme suit :

1. **Réfléchissez à la durée *idéale* selon vous pour atteindre cet objectif.**

   Seriez-vous satisfait(e) s'il vous fallait un ou trois ans de plus qu'escompté ou êtes-vous résolu(e) à l'atteindre dans un temps bien défini ?

2. **Jaugez la complexité de l'objectif.**

3. **Définissez les nouvelles connaissances ou autres ressources nécessaires pour remplir votre objectif.**

   Pour en savoir plus, reportez-vous à la section « Définir précisément ses besoins en ressources », plus loin dans ce chapitre.

4. **Prenez en compte le temps qu'il a fallu à quelqu'un d'autre pour atteindre un objectif similaire.**

Une fois chaque objectif classé, avec une durée, faites la somme des objectifs par durée et consignez les chiffres obtenus dans la figure 2.1. Voyez ensuite si l'ensemble est bien équilibré.

Durée	*Nombre d'objectifs par durée*
1 an	
3 ans	
5 ans	
10 ans	

Figure 2-1 : Équilibrer ses objectifs en termes de durée grâce à ce tableau.

Gardez à l'esprit, surtout lorsqu'il est question de finances, que vous devez apprécier le *processus* de réalisation de vos objectifs. S'il est important de planifier l'avenir, seul le présent est garanti. Pas question de vous priver de tout plaisir maintenant. Il vaut mieux vivre une vie équilibrée pendant que vous mettez en œuvre votre plan et l'ajuster en conséquence si les circonstances vous surprennent.

Affecter une catégorie à ses objectifs

Une fois vos 50 objectifs affublés d'une durée, la mission suivante est de leur affecter une catégorie, parmi les six suivantes :

C = Carrière

F = Famille

S = Santé

A = Argent/finances

P = Personnel

VS = Vie spirituelle

Lorsque vous répartirez chaque objectif dans une catégorie, vous vous apercevrez que, pour certains, la catégorie coule de source. L'objectif de devenir contremaître va bien entendu dans la catégorie C. Pour certains, le classement n'est pas aussi simple. Reprendre les études pour décrocher un master de gestion peut être placé dans la catégorie C ou P. Classez votre objectif dans la catégorie qui vous semble le mieux convenir ou n'hésitez pas à en mettre certains dans plusieurs catégories.

Revenez maintenant à votre liste de 50 objectifs et attribuez-leur chacun une catégorie. Comptabilisez ensuite le nombre d'objectifs par catégorie et consignez les résultats dans la figure 2.2. Voyez ensuite si le tout est bien équilibré. Avez-vous peu d'objectifs de santé ? Devriez-vous prêter plus attention à votre vie spirituelle ?

Catégorie	*Nombre d'objectifs par catégorie*
Carrière (C)	
Famille (F)	
Santé (H)	
Argent/Finances (M)	
Personnel (P)	
Vie spirituelle (S)	

Figure 2-2 : Équilibrer ses objectifs en termes de catégorie grâce à ce tableau.

Viser 12 objectifs pour commencer

À ce stade, vous devriez disposer de la liste des 50 objectifs que vous souhaitez atteindre dans les dix ans qui viennent, avec, pour chacun, une durée et le domaine associé (voir la section précédente). Le fait de disposer d'une liste fournie garantit de ne pas être à court d'objectifs une fois les premiers atteints. Cependant, courir après tous vos lièvres à la fois est source de frustration, de distraction et mène tout droit au fiasco.

La prochaine étape consiste à décomposer vos objectifs en sous-objectifs plus gérables, ce qui vous aidera à centrer votre énergie sur les éléments qui en demandent le plus. Les autres ne vous interrompront pas aussi souvent et vous développerez un sens des priorités car vous aurez des choses à faire, des endroits où vous rendre, des personnes à rencontrer, des choses à voir, des délais à respecter et des objectifs à rayer sur votre liste.

Restreindre sa liste

Pour réduire votre liste de façon à la rendre plus gérable, choisissez les trois objectifs les plus importants pour chaque durée : trois à atteindre d'ici un an, trois d'ici trois ans, trois d'ici cinq ans et les trois derniers d'ici dix ans.

Lorsque vous remplissez les objectifs de votre liste de 12, passez en revue votre liste de 50 et recalibrez vos 12 principaux objectifs, en en ajoutant de nouveaux et en rayant ceux que vous avez atteints. Continuez de réviser vos objectifs au moins une fois par mois. Vous devez avoir une idée des progrès réalisés. Votre confiance augmentant, vous êtes susceptible de mieux gérer les objectifs plus osés et difficiles. Le fait de redéfinir vos objectifs permet d'entretenir la dynamique instaurée.

Savoir pourquoi ses 12 objectifs majeurs sont importants à ses yeux

Trop souvent, les gens se focalisent sur la façon dont ils vont accomplir une tâche. La véritable magie en matière d'objectif réside cependant dans la dimension du *pourquoi*. Si le *pourquoi* est suffisamment imposant, le *comment* devient facile.

Cela fait près de 20 ans que j'ai découvert l'ouvrage de référence de Napoleon Hill, *Réfléchissez et devenez riche*. Il m'a permis d'explorer en profondeur ma conscience, à la découverte du *pourquoi* de mes aspirations et motivations, entre autres choses. Je suis désormais connu dans le monde entier pour mon succès dans l'immobilier et ma capacité à vendre plus de 150 maisons par an en ne travaillant que quatre jours par semaine. Ce n'était pas un hasard, mais bien mon objectif depuis le départ. Je suis certain que j'y suis parvenu parce que j'avais une idée très claire de la dimension *pourquoi* se cachant derrière.

ANECDOTE

Voici mon histoire : quand j'étais petit, mon père travaillait quatre jours par semaine. Il était toujours là le vendredi quand je revenais de l'école. Le plus gros avantage intervenait l'été, lorsque nous quittions Portland tous les jeudis après-midi pour passer trois jours dans notre résidence secondaire située au bord d'un lac près de la côte de l'Oregon. Parmi les meilleurs souvenirs de mon enfance figurent ces moments où je nageais, faisais du bateau, du ski nautique, marchais sur la plage et jouais lorsque nous séjournions au bord du lac. Je tenais à avoir exactement la même vie. Lorsque je me suis lancé dans l'immobilier, c'est ce désir qui m'a porté vers le succès, m'a conduit à bâtir une maison de vacances à Bend, dans l'Oregon, où Joan et moi avons passé trois jours par semaine pendant plus de cinq ans.

ANECDOTE

Bien que mon *pourquoi* remonte à ces moments de bonheur pendant mon enfance, gardez à l'esprit que les raisons peuvent aussi être tirées d'un facteur négatif. Des milliers de réussites sont nées d'une pauvreté insigne ou d'une tragédie personnelle. Le *pourquoi* de mon père, par exemple, provient de l'amour qu'il portait à ma mère, à qui l'on a diagnostiqué une sclérose en plaques lorsque j'avais trois ans. Jusqu'à ce que je sois en CE1, elle n'a plus remarché. L'objectif de mon père était de gagner suffisamment d'argent grâce à son métier de dentiste pour offrir à ma mère la vie la plus extraordinaire possible : voyager (même en fauteuil roulant) au Mexique, en Asie, à Hawaï (tous les ans) et dans de nombreux autres endroits, toujours avec ses trois fils. Mais surtout, il tenait à prendre soin d'elle dans la maison où elle avait élevé ses enfants et à lui offrir la meilleure qualité de vie imaginable eu égard à son état de santé.

En tant que coach, je ne peux que vous poser des questions et vous orienter vers votre dimension *pourquoi*, quelle que soit son origine (de bons souvenirs, l'adversité ou l'amour et l'engagement vis-à-vis d'autrui). Une fois vos 12 objectifs de départ choisis, trouvez pourquoi chacun d'eux est important pour vous et couchez la raison sur le papier. Pourquoi avez-vous opté pour ces 12 objectifs en particulier? Qu'est-ce qu'ils vous apporteront? Que ressentirez-vous lorsque vous les aurez atteints et que vous les barrerez sur votre liste?

TRUC

Pour aider votre subconscient à faire son œuvre, il est judicieux de lire votre liste d'objectifs à voix haute. Cette démarche renforce l'ancrage du message associé dans votre cerveau. Répétez-les et passez-les en revue régulièrement, tout en ayant une idée claire des raisons associées à leur réalisation, vous les conserverez toujours à l'esprit, même s'ils sont dans un coin de votre tête!

Définir précisément ses besoins en ressources

Pour atteindre vos objectifs, vous avez besoin de ressources, qu'il s'agisse d'argent, de contacts, de connaissances, de compétences, de temps, etc. Certains ont la chance de disposer de toutes ces ressources en abondance, mais il en manque au moins deux à la plupart des gens. J'ai peut-être les fonds pour m'entraîner à devenir un patineur artistique de niveau mondial, mais, dans la mesure où il me manque les compétences, je n'aurais probablement pas assez de temps pour acquérir le niveau qui me permettrait de postuler à une place dans l'équipe des États-Unis pour les prochains Jeux olympiques.

Même si vous abordez vos objectifs avec un déficit d'équilibre en termes de ressources, en exploitant soigneusement celles dont vous disposez, vous pouvez gommer de nombreuses lacunes. S'il vous manque une ou plusieurs ressources, il vous faudra peut-être investir de manière plus marquée dans celles que vous possédez. Prenez l'exemple des Jeux olympiques : je manque de temps et de compétences. Il faudra donc que je dépense plus pour me consacrer à plein temps à l'entraînement ou que je me donne plus de temps en visant plutôt les Jeux olympiques suivants.

En lisant les sections à suivre, évaluez les exigences en termes de besoins pour atteindre chacun de vos 12 premiers objectifs identifiés plus haut. Une fois terminée cette étape du processus de fixation d'objectifs, vous aurez un lot d'objectifs intégrable à votre planning, que j'aborde au chapitre 4.

Les fonds à consacrer : une idée capitale

La plupart des objectifs, s'ils n'ont pas pour thème l'*argent*, en nécessitent pour être menés à bien (faire construire la maison de ses rêves, partir en croisière, envoyer vos enfants dans une grande école privée, ouvrir votre propre brasserie). Même un objectif tel que décrocher un poste dans une grande entreprise, qui peut paraître centré sur des prétentions salariales, peut réclamer une formation supplémentaire ou l'achat d'une tenue décente pour les entretiens.

Si vous vous apercevez que votre objectif demande un certain capital, évaluez la somme le plus précisément possible, puis déterminez si vous disposez de suffisamment d'argent ou s'il vous en faut plus. Posez-vous les questions suivantes :

- Ai-je le temps de gagner la somme nécessaire pour financer mon projet ?
- Est-ce que je peux emprunter de l'argent ?
- Est-ce que je peux exploiter une autre de mes ressources pour compenser ce manque ?

Enrichir ses connaissances

Vos connaissances peuvent considérablement accroître votre espoir d'atteindre votre objectif dans le temps imparti. Tâtonner est un moyen coûteux d'arriver à bon port, surtout en matière d'investissement en temps. Par conséquent, si vous évaluez les objectifs figurant sur votre liste et réalisez qu'il vous faut de plus amples informations pour connaître le succès, posez-vous les questions suivantes :

- De quelles connaissances ai-je précisément besoin pour atteindre mon objectif ?
- Quel est le meilleur moyen d'acquérir ces connaissances ? Suivre des études en bonne et due forme ? Effectuer des recherches sur Internet ? Rencontrer des experts ?
- Combien de temps me prendra l'acquisition de ces connaissances et ce délai est-il adapté par rapport au délai dont je dispose pour atteindre mon objectif ?

Exploiter ses compétences

Pour remplir bon nombre d'objectifs, il vous faut des compétences que vous n'avez pas encore. Ne confondez pas connaissances et compétences. Les *connaissances* englobent la collecte et le traitement d'informations à exploiter pour mieux cerner un sujet. Les *compétences* impliquent la mise en pratique de cette compréhension de manière pertinente. Vous pouvez étudier le cœur et comprendre comment il fonctionne, voire savoir comment un pontage permet de réparer un accident cardiaque, mais vous ne tiendrez pas à réaliser l'intervention sans avoir les compétences d'un chirurgien expérimenté.

Observez de nouveau votre liste afin de cerner les domaines dans lesquels vous pourriez avoir besoin de compétences supplémentaires :

- Quelles sont les compétences nécessaires pour chaque objectif ?
- Les possédez-vous déjà ou vous faudra-t-il les acquérir ?

- Pouvez-vous acquérir ces compétences sans dépasser le délai dont vous disposez ? Si ce n'est pas le cas, comment pouvez-vous compenser cela ? Pouvez-vous trouver quelqu'un ayant ces compétences et lui demander de l'aide ?

Exploiter des ressources humaines

La plupart des gens mènent à bien un projet grâce à l'aide apportée par quelqu'un à un moment donné. Ne négligez donc pas le *facteur humain* lorsque vous rassemblez vos ressources. Le fait de disposer des bons contacts peut vous permettre d'atteindre vos objectifs. Prenez par exemple le rêve de travailler pour cette grande entreprise. L'un des meilleurs moyens d'y mettre un pied est de connaître une personne employée dans cette société ou qui a des relations en son sein. Mais, les ressources humaines peuvent contribuer à remplir d'autres objectifs, de l'achat de ce chalet à la montagne (mon oncle Sydney était persuadé que l'immobilier constituait le meilleur investissement) à l'apprentissage du saxophone (le serveur de votre bar préféré serait ravi d'arrondir ses fins de mois en vous donnant des leçons). Voici quelques questions à vous poser lorsque vous évaluez vos ressources humaines :

- Connaissez-vous quelqu'un ayant atteint un objectif similaire à celui que vous poursuivez et qui voudrait bien vous conseiller ?
- Si vous avez besoin d'une formation complémentaire mais ne disposez pas des fonds nécessaires, connaissez-vous des personnes à même de vous aider à acquérir ces connaissances ou auxquelles vous pourriez faire appel ?
- Connaissez-vous quelqu'un possédant les connaissances, compétences, relations ou fonds nécessaires pour remplir votre objectif ?
- Pouvez-vous exploiter des ressources humaines et vous servir des compétences de quelqu'un d'autre pour compenser vos lacunes dans le domaine en question ?
- Connaissez-vous quelqu'un qui pourrait vous aider ?

Réfléchissez à ce que pourraient en tirer les personnes que vous approchez si vous atteignez votre objectif. Pouvez-vous les rétribuer pour leur aide ? En contrepartie, pouvez-vous leur donner quelque chose qui a de la valeur à leurs yeux ? Pour certains, les remercier à l'avance leur suffit (même si, très souvent, les gens sont plus enclins à vous aider s'ils peuvent en tirer quelque chose).

Si vous ne trouvez personne susceptible de vous aider, vous serez contraint(e) de vous former vous-même. Par chance, il existe plein d'ouvrages, de cours et de séminaires parmi lesquels vous trouverez votre bonheur.

Chapitre 3

Accorder une valeur à son temps

Dans ce chapitre :

- Comprendre que tout un chacun a son « tarif horaire »
- Calculer la valeur de son temps
- Mieux exploiter son temps

Différents types de chiffres ont de l'importance à vos yeux, en fonction des valeurs qui sont les vôtres. Pour certains, il s'agit du taux de cholestérol et de la tension artérielle, pour d'autres du nombre d'années de mariage. Pour beaucoup de personnes, c'est l'argent qu'elles toucheront chaque mois une fois à la retraite et, pour certains, c'est le crédit qu'il leur reste à rembourser.

Mais je prétends personnellement que votre « tarif horaire » devrait figurer parmi vos chiffres fondamentaux, quelles que soient vos valeurs ou priorités, même si vous n'êtes pas rémunéré(e) à l'heure. La connaissance de la valeur de votre temps vous permet de décider à quoi et comment l'exploiter judicieusement, afin de tirer le meilleur parti de cette ressource limitée, en fonction de votre situation, de vos objectifs et intérêts.

Bien évidemment, plus vous élevez votre « tarif horaire » tout en respectant vos priorités, plus vous pouvez vous concentrer sur la réalisation de vos objectifs, puisque vous disposez d'un plus grand nombre de ressources (vous avez soit plus d'argent, soit plus de temps, en fonction de ce dont vous avez le plus besoin).

Dans ce chapitre, je vous montre comment optimiser votre valeur afin d'en récolter les fruits et d'obtenir ce qui revêt le plus d'importance à vos yeux. Je commence par démontrer en quoi votre valeur horaire est fondamentale pour bien gérer votre temps. Je vous aide ensuite à calculer la valeur globale de votre temps sur la base du revenu que vous permet de gagner votre emploi. (Si vous êtes payé(e) à l'heure, vous pouvez sauter cette section.) Je vous indique ensuite comment exploiter votre temps et votre argent, à la fois sur les plans professionnel et personnel, afin de faire grimper votre valeur horaire et de tirer le meilleur parti du temps que vous consacrez à vos diverses activités.

Bien saisir le concept derrière l'adage « le temps, c'est de l'argent »

Votre valeur horaire conditionne la qualité de votre vie, à la fois aujourd'hui et pour l'avenir. Votre revenu influe non seulement sur la façon dont vous exploitez votre temps libre mais il détermine également l'ampleur de ce dernier.

Comme vous pouvez l'imaginer, votre valeur horaire a un impact dans un large éventail de domaines. Par exemple, des études montrent que les personnes à faible revenu ont plus de problèmes de santé, notamment des maladies cardio-vasculaires et du diabète, souvent attribués à une mauvaise alimentation et à un manque de soins médicaux. En outre, la difficulté à joindre les deux bouts est source d'un stress important, lequel débouche non seulement sur des affections physiques mais aussi sur des dépressions et d'autres maladies mentales.

Bien qu'il soit important de vivre l'instant présent, il est également essentiel de ne pas perdre de vue l'avenir. La qualité de votre préparation influe bien sur celle de votre vie actuelle. Gagner suffisamment d'argent pour économiser en vue de votre retraite et d'autres événements de la vie (études des enfants) vous permet d'envisager l'avenir avec un sentiment de confort et de sécurité.

Votre temps libre a également une valeur. Le fait de connaître la valeur de votre temps de travail vous permet de mieux évaluer votre temps libre. Après tout, la plupart des gens travaillent afin de tirer le meilleur parti de leur temps libre, qu'ils consacrent à la famille, à des loisirs, à du bénévolat, à voyager ou à se former.

N'OUBLIEZ PAS !

Lorsque vous prenez conscience que votre temps libre possède une valeur monétaire au même titre que votre temps de travail, la nécessité de faire certains choix s'impose :

- L'argent que vont vous rapporter les heures supplémentaires effectuées vaut-il la peine de renoncer à vos vacances en famille ?
- Pourriez-vous travailler à temps partiel et rester à la maison avec le petit dernier ?
- Pouvez-vous vous permettre de prendre un congé sans solde afin d'aider à la reconstruction d'Haïti ?
- Devez-vous vous lancer dans le projet de travailler à votre compte durant trois mois pendant tous vos moments de libre afin de financer le voyage de vos rêves à Bali ?

Mais que vaut une heure de votre temps libre ? Eh bien, ce n'est pas évident à dire. Comment donner un prix au temps passé avec vos enfants en bas âge, aux voyages qui vous font découvrir de nouveaux horizons ou mettre sur le même pied une balade au calme dans les bois et une présentation stressante au travail ?

La dure vérité, c'est que vous n'êtes pas payé(e) lorsque vous ne travaillez pas. Mais cela ne signifie pas que votre temps libre n'a aucune valeur monétaire. Le simple fait de considérer votre temps comme une matière première dotée d'une valeur vous aide à identifier les activités les plus importantes à vos yeux. (Pour en savoir plus sur l'attribution d'une valeur à votre temps libre, reportez-vous à la section « Prendre dans sa vie privée des décisions axées sur la valeur du temps », plus loin dans ce chapitre.)

Calculer son revenu horaire

Quel que soit votre métier, le temps a un prix, certaines situations étant plus limpides que d'autres, comme lorsque des personnes sont rémunérées en fonction des heures qu'elles font. C'est par exemple le cas des consultants ou des femmes de ménage.

D'autres personnes sont rétribuées pour un projet donné, mais cette somme forfaitaire est en fait calculée en fonction d'une estimation du nombre d'heures qu'il leur faudra pour mener le projet à bien. Un rédacteur indépendant peut par exemple vous facturer 1 200 euros la réalisation d'une brochure promotionnelle, mais ce tarif reflète la valeur qu'il accorde à l'heure de travail, par exemple 70 euros.

Certaines entreprises facturent à l'heure alors que les salariés qui réalisent les travaux ne sont pas payés à l'heure. Leur salaire est en fait indexé sur les recettes perçues par l'entreprise pendant ces heures de travail. Les cabinets d'avocats et plombiers, par exemple, peuvent facturer à l'heure et verser à leurs employés un salaire mensuel ou horaire.

Si vous percevez un salaire, vous n'estimerez peut-être pas que votre travail possède une valeur horaire. Et pourtant, personne n'y échappe. Voici comment calculer votre revenu à l'heure. Ce chiffre n'influe pas sur la façon dont vous êtes payé(e) mais vous montre ce qu'une heure de travail vous rapporte.

1. **Calculez le nombre d'heures que vous travaillez par semaine.**

   Heures de travail par jour × jours par semaine + heures supplémentaires = heures par semaine

   Pour être tout à fait précis, calculez votre taux horaire en fonction des heures réellement travaillées. Si vous faites régulièrement plus de 35 heures par semaine (beaucoup de salariés ne sont pas payés en heures supplémentaires pour le temps qu'ils font en plus), ajoutez ces heures à votre total. Voici un exemple :

   7 heures par jour × 5 jours par semaine + 2 heures supplémentaires = 37 heures par semaine

2. **Découvrez combien d'heures vous travaillez par an.**

   Heures de travail par semaine × semaines par an = heures par an

   Veillez bien à soustraire les congés. Par exemple, si vous avez le droit à cinq semaines de vacances par an, soustrayez-les du nombre total de semaines travaillées. Si votre salaire est calculé sur la base de 47 semaines de travail effectif, à raison d'une moyenne de 37 heures par semaine, voici le nombre d'heures que vous travaillez par an :

37 heures par semaine × 47 semaines par an
= 1 739 heures par an

3. **Divisez votre salaire brut par le nombre d'heures travaillées par an.**

   Salaire / heures par an = revenu horaire

   Par exemple, 60 000 euros divisés par 1 739 heures est égal à 35 euros.

Faire grimper sa valeur horaire grâce aux efforts fournis

L'argent n'est pas la ressource la plus rare et précieuse. C'est bien le temps. Il existe de multiples façons de gagner plus d'argent, mais aucune d'ajouter des minutes à une heure. Cette précieuse matière première apparaît en quantité limitée, il faut donc la protéger et la dépenser comme s'il s'agissait de votre caisse personnelle.

La plupart des gens pensent qu'en faisant plus d'heures, ils gagneront automatiquement plus d'argent. Ce raisonnement est erroné : vous pouvez passer plus d'heures à travailler mais si vous les consacrez à des missions qui ne portent pas leurs fruits, vous ne gagnez rien et vous perdez du temps.

La solution pourrait être de demander une augmentation. Certains employés contrôlent parfaitement leur revenu horaire et peuvent donc facturer plus cher de l'heure. Le rédacteur indépendant peut passer de 50 à 55 euros de l'heure et donc percevoir 50 euros de plus pour un projet de dix heures. Un conseiller fiscal peut faire évoluer son tarif pour la préparation d'une déclaration fiscale de 360 à 390 euros. S'il lui faut six heures par déclaration en moyenne, il passera donc seulement de 60 à 65 euros de l'heure.

Cependant, il n'en demeure pas moins que la plupart des gens ne peuvent se payer le luxe d'augmenter leur revenu quand ça leur chante. Quelle est la meilleure chose à faire, alors ? Modifiez la façon dont vous exploitez votre temps afin d'obtenir le meilleur retour sur investissement possible. Après tout, c'est ce que vous faites de votre temps qui peut accroître votre prospérité.

Pour augmenter votre valeur horaire, vous devez décider d'essayer de gagner plus ou de disposer de plus de temps. Concentrez-vous ensuite sur des activités à haute valeur ajoutée afin d'atteindre cet objectif. Le processus de recherche de ces actions essentielles auxquelles consacrer votre temps peut contribuer à faire évoluer votre tarif horaire. C'est la situation dans laquelle vous vous trouvez qui dictera votre choix : gagner plus d'argent dans le même laps de temps ou gagner autant en y consacrant moins de temps :

- Si vous êtes rémunéré(e) à la commission ou sur la base de primes, vous pouvez accroître votre productivité afin de gagner plus ;
- Si vous percevez un salaire, vous pouvez trouver des moyens d'être plus productif pendant votre semaine de 35 heures et diminuer les heures supplémentaires travaillées.

Cependant, si votre emploi ne vous permet pas d'augmenter votre valeur horaire, aussi bien en termes d'argent que de temps, il vous faudra prendre des décisions essentielles. Les autres changements que vous pouvez réaliser pour influer directement sur votre revenu sont les suivants :

- Trouver un poste similaire dans une société qui propose un meilleur salaire ou vous permet de travailler moins ;
- Vous montrer plus performant(e), de façon à bénéficier d'une augmentation ou d'une promotion. Sachez cependant que vous êtes tributaire de l'avis de votre supérieur hiérarchique.

TRUC

Veillez à ne pas limiter votre conception de *retour sur investissement* à une question d'argent : demandez-vous si le changement améliore votre qualité de vie. Voyez comment votre vie privée changerait si vous doubliez ou tripliez votre tarif horaire. Le jeu en vaut la chandelle si ce que vous échangez pour des euros :

- Accroît votre capacité à gagner plus d'argent ;

- Vous permet de passer plus de temps en famille ;
- Diminue votre temps de travail ;
- Améliore votre santé physique et mentale ;
- Rend service à quelqu'un qui en a besoin ;
- Vous épargne une chose que vous n'appréciez pas ou qui ne vous réussit pas.

Il s'agit simplement d'observer la stratégie globale associée à l'amélioration du retour sur investissement. Le chapitre 4 entre dans le détail en vous aidant à programmer les choses à faire au quotidien afin d'être certain que tous les efforts fournis sont en accord avec vos objectifs (voir le chapitre 2).

Prendre dans sa vie privée des décisions axées sur la valeur du temps

Lorsque vous vous penchez sur votre vie privée, séparez le tableau en deux : tâches ménagères/responsabilités et loisirs. Bien que le temps libre puisse sembler très simple, il existe vraiment une différence entre les tâches ménagères et les loisirs, et c'est votre façon de gérer votre temps qui conditionne cette différence. Mais, quoi que vous fassiez de votre temps libre, vous pouvez lui attribuer une valeur égale à ce que vaut votre travail (même si vous n'êtes pas payé(e)) afin de vous aider à choisir des activités.

ANECDOTE

Aider les enfants à saisir l'équilibre temps/argent

Les déplacements professionnels peuvent beaucoup empiéter sur le temps libre (que vous souhaitez consacrer aux loisirs et à vous ressourcer). Votre journée de travail peut toujours se terminer à 17 h 30, mais au lieu de rentrer chez vous pour retrouver votre famille, vous regagnez votre chambre d'hôtel. Et votre week-end peut être amputé par un retour tardif chez vous.

Je connais le prix d'un poste où les déplacements sont nombreux. J'en paie le prix, ma femme en paie le prix, ainsi que mes enfants. À la fin de l'année, j'aurai parcouru les cinq continents, à donner des ...

...

conférences dans des pays du monde entier. J'aurai été absent de la maison pendant plusieurs jours, voire semaines de suite.

Lorsque mon fils Wesley avait cinq ans, je partais régulièrement pour une semaine de conférences. Il pleurait et me suppliait de ne pas y aller. Lorsque je vois mes enfants pleurer, je craque, mais je savais que je ne pouvais faire autrement. Voyant que tous mes mots rassurants ne parvenaient pas à le consoler, je me suis isolé avec lui et ai essayé de le raisonner.

Je lui ai expliqué que j'avais déjà promis aux gens auxquels je rendais visite que je viendrais et qu'il ne serait pas correct de ma part de ne pas respecter mes engagements. Je lui ai assuré que, s'il le souhaitait, je consentirais à cesser de donner des conférences pour passer plus de temps à la maison. Mais, nous serions alors contraints de changer certaines choses : nous devrions vendre notre maison afin d'en acheter une plus petite car papa gagnerait moins d'argent. Nous ne pourrions plus nous offrir certaines choses : des vacances, des sorties au restaurant, l'achat de certains jouets (comme le vélo qu'il me réclamait). J'ai terminé mon explication et lui ai posé gentiment la question suivante : « Tu comprends ? » Il m'a regardé pensivement pendant quelques secondes, puis a répondu : « Au revoir papa, à plus tard. » Puis, il est parti en courant.

Décider d'acheter ou non du temps : tâches ménagères et responsabilités

Lorsque vous avez une idée de la valeur horaire de votre temps (voir la section « Calculer son revenu horaire », plus haut dans ce chapitre), vous disposez des informations nécessaires pour effectuer de meilleurs choix en termes de temps. Les tâches ménagères doivent être effectuées, que vous les fassiez vous-même, les déléguiez, voire que vous payiez quelqu'un pour s'en charger. En matière de tâches ménagères, il reste à savoir si vous souhaitez vous y coller ou confier leur exécution à quelqu'un en échange de quelques euros. Vous devez vous poser la question suivante : « Le coût du temps nécessaire pour exécuter cette tâche est-il supérieur ou inférieur au coût de l'embauche d'une personne qui s'en chargera ? » Là, il s'agit simplement de comparer des chiffres. Pensez à la longue liste de tâches ménagères et de courses qui peuvent prendre tout le temps libre dont vous disposez. Si vous pouviez payer quelqu'un pour effectuer certaines tâches à un tarif égal ou bien inférieur à votre taux horaire, ne serait-ce pas un bon retour sur investissement ?

Par exemple, débourser 40 euros par semaine pour faire tondre votre pelouse n'était peut-être pas dans vos moyens auparavant. Mais, si vous estimez votre valeur horaire à 40 euros de l'heure et qu'il faut trois heures pour passer la tondeuse, vous venez tout simplement de vous octroyer 80 euros de temps libre (120 euros de temps libre moins 40 euros pour sous-traiter la tâche en question). En revanche, si vous avez du temps libre à revendre le week-end et adorez être dans votre jardin, payer quelqu'un pour tondre la pelouse sera peut-être un échange argent-temps sans aucune valeur pour vous.

Si vous adorez jardiner mais détestez faire le ménage, et que le ménage vous prend quatre heures (soit 160 euros si votre temps vaut 40 euros de l'heure), *pourquoi ne pas* vous offrir un service de ménage à 50, 60, voire 75 euros pour racheter les quatre heures qu'il vous faudrait pour tout faire ? Ainsi, vous passeriez quatre merveilleuses heures à soigner vos zinnias et haricots grimpants.

Prendre des décisions concernant l'utilisation de son temps : les loisirs

En matière de loisirs, votre décision est simplement conditionnée par votre volonté de vous y consacrer. Contrairement aux tâches ménagères, auxquelles vous ne pouvez décemment pas échapper, il vous est possible de vous priver de certains passe-temps. Lorsque vous êtes face à la décision d'accepter une invitation, de travailler comme bénévole dans une association ou de vous adonner à une quelconque activité, cela peut influer sur votre temps libre.

Considérer les récompenses

Un loisir doit vous procurer autant de bonheur ou comporter autant de valeur que votre revenu horaire. Certaines choses n'ont pas de prix, tandis que d'autres n'ont aucune valeur parce qu'elles vous épuisent au lieu de vous enrichir. Par conséquent, avec les loisirs, ce n'est pas une question de chiffres et de comparaison avec votre valeur horaire. La valeur d'une activité se détermine par rapport aux éléments suivants :

- Votre plaisir personnel ;
- Le service que vous voulez rendre à quelqu'un ;
- Le soutien aux personnes plus démunies que vous ;
- Le désir de donner de votre personne sans contrepartie ;
- L'héritage que vous souhaitez laisser aux autres.

Prendre en compte les coûts en termes de finances et de temps

Autre facteur à prendre en compte quand vous choisissez vos loisirs : le coût de votre temps libre. Souvent, ces activités demandent de l'argent. Lorsque vous devez payer pour apprécier certaines activités, posez-vous la question suivante : vous acquitteriez-vous du coût en termes de valeur horaire (plus tous les coûts de l'activité proprement dite) pour y participer ?

Admettons que votre revenu soit égal à 25 euros de l'heure. Si une connaissance avec laquelle vous n'avez pas énormément d'atomes crochus vous invite au vernissage de son exposition, cela vous en coûtera environ deux heures de votre temps libre, soit 50 euros. Prendrez-vous le temps d'y aller ? Probablement pas, si la compagnie de cette personne ne vous fait pas particulièrement sauter de joie.

Et qu'en est-il du scénario suivant ? Une association caritative locale vous demande de faire partie d'un de ses comités, ce qui vous mobilisera en moyenne dix heures par mois. La valeur totale sera donc de 250 euros de votre temps par mois. La valeur que vous gagnez à faire ce geste vaut-elle le coût qu'il représente ? Comment ce facteur s'inscrit-il dans vos objectifs généraux ? Appréciez-vous de faire partie de ce comité et êtes-vous passionné(e) par cette mission associative ? Avez-vous d'autres choses plus importantes à privilégier ?

Cela montre toute la subjectivité de la valeur d'une activité par rapport à son coût. Cette idée permet très certainement de s'assumer et se montre source de liberté à partir du moment où vous choisissez en toute connaissance de cause les activités auxquelles vous consacrez les heures à votre disposition.

Rester ouvert à toutes les expériences et faire usage de son temps avec pertinence

Le processus d'évaluation de votre temps libre est destiné à vous aider à bien l'exploiter et non à limiter vos expériences. Si vous avez des doutes à propos d'une activité mais avez déjà pris plaisir à la pratiquer par le passé et trouvé qu'elle en valait la peine, vous devriez probablement foncer. Considérez qu'elle fait partie de vos objectifs actuels ou futurs. Si vous appréciez les gens avec qui vous vous trouvez mais pas une activité, vous pouvez proposer de faire autre chose de façon à rendre la sortie plus digne d'intérêt.

Si vous abandonnez toute activité et vous vous retrouvez bêtement devant la télévision ou votre ordinateur à perdre votre temps, vous avez probablement besoin de clarifier un peu vos objectifs, à moins que ces derniers ne soient pas assez passionnants. Le chapitre 2 peut vous aider à mettre de l'ordre dans vos objectifs et à identifier les activités les plus enrichissantes à vos yeux.

Deuxième partie

Mettre en place un bon système

« Ce qui est amusant, c'est qu'il a passé 9 heures à ranger son bureau Windows. »

Dans cette partie...

À l'instar des travaux mécaniques complexes, la gestion efficace du temps repose sur un système bien conçu. Bien entendu, il faut disposer des bons outils pour le faire fonctionner de manière optimale. Considérez cette deuxième partie comme la boîte à outils nécessaire pour gérer votre temps.

Grâce à la précieuse règle des 80/20 et aux techniques de tranches horaires détaillées dans le chapitre 4, vous serez parfaitement armé(e) pour contrôler votre emploi du temps, vous dégager de précieuses minutes pour les choses les plus importantes, remplir vos objectifs les plus recherchés et concrétiser vos rêves les plus fous. Dans le chapitre 5, je m'attaque au sens de l'organisation, en commençant par votre espace de travail. (Après tout, si vous ne parvenez même pas à ouvrir vos tiroirs, il est difficile de faire quoi que ce soit.) Je vous aide à mener votre révolution technologique au chapitre 6, avec les ordinateurs, les bases de données, la gestion de la relation client et les systèmes de classement électroniques.

Chapitre 4

Concentrer ses efforts, classer les tâches par ordre de priorité et se bloquer du temps

Dans ce chapitre :

- Identifier les tâches et objectifs vitaux grâce à la règle des 80/20
- Accorder un ordre de priorité à ses activités
- Prendre l'habitude de se bloquer du temps
- Bien gérer ses créneaux horaires

Ce que vous faites de votre temps est plus important que la quantité de temps dont vous disposez. Tout comme l'identification et la compréhension de vos objectifs vous aident à bien gérer votre temps, bien l'utiliser contribue *considérablement* à raccourcir le chemin menant à ces objectifs. Si vous prenez grand soin d'exploiter judicieusement votre temps, le parcours aboutissant à la concrétisation de vos rêves a toutes les chances d'être paisible. Un vieux principe de gestion du temps dit que, pour chaque minute consacrée à la planification, vous économisez dix minutes lors de l'exécution. Passez une heure à planifier votre voyage et vous vous libérerez *dix* heures, pour obtenir de meilleurs résultats professionnels, diminuer votre stress et passer plus de temps agréable à la maison.

Le meilleur moyen d'atteindre vos objectifs est de les classer par ordre de priorité et d'échafauder un plan ordonné pour y parvenir. Une méthode universellement reconnue pour optimiser la productivité et connue sous le nom de *règle des 80/20* fait ses preuves depuis plus d'un siècle. Dans ce chapitre, j'en explique les principes généraux et je vous montre comment l'employer, au travail, à la maison, dans vos relations et ailleurs.

Les personnes les plus productives partagent une autre caractéristique : elles considèrent tout ce qu'elles font dans la vie comme un rendez-vous, accordent beaucoup de valeur à leur temps et aux activités pratiquées, qu'elles soient professionnelles ou personnelles. Elles accordent de l'importance à leurs fonctions, engagements et activités en les consignant par écrit et en leur attribuant un créneau, qu'ils soient ponctuels ou récurrents. Elles se fixent même des rendez-vous avec elles-mêmes.

Pour vous assurer de traiter vos priorités par ordre d'importance, vous devez employer une méthode de programmation, et c'est justement le thème du présent chapitre. Je vais vous aider à faire concorder votre investissement en temps avec vos objectifs (voir le chapitre 2), à classer les tâches par ordre de priorité et à créer un calendrier qui vous mènera à bon port en toute sécurité.

Centrer son énergie grâce la théorie des 80/20

En 1906, Vilfredo Pareto remarqua que, dans son pays natal, l'Italie, un petit groupe de citoyens (environ 20 %) détenait la majeure partie du pouvoir, de l'influence et de l'argent (environ 80 %). Cela signifiait bien entendu que le restant de la population (80 %) ne possédait que 20 % du pouvoir financier et politique du pays. Pareto repéra le même phénomène dans d'autres pays. Dans les années quarante, Joseph M. Juran appliqua le même rapport 80/20 pour des problèmes de contrôle qualité. Depuis, le monde des affaires fonctionne selon cette répartition (une petite quantité qui compte d'un côté et une grande quantité sans importance de l'autre).

Ce principe de base, selon lequel, dans tous les domaines, ce qui est essentiel est rare et ce qui est accessoire abonde est connu sous le nom de *règle des 80/20* ou de *principe de Pareto*. Elle s'applique pratiquement à toutes les situations. Je l'ai entendue dans le monde du travail (« 20 % de mes employés génèrent 80 % de mes recettes ») et même dans la bouche d'investisseurs (« 20 % de mes actions génèrent 80 % de mes revenus »). Comme je l'explique dans cette section, la règle des 80/20 peut aussi s'appliquer à la gestion du temps.

Faire concorder l'investissement en temps avec le rendement obtenu

En règle générale, seuls 20 % de ces choses auxquelles vous consacrez du temps produisent 80 % des résultats que vous souhaitez obtenir. Ce principe vaut pratiquement pour toutes les situations dans lesquelles vous devez budgéter votre temps pour accomplir quelque chose, que ce soit au travail, à la maison, dans votre vie amoureuse, etc.

L'utilisation de la règle des 80/20 pour obtenir une productivité maximale a pour objectif d'identifier les activités clés (les 20 %) les plus efficaces (qui produisent 80 % des résultats) et de veiller à les classer par ordre de priorité. Exécutez ces tâches vitales avant toutes les autres et cherchez éventuellement des moyens d'y consacrer plus de temps.

Dans cette section, je vous montre comment mettre en place la règle des 80/20.

Étape 1 : évaluer sa situation actuelle

Avant de concevoir une quelconque stratégie, vous devez observer en toute honnêteté votre façon d'utiliser votre temps. Pour les personnes qui ont des difficultés avec la gestion du temps, le problème se situe essentiellement dans les phases fondamentales d'évaluation et de planification. Démarrez votre évaluation par ces phases :

1. **Observez comment vous exploitez actuellement le temps dont vous disposez.**

   Le processus d'observation va vous permettre de repérer des comportements, habitudes et compétences qui influent positivement et négativement sur votre productivité. À quoi consacrez-vous la majeure partie de votre journée ? Dans quelle mesure parvenez-vous à respecter votre liste de choses à faire chaque jour ?

2. **Évaluez vos tendances personnelles en matière de productivité.**

   À quels moments de la journée avez-vous le plus d'énergie ? Quelles habitudes vous obligent à modifier vos plans de la journée ?

3. **Penchez-vous attentivement sur les interruptions que vous subissez régulièrement.**

   À quels moments de la journée êtes-vous le plus souvent interrompu(e) ? Quelle sorte d'interruptions subissez-vous le plus et quels en sont les auteurs ?

Plus loin dans ce chapitre, dans la section « Se bloquer du temps et se pencher sur sa liste de choses à faire », j'explique comment maîtriser et bloquer votre temps en vous constituant un agenda à partir de tranches horaires.

Étape 2 : identifier les principales tâches piliers de vos objectifs

Certaines personnes sont des adeptes de l'entassement : elles casent tout ce qu'elles peuvent… puis en ajoutent encore. Elles se gâchent presque toujours la vie car elles essaient d'en faire tellement qu'elles ne prêtent pas attention aux besoins élémentaires et finissent par s'épuiser. Ce sont la qualité de leurs actions et la quantité de tâches qu'elles exécutent qui finissent par en pâtir à cause de cet épuisement grandissant.

Pour travailler avec efficacité, vous devez identifier vos 80 %, à savoir les résultats que vous souhaitez obtenir. Décomposez votre liste d'objectifs (à laquelle je vous aide à réfléchir et que je vous invite à consigner dans le chapitre 2). Observez bien vos 12 principaux objectifs et identifiez les tâches à exécuter en phase avec ces objectifs. Si votre objectif n° 1 est de permettre à vos enfants de faire une grande école, par exemple, votre priorité ne sera sans doute pas de vous payer deux fois par an un séjour dans les Caraïbes, mais plutôt de réaliser des investissements sans risque et de pousser votre progéniture à bien travailler à l'école.

Une fois que vous savez précisément ce que vous devez faire, poursuivez un peu votre réflexion afin de vérifier que vous avez bien identifié tous vos objectifs et tâches essentielles.

L'une des plus grandes pertes de temps consiste à changer d'orientation, et d'objectifs. Les personnes et gestionnaires de temps à succès empruntent l'itinéraire le plus direct pour aller du point A au point B.

Voici les questions à vous poser au sujet de ces tâches primordiales :

- Combien de temps consacrez-vous à ces activités ? 20 % ? moins ? plus ?
- Que faites-vous le reste du temps ?
- Qu'obtenez-vous en retour de ce que vous faites le reste du temps ?

Étape 3 : accorder un ordre de priorité à vos objectifs quotidiens

Une fois identifiées les tâches et activités quotidiennes que vous devez accomplir pour atteindre vos objectifs, attribuez une valeur à ces derniers afin de les classer par ordre d'importance.

Prenons le scénario « faire entrer ses enfants dans une grande école » de la section précédente : bien qu'une autre de vos priorités soit d'être à la maison pour vos enfants, vous (en tant que parent au foyer qui accordez de l'importance au type d'éducation que vous pourrez fournir à vos enfants jusqu'à leur majorité, au-delà du bonheur d'être un parent au foyer) pouvez décider de revenir sur le marché du travail, face à l'explosion des frais de scolarité de votre progéniture, parce que vous savez précisément comment classer vos priorités. Cette vision limpide des choses peut vous aider à trouver un poste avec des horaires compatibles avec l'emploi du temps de vos enfants.

Pour personnaliser le mode de classement de vos objectifs professionnels, procédez comme suit :

1. **Prenez vos objectifs professionnels à long terme.**

   Souhaitez-vous atteindre un certain niveau ? Voulez-vous gagner un salaire précis ? Ou bien votre objectif est-il d'améliorer vos compétences avant de choisir votre voie ?

2. **Passez en revue les priorités de votre entreprise.**

   Bien comprendre les priorités, objectifs et principales orientations stratégiques de votre entreprise vous permettra d'orienter vos priorités afin de vous placer légèrement au-dessus de l'entreprise. Pour disposer d'une vision globale, considérez le cahier des charges de votre entreprise, ses valeurs et objectifs et voyez comment vous situer par rapport à ces éléments. Demandez à votre supérieur hiérarchique direct comment prendre en compte ses principes de fonctionnement et ses priorités, afin de pouvoir aligner les vôtres dessus.

Les 20 % essentiels : savoir sur quoi centrer son énergie au travail

Utilisée avec efficacité, la règle des 80/20 peut améliorer vos performances sur le terrain. De la salle de conférences au service courrier, en passant par la salle du personnel et les bureaux de la direction, ce principe de gestion du temps peut vous aider à exécuter plus vite les tâches les plus importantes et à gravir les échelons.

N'OUBLIEZ PAS !

L'investissement de 20 % dans les 80 % constituant les résultats demeure relativement constant. Grâce à plus d'une décennie de collaboration avec des hommes d'affaires en vue, j'ai assisté aux premières loges à un phénomène : les facteurs réellement importants du succès varient très peu d'une profession à l'autre. Les deux objectifs globaux de n'importe quelle entreprise florissante sont les bénéfices et la fidélisation de la clientèle. Les différences entre les professions tiennent à l'adaptation de ces objectifs globaux aux objectifs individuels.

Par exemple, voici comment la règle des 80/20 est prise en compte dans certaines grandes catégories d'emplois :

- **Chefs d'entreprise/postes de direction.** En tant que dirigeant ou chef d'entreprise, votre rôle le plus important est de tracer la ligne directrice, de fixer les objectifs et les repères de l'entreprise. Quels sont les valeurs et l'objet majeurs de l'entreprise ? Quels sont les objectifs de l'année en cours et du trimestre suivant ?

Quels sont les problèmes urgents à résoudre ? Quelles sont les forces, les faiblesses, les opportunités et les menaces pour l'entreprise et le marché ? Vous devez ensuite transmettre ces réponses régulièrement et en des termes clairs à vos seconds afin de responsabiliser ces derniers au respect des normes établies ;

- **Professionnels du commerce.** Pour les professionnels du commerce, la génération de pistes commerciales fournit 80 % du rendement. Sans nouveaux clients potentiels et pistes commerciales, votre fichier de clients existants et potentiels reste figé. Vos tâches les plus importantes sont donc la prospection et le suivi des pistes commerciales. L'une de vos priorités doit donc être de décrocher des rendez-vous et de tisser des liens personnels.

  N'oubliez pas vos clients existants. Cette règle des 80/20 vaut également pour eux : 20 % d'entre eux génèrent 80 % de vos recettes. Passez du temps avec ce groupe afin d'augmenter vos ventes et le nombre de recommandations de clients ;

- **Fonctions de management.** Pour vous qui occupez des postes à responsabilités, vos 20 % essentiels sont le coaching et la formation du personnel. Les stratégies de coaching servent à encourager et à rendre plus fort votre personnel. En outre, vous contrôlez qu'il adhère bien à la stratégie de l'entreprise et l'aidez à acquérir les connaissances, les compétences, l'attitude et les résolutions qui lui permettront de progresser ;

- **Fonctions d'exécution ou axées sur le service.** Ce groupe de personnes est celui qui varie le plus car il couvre un éventail très large. Pour identifier vos tâches vitales, jetez un œil aux objectifs de votre entreprise, de votre service, ainsi qu'à vos propres objectifs afin d'avoir une idée précise de votre rôle par rapport à la situation générale de votre environnement professionnel. Voyez ensuite quelles sont les responsabilités de votre poste à même d'accroître les ventes ou d'améliorer la fidélisation de la clientèle.

Ensuite, prenez en compte la valeur du produit ou service que vous offrez et pesez l'importance de la qualité par rapport à la rapidité ou à la quantité. Votre but ultime est de mieux servir vos clients de façon à approfondir vos relations avec eux. (Si vous doutez de l'influence de chaque élément, demandez à votre supérieur hiérarchique sur quoi vous devez porter vos efforts.)

  - Si la qualité est absolument prioritaire, demandez-vous comment commercialiser un meilleur produit ou service dans le temps qui vous est imparti.
  - Si le délai de livraison ou la quantité est plus importante, demandez-vous comment commercialiser plus efficacement ce produit sans perdre en qualité.

- **Postes de l'administration.** Si vous avez un rôle administratif, votre objectif est d'améliorer les performances de l'entreprise, que vous assistiez le personnel commercial de première ligne ou la direction à veiller à la rentabilité de l'entreprise. Si vous vous occupez des documents de promotion des ventes, comment pouvez-vous contribuer à décharger les commerciaux pour qu'ils se consacrent plus à la vente proprement dite ? Pouvez-vous rédiger les rapports à leur place ? Vous est-il possible de rechercher de nouveaux créneaux et d'obtenir des coordonnées ? Pouvez-vous également apporter la même aide au directeur commercial concernant les rapports et être mieux informé(e) des chiffres réalisés par les commerciaux afin de permettre au directeur de mieux orienter et suivre les commerciaux ?

  Si vous travaillez dans un service client, existe-t-il un problème récurrent à résoudre ? Êtes-vous en mesure de l'identifier ? Pouvez-vous trouver au moins deux solutions à ce problème et les soumettre à votre chef ? Vous pouvez devenir un élément indispensable de l'entreprise grâce à ces actes, gagner du temps et en faire gagner à votre hiérarchie.

Canaliser ses efforts dans sa vie privée

La règle des 80/20 n'est pas limitée à la sphère professionnelle. N'oubliez donc pas de l'appliquer également à votre vie privée, car elle peut aussi avoir un impact considérable à la maison. Pour la plupart des gens, c'est la vie de famille qui est la plus importante. Mais, étant donné toutes les sollicitations au travail, c'est souvent la cinquième roue du carrosse. En affectant des catégories et en classant par ordre d'importance vos priorités personnelles, vous pouvez personnaliser votre approche de votre vie personnelle et tirer le meilleur parti du temps passé en famille, avec vos amis et à vous adonner à des activités de loisirs.

Lorsque vous prenez en compte vos priorités dans votre vie privée, parcourez divers domaines : temps passé avec vos proches, une cause qui vous tient à cœur, votre foi, l'éducation et les plans pour l'avenir. Dans cette section, je traite les deux domaines de « priorisation » qui touchent le plus les gens (pour les autres situations, suivez le processus général présenté plus haut dans la section « Faire concorder l'investissement en temps avec le rendement obtenu »).

Se consacrer judicieusement à ses relations personnelles

Le côté génial de la règle des 80/20, c'est qu'elle ne s'applique pas qu'aux tâches concrètes, mais aussi à la qualité de votre temps et à l'énergie que vous mettez dans vos actes. Si vous avez un ou une partenaire, par exemple, voyez en quoi 20 % de tout le temps que vous passez avec lui ou elle façonne 80 % de votre relation.

ANECDOTE

Instaurer des traditions familiales

Ma femme, Joan, et moi-même avons deux traditions qui ne prennent pas beaucoup de temps mais contribuent fortement à nous rapprocher et à renforcer le partenariat que nous avons conclu en termes de responsabilités. Voici la première : nous sortons tous les vendredis soir. Nous avons une baby-sitter attitrée et, malgré mon programme chargé en déplacements, il est rare que nous loupions notre rendez-vous du vendredi. En dehors, nous partons une fois par trimestre, sans les enfants, pendant deux ou trois jours, afin de nous retrouver car la vie avec deux enfants actifs est assez trépidante.

Mes enfants et moi avons également de longue date deux traditions pour renforcer notre relation. Avec mon fils Wesley, nous prenons au moins deux vendredis par mois le petit déjeuner à l'extérieur. Nous passons environ une heure et demie à parler et à rire, puis je le conduis à l'école. Il attend toujours ce moment avec impatience et moi aussi. Annabelle, du haut de ses 3 ans, adore le thé. Je prends donc le temps de m'asseoir parmi ses animaux et jouets pendant qu'elle me sert le thé dans sa dînette. Ce moment dure moins longtemps qu'avec Wesley (heureusement, car rester assis sur un minuscule tabouret pendant plus de 45 minutes est mortel pour mon dos !) car, à son âge, sa faculté d'attention est limitée. Mais, elle aussi attend avec impatience l'heure du thé avec papa.

Le samedi matin, toute la famille prend le petit déjeuner à l'extérieur. Cela nous aide à reprendre contact et renforce notre communication pour la semaine suivante. Le dimanche soir est réservé aux jeux : nous éteignons la télévision et jouons à des jeux de société tous ensemble.

Vos traditions diffèrent peut-être des nôtres, en fonction de l'âge, des centres d'intérêt et des traits de caractère de vos proches. L'important est de trouver ce qui fonctionne le mieux, renforce le plus les liens et procure les plus beaux souvenirs. Bien entendu, je dois avouer qu'il est bien plus facile d'écrire sur l'utilisation, dans les relations, de la règle des 80/20 que de la mettre en pratique. Cela reste un véritable défi, même si vous en saisissez parfaitement le fonctionnement

En dehors du travail, les relations personnelles figurent en tête des préoccupations. Accordez-leur donc toujours la priorité, avant même de penser aux tâches ménagères. Évaluez vos relations avec chacune des personnes qui comptent dans votre vie (aussi bien la famille que les amis). Vous pourrez ainsi personnaliser votre approche des personnes et priorités de votre vie privée, au lieu de tout fourrer dans une seule catégorie « maison » et de ne peut-être pas accorder aux différentes personnes et activités toute l'attention qu'elles méritent. En matière de relations humaines, posez-vous les questions suivantes afin de mieux trouver l'équilibre 80/20 :

- Comment pouvez-vous consacrer du temps à cette personne pour favoriser une meilleure relation ?
- Quelle est la chose la plus importante pour cet être cher et comment répondre à ses besoins ?

De nombreuses autres questions peuvent vous aider à approfondir (les 20 %) les actions apportant de manière exceptionnelle amour, sécurité, appréciation, ainsi qu'une expérience confortant les relations à la maison. Par exemple, si vous avez des enfants, vous pouvez également vous poser les questions suivantes :

- Comment consacrer votre temps à conforter les centres d'intérêt naissant de cet enfant ?
- Comment pouvez-vous montrer et faire comprendre à cet enfant que vous tenez à lui ?
- Que devez-vous faire chaque semaine pour enseigner à un enfant une aptitude importante ?
- Quelles activités que vous partagez vous permettent d'agir en modèle positif ?
- Que pouvez-vous faire pour générer un bon souvenir de famille ?

Équilibrer les tâches ménagères avec les loisirs pratiqués à la maison

Regardons les choses en face : vos journées sont remplies de tâches dont le retour sur investissement n'est pas très élevé. Qu'il s'agisse de laver votre linge ou de remplir des papiers, ce ne sont pas les tâches incontournables – mais pas insurmontables – qui manquent. Et, dans votre vie privée, ces activités peuvent englober les tâches ménagères, l'entretien de votre logement ou la promenade du chien. Cependant, vous pouvez appliquer la règle des 80/20 pour équilibrer le temps consacré aux tâches ménagères avec celui destiné aux passe-temps. Quelles activités vous apportent-elles le plus ? Par exemple, en été, passez-vous tous vos week-ends et soirées dans votre jardin à prendre du bon temps ou à vous contenter d'admirer vos fleurs ? Dans ce cas, tailler vos plantations, tondre la pelouse, planter des fleurs et désherber peuvent constituer des activités judicieuses pour occuper ces 20 % vitaux de votre temps. En revanche, si vous tirez plus de plaisir de la découverte de nouveaux lieux, vous pouvez consacrer ce temps à budgéter et organiser des vacances passionnantes.

Cuisiner, nettoyer, faire les courses, laver votre linge, jardiner, régler les factures et exécuter d'autres tâches sont autant d'activités essentielles mais cela ne signifie pas que vous *deviez* les effectuer vous-même. Il arrive qu'il vaille la peine de se dégager du temps libre dans son emploi du temps, malgré le coût du recrutement d'une personne pour exécuter les tâches en question. Si faire le ménage ou entretenir votre maison ne vous passionne pas, ou si vous n'avez pas le temps ou la force de le faire sans renoncer à vos priorités, déléguez ces responsabilités. L'opération a bien sûr un coût, mais c'est un moyen de vous ménager du temps pour vous adonner aux activités essentielles à vos yeux. Confiez donc le lavage de votre linge afin d'expérimenter de nouvelles recettes ou offrez-vous les services d'un cuisinier si vous préférez planter des tomates dans votre potager.

Si vous pouvez engager quelqu'un qui gagne beaucoup moins d'argent que vous pour faire une chose que vous n'aimez pas, déléguez immédiatement. Si vous pouvez faire quelques heures supplémentaires pour gagner plus ou postuler plus vite à une promotion, travaillez un peu plus et faites-vous aider. Cela vous permettra au final de faire une chose que vous appréciez.

Le jardinage ne figurera jamais sur ma liste d'activités occupant les 20 % essentiels de mon temps. Quand j'étais adolescent, je tondais la pelouse, taillais et posais des clôtures dans des tas de jardins pour gagner mon argent de poche. Je n'ai pas de tondeuse à gazon et je n'en aurai jamais. Franchement, avoir une pelouse digne d'être primée dans un concours ne fait pas partie de la liste des satisfactions que je tire de la vie. En revanche, j'aime vraiment faire goûter à ma famille et à mes amis des plats très créatifs. Je passe donc du temps à fouiner dans les épiceries et derrière les fourneaux. Cela me permet de décharger un peu Joan et me donne l'occasion de respecter une autre tradition avec les enfants. Ils adorent mener des expériences culinaires, surtout faire cuire des gâteaux au four. Nous nous y mettons donc ensemble.

La règle des 80/20 ne s'arrête pas là. Vous pouvez l'appliquer à la qualité de ces tâches ou passe-temps et à l'influence qu'ils ont sur votre bien-être. Si vous jardinez, par exemple, réfléchissez aux 20 % d'efforts qui vous apportent 80 % du plaisir de travailler la terre. Vous n'avez peut-être pas besoin d'aménager un parterre de fleurs parfait pour en tirer une satisfaction sur le plan personnel. Le simple fait de plonger les mains dans la terre vous procure peut-être le plus grand des bonheurs. Concentrez-vous donc plus sur la plantation que sur la planification et l'achat des matériaux.

N'oubliez pas ces activités qui entretiennent et améliorent votre santé physique, mentale et émotionnelle. Elles peuvent vous sembler insignifiantes prises séparément mais, si elles occupent soudain moins de place dans votre emploi du temps, vous pourriez constater la disparition progressive de leurs bienfaits. Ne délaissez pas ces petits plaisirs qui agrémentent votre vie (lecture, études, yoga, soins du visage).

Plongée dans les détails : la « priorisation » quotidienne

Une fois identifiées les quelques tâches vitales à effectuer pour atteindre vos 12 objectifs, décomposez-les en sous-tâches quotidiennes, puis donnez-leur un ordre de priorité afin de veiller à exécuter d'abord les actions les plus importantes, à identifier celles que vous devez mener à bien un jour donné. De cette façon, vous effectuerez progressivement toutes les tâches mineures qui permettent de progresser vers la réalisation de vos objectifs. Voici comment :

1. **Commencez par dresser une liste principale.**

   Inscrivez tout ce que vous devez accomplir aujourd'hui. À ce stade, n'essayez pas de classer les éléments. Il s'agit simplement de répertorier toutes les tâches auxquelles vous pensez. Au final, vous pouvez vous retrouver avec 20, 30 ou 50 tâches sur votre liste, des plus simples (relever votre courriel) au plus vitales (présenter le plan marketing d'un nouveau produit devant le comité directeur). S'il s'agit de tâches personnelles, cela peut aller d'acheter des croquettes pour le chien à souscrire votre déclaration d'impôt avant demain matin.

   N'oubliez pas de prendre en compte les tâches courantes n'influant pas directement sur la mission ou la santé financière de votre entreprise : soumettre les rapports sur les frais professionnels, saisir et diffuser le compte rendu de réunions, prendre des appels de prospection de la part de fournisseurs d'imprimantes. Négliger la programmation de la litanie de tâches à exécuter crée un effet domino destructeur qui peut mettre à mal votre calendrier.

2. **Dressez la liste A.**

   Le fait de se concentrer sur les conséquences génère un sens des priorités qui favorise une meilleure utilisation du temps. Posez-vous la question suivante : « Quelles tâches, si elles ne sont pas exécutées aujourd'hui, auront de sérieuses conséquences ? » Désignez ces *activités A*. Si vous avez une présentation programmée aujourd'hui, cette tâche doit alors indiscutablement figurer sur votre liste A. Il en va de même pour l'envoi de votre déclaration d'impôt le dernier jour. L'achat de croquettes pour votre chien n'y figure probablement pas, à moins que vous n'en ayez plus depuis une semaine ou que votre chien soit particulièrement vindicatif.

3. **Assignez une catégorie aux tâches restantes.**

   Passez maintenant aux tâches de niveau B, activités qui, si elles ne sont pas menées à bien aujourd'hui, entraîneront des conséquences légèrement négatives.

Les tâches C n'entraînent rien de fâcheux si vous ne les exécutez pas aujourd'hui. Viennent ensuite les tâches D, comme *déléguer*. Quelqu'un d'autre peut s'en charger. Enfin, les éléments E sont des tâches que vous pouvez supprimer. Ne vous embêtez donc pas à les affubler d'un E, rayez-les carrément.

4. **Classez les tâches au sein de chaque catégorie.**

   Admettons que vous disposiez de six éléments A, quatre éléments B, trois éléments C et D. Vos six tâches A prennent bien évidemment place en tête de liste mais vous devez les classer : A.1, A.2, A.3, et ainsi de suite.

   TRUC

   Si vous avez du mal à classer plusieurs priorités de premier plan, contentez-vous d'en prendre deux : comparez-les. Si vous ne pouviez exécuter qu'une seule tâche aujourd'hui, laquelle s'avère la plus vitale ? Laquelle traduit le mieux la règle des 80/20 ? Prenez ensuite le vainqueur de ce concours et comparez-le au prochain élément A, puis poursuivez de la même façon avec les autres éléments. Procédez ainsi avec les éléments B et C.

   Et pour ce qui est des éléments D ? Déléguez ! Tout le monde aime croire qu'il est indispensable, mais, pour la plupart des gens, la majorité de leurs obligations pourraient être remplies par quelqu'un d'autre. C'est là qu'entre en scène la *règle des 85/10/5*, cousine de la règle des 80/20 : vous avez tendance à investir 85 % de votre temps dans des tâches que n'importe qui d'autre pourrait exécuter, tandis que 10 % de votre temps est consacré à des actes dont certaines personnes pourraient se charger. Seuls 5 % de votre énergie sont investis dans des travaux que vous seul(e) pouvez réaliser. Mais, que vous soyez au travail ou à la maison, cela ne signifie pas que vous puissiez vous la couler douce et laisser 95 % de vos responsabilités à quelqu'un d'autre. L'objectif est simplement d'atteindre ces 5 % essentiels, de consacrer le reste de votre temps à d'autres activités qui vous apportent la plus grande satisfaction et d'identifier les tâches les plus faciles à déléguer.

N'OUBLIEZ PAS !

Vous êtes maintenant prêt(e) à vous atteler à votre liste de tâches à exécuter, sachant que vous allez commencer par les tâches les plus importantes (pour en savoir plus sur l'importance de la « priorisation », reportez-vous à l'encadré « Mettre en place les tâches de la liste A », plus loin dans ce chapitre). Ne vous attendez pas à expédier une aussi grande quantité de tâches qu'auparavant, dans la mesure où vous êtes maintenant concentré(e) sur des éléments plus importants (qui vous prendront sans doute plus de temps). Pour moi, cependant, le bouclage de toutes les tâches de la liste A marque un grand jour. Si vous suivez ce système et terminez régulièrement les tâches A, je peux vous garantir le succès. Pourquoi ? Parce que les tâches B et C se transforment rapidement en A, puisque vous commencez par les éléments importants.

Ne partez pas du principe qu'il vous suffit de remettre les éléments B et C au lendemain. Vous devez venir à bout chaque jour de l'intégralité du processus. Certains éléments B grimpent dans la catégorie supérieure, tandis que d'autres demeurent dans la catégorie B. Certains éléments C (à cause de la pression extérieure, de votre chef ou de la modification des délais) peuvent sauter le camp des B et devenir des éléments A de la plus haute priorité.

ANECDOTE

Mettre en place les tâches de la liste A

Steven Covey et A. Roger Merrill ont illustré l'importance de la priorisation des tâches, dans leur ouvrage intitulé *Priorité aux priorités* (First Éditions), à l'aide d'une simple métaphore. Pour faire court, un conférencier invité s'adressait à un groupe d'étudiants lorsqu'il sortit un gros bocal, qu'il posa sur la table et commença à remplir d'une dizaine de pierres de la taille d'un poing. Lorsqu'il n'y eut plus de place pour loger une pierre supplémentaire, il demanda à ses étudiants si le bocal était rempli. Ils répondirent unanimement « Oui ».

Il sortit alors de sous le bureau un seau de gravillons, en versa un peu dans le bocal, qu'il agita ensuite afin de permettre aux gravillons de combler les espaces restant entre les pierres. Il demanda de nouveau aux étudiants si le bocal était plein. Un étudiant méfiant répondit : « Probablement pas. »

Le conférencier sortit alors de sous la table un seau rempli de sable. Il commença à verser le sable, lequel ne manqua pas de combler tous les espaces restants entre les pierres

...

...

et les gravillons. Là encore, il posa la question « Est-ce que le bocal est rempli ? — Non ! », hurlèrent les étudiants. « Bien ! » répondit-il en attrapant un pichet d'eau dont il versa le contenu dans le bocal jusqu'à ce que ce dernier soit plein à ras bord.

Il regarda son auditoire et demanda : « Quelle est la morale de l'histoire ? » Un étudiant enthousiaste leva la main et dit : « Aussi rempli que soit votre emploi du temps, si vous faites votre maximum, vous pouvez toujours y loger une activité !

— Non, répondit le conférencier. Cet exemple nous montre que si vous ne commencez pas par mettre les pierres, vous ne pourrez jamais les faire tenir dans le bocal. »

Se bloquer du temps et se pencher sur sa liste de choses à faire

Une fois vos priorités identifiées et classées (voir les sections précédentes), vous les placez dans les créneaux de 15 minutes de votre semainier. Je ne connais pas de meilleur système pour gérer son temps chaque jour, semaine, mois, année et même sur toute une vie. J'ai assisté à des transformations miraculeuses dans la vie de mes clients, des succès en matière de revenus, de santé, de relations, de développement personnel, de spiritualité et de sagesse.

À l'instar de l'exercice physique, le système des tranches horaires peut être délicat car il exige beaucoup de réflexion et d'ajustement, aussi bien au tout début qu'au bout d'un certain temps. Tout le monde sait ce à quoi ressemble le deuxième jour d'un programme de remise en forme : des articulations raides et des muscles douloureux vous font marcher comme un automate. Au départ, vous avez l'impression que vous ne pourrez jamais atteindre les objectifs fixés, mais respectez votre programme quotidien et vous finirez par obtenir les résultats souhaités. La compréhension de la façon de gérer au mieux son temps dépend de deux choses :

- **Une pratique régulière et sérieuse.** Pour renforcer les « muscles » sollicités dans le fonctionnement du système des tranches horaires, vous devez non seulement vous exercer régulièrement, mais également augmenter le poids et la pression au fur et à mesure de votre progression. Pour saisir la clé de la gestion des minutes, heures, jours, semaines et mois, il faut répéter les mêmes gestes encore et encore.

J'ai découvert pour la première fois le système des tranches horaires il y a plus de 20 ans à l'occasion d'un séminaire et cela fait 10 ans que je forme des centaines de milliers de personnes. Pendant tout ce temps, je n'ai jamais rencontré quelqu'un (moi y compris) qui n'ait pas besoin de travailler régulièrement les principes du système des tranches horaires que je vous expose dans ces pages.

Ne cédez pas à la panique si les exercices de confection du système des tranches horaires vous stressent un peu. C'est justement le signe que vos efforts pour acquérir ces compétences commencent à porter leurs fruits.

- **Du temps pour que des améliorations voient le jour.** Maîtriser le système des tranches horaires demande… du temps, au minimum 18 mois et parfois 24 mois. Pourquoi est-ce si long ? Parce qu'il s'agit d'une compétence complexe. Dans une journée type, vous devez passer de l'arbitrage d'un différend entre vos enfants à la réalisation d'une présentation importante devant la direction de votre entreprise, sans oublier le bouclage du budget annuel de votre service et le passage interminable à la caisse de votre supermarché. Cela fait beaucoup de choses à orchestrer et même Haendel n'a pas composé *Le Messie* en une nuit. Si vous admettez qu'il faut du temps pour acquérir des compétences associées au système des tranches horaires, vous aurez plus de chances de conserver une solide motivation. Votre objectif est de réaliser des progrès visibles dans un laps de temps raisonnable.

Il faut un peu de temps pour mettre en œuvre le système des tranches horaires afin de vous aider à organiser votre emploi du temps. Mais cet investissement initial vous permettra de recueillir de merveilleux fruits. Cette section vous offre une description générale du processus.

Étape 1 : diviser ses journées

Pour commencer, il vous faut un calendrier journalier décomposé en tranches de 15 minutes. Pourquoi un si petit découpage ? Parce qu'un simple quart d'heure peut constituer une part appréciable d'une activité productive. Le fait de perdre deux ou trois de ces petits créneaux peut altérer votre capacité à atteindre vos objectifs, qu'il s'agisse de boucler le projet sur lequel vous travaillez ou d'écrire vos mémoires à succès (ce que je vous souhaite).

Sur cet emploi du temps vierge, commencez par diviser votre journée : tracez une séparation claire entre votre temps libre et votre temps de travail. Cette mesure vous permet d'établir d'emblée un équilibre entre vie privée et vie professionnelle. Ne partez pas du principe que le samedi et le dimanche appartiennent d'évidence à votre temps libre parce que vous travaillez du lundi au vendredi. Bloquez ces deux jours dans votre emploi du temps ou vous risquez de voir des tâches professionnelles s'immiscer insidieusement dans ce temps de repos. Plus vous prendrez des mesures par écrit, plus votre emploi du temps se concrétisera.

Vous avez peur de tracer une ligne entre le temps de travail et le temps libre car vous craignez d'avoir à dire à un collaborateur qu'il vous est impossible de prendre en charge une tâche pendant votre temps de repos ? Pas d'inquiétude. Vous n'avez pas besoin d'expliquer à un client que votre séance de sport du mardi matin est plus importante qu'un petit déjeuner de travail en sa compagnie. Dites-lui simplement que vous êtes déjà pris(e). C'est la seule explication que vous lui devez. D'expérience, les collègues professionnels souhaitant traiter avec vous respectent toujours les limites que vous imposez.

Étape 2 : programmer ses activités personnelles

Se bloquer des créneaux pour des activités personnelles donne du poids à celles-ci et vous garantit de ne pas être perturbé(e) par des obligations ayant moins d'importance sur le long terme. Les activités personnelles sont presque toujours celles qui sautent au profit d'obligations professionnelles. Je vous conseille donc de ne pas céder sur votre temps libre afin qu'il ne fonde pas comme neige au soleil. Un autre avantage ? Cela contribue à fixer une heure de fin raisonnable à votre journée de travail. Si une partie de poker avec vos amis est traditionnellement au programme de votre jeudi soir, vous serez plus enclin(e) à boucler votre projet suffisamment tôt pour aller faire tapis.

La programmation des activités personnelles s'effectue en deux temps :

1. **Programmez les activités auxquelles vous vous adonnez régulièrement.**

   Toute la famille est-elle systématiquement réunie pour le dîner ? Avez-vous l'habitude de sortir chaque semaine un soir donné avec votre conjoint ? Souhaitez-vous créer des traditions familiales ? Ne vous contentez pas de penser que ces activités se dérouleront de toute façon, accordez-leur l'importance qu'elles méritent et bloquez un créneau pour chacune d'entre elles.

2. **Programmez les activités qui ne sont pas régulières.**

   Commencez par mettre ces éléments personnels avant d'ajouter au programme de votre journée les tâches et activités ne répondant pas à ces priorités.

Étape 3 : prendre en compte ses activités professionnelles

Commencez par les activités que vous menez régulièrement dans votre travail, puis prenez en compte les priorités ponctuelles. Que vous soyez P-DG d'une entreprise, chef de département, agent immobilier, adjoint administratif ou stagiaire, vous avez la responsabilité d'exécuter des tâches et de mener des activités clés chaque jour et chaque semaine. Il peut s'agir de participer à des réunions quotidiennes ou hebdomadaires ou de programmer des réunions pour d'autres personnes. Ces rendez-vous demandent probablement certains préparatifs : rédiger et soumettre régulièrement des rapports ou le chiffre des ventes, appeler quelqu'un périodiquement pour obtenir des informations. Si vous passez toujours la première heure de votre journée de travail à prendre des appels téléphoniques, bloquez ce créneau dans votre emploi du temps.

Étape 4 : prévoir un moment pour l'autoévaluation et la planification hebdomadaires

Vos objectifs, qu'il s'agisse d'un plan d'affaires sur un an ou d'une perspective lointaine de retraite, impliquent des bilans réguliers. Considérez-les comme des pauses dans votre périple : êtes-vous toujours sur la bonne route ? Est-ce qu'une déviation est annoncée ? Avez-vous découvert un itinéraire plus direct ?

Organisez-vous des séances de planification stratégique hebdomadaires (idéalement le vendredi après-midi ou à la fin de votre semaine de travail si elle tombe un autre jour) afin de faire un bilan de l'avancement des projets à court terme ainsi que de vos aspirations professionnelles à plus long terme ou de vos objectifs personnels. C'est l'occasion de passer en revue la semaine qui s'achève et d'anticiper celle qui se profile. Je vous conseille de prévoir une séance d'1 heure 30 à 2 heures d'autoévaluation et de planification en fin de semaine.

ANECDOTE

Système des tranches horaires : des investissements modestes pour des succès retentissants

Le système des tranches horaires ne demande pas un énorme investissement pour générer des résultats. Il y a quelques années, l'une de mes clientes, commerciale de tout premier plan dans sa région, a explosé son chiffre de ventes de plus de 125 % en l'espace d'une année ! Je savais que le système des tranches horaires avait grandement contribué à sa réussite. Je lui ai demandé de traduire en pourcentage le temps pendant lequel elle était parvenue à respecter son agenda. Elle m'a confessé ne l'avoir fait que sur 35 % du temps. En vérité, …

...

il en faut peu pour être efficace. À mesure que vous exploiterez vos compétences d'utilisation du système des tranches horaires, vous verrez ce pourcentage augmenter, tout comme votre productivité.

J'ai également un client, lui aussi commercial, prénommé Sam, qui a réussi à augmenter le nombre de ses contacts de dix unités par jour après avoir adopté le système des tranches horaires. Ce progrès lui a permis de décrocher cinq pistes commerciales supplémentaires par semaine. Il concrétise un rendez-vous toutes les 2,5 pistes commerciales et parvient à conclure avec 50 % de ses rendez-vous. Ces dix contacts par jour lui permettent de réaliser une vente supplémentaire par semaine. Avec une commission moyenne de 4000 euros la vente, il est potentiellement capable d'augmenter son revenu annuel de 200000 euros par an. Pas mal comme résultat, non ?

Le temps consacré à cette planification stratégique est probablement l'investissement le plus précieux à réaliser chaque semaine. Il vient conclure à merveille votre semaine et vous permet de préparer la suivante dans les meilleures conditions, tout en renforçant votre vision du succès à long terme. Vous avez ensuite tout loisir de rentrer chez vous passer du temps avec votre famille, animé(e) d'un bon état d'esprit.

Il y a plusieurs années, je me suis donné rendez-vous avec moi-même afin d'analyser les ventes et autres activités professionnelles en cours. J'ai découvert que mes performances, ainsi que celles de mon personnel, s'étaient considérablement améliorées. J'avais perdu des semaines, voire des mois, à me ronger les sangs, me demandant si je devais inclure cette activité dans mon emploi du temps. Mon conseil ? Calez-vous une séance d'évaluation et de planification, puis posez-vous les questions ensuite.

Étape 5 : prévoir des plages mobiles

Prévoyez des créneaux supplémentaires toutes les trois ou quatre heures pour vous aider à minimiser les conséquences d'interruptions ou problèmes imprévus. Il suffit de glisser 15 à 30 minutes à intervalles stratégiques tout au long de la journée. Le fait de disposer de ce créneau libre peut vous aider à respecter votre emploi du temps et éviter de prendre trop facilement du retard.

Lorsque vous démarrez l'apprentissage du système des tranches horaires, insérez des plages mobiles de 30 minutes dans votre programme toutes les deux heures actives. Cela peut vous paraître beaucoup, mais vous serez ainsi plus en mesure de respecter votre emploi du temps et de garder le même niveau de productivité, voire de passer à la vitesse supérieure. Le jeu en vaut la chandelle. Par expérience, le meilleur moment pour une plage mobile intervient après deux heures consacrées à votre tâche la plus importante (appels commerciaux, préparation d'un rapport ou respect d'un délai).

Ne programmez pas une plage mobile juste avant le début d'une activité importante : vous êtes plus susceptible d'être distrait(e) et pourriez ne pas être bien concentré(e) pour entamer la suite du programme. Insérez-la après l'activité en question, pour résoudre d'éventuels problèmes imprévus.

Évaluer sa progression et modifier ses plans en conséquence

Le système des tranches horaires ne se maîtrise pas du jour au lendemain et aboutir à un emploi du temps sans aucun pépin et extensible peut demander une demi-douzaine de révisions. Même parvenu(e) à ce stade, passez régulièrement en revue votre emploi du temps et procédez aux ajustements nécessaires afin de garantir les résultats escomptés. Cela ne prend pas énormément de temps. Quelques minutes par jour suffisent, ou 15 à 30 minutes une fois par semaine. Posez-vous les questions suivantes :

- Quelle est l'origine du retard cette semaine ?
- Quelles interruptions ont vraiment mis à mal votre emploi du temps ?
- Quelqu'un sabote-t-il vos efforts ?
- Quelles mesures contribueraient à vous rendre plus efficace ?

Cette section approfondit le processus d'évaluation.

Enquêter sur ses résultats

Pour avoir conscience de votre efficacité dans la gestion du système des tranches horaires, contrôlez vos résultats. Deux semaines à peine après avoir mis en place votre emploi du temps, vous serez probablement en mesure de constater dans quels domaines des ajustements s'imposent. Le meilleur moyen de garder un œil sur vos résultats est de les suivre en permanence. Je conseille à la fois un contrôle hebdomadaire axé sur la semaine précédente et un bilan périodique de l'avancement des travaux en fonction de vos objectifs généraux.

Le contrôle hebdomadaire est l'occasion de dérouler de nouveau la semaine écoulée en prêtant attention aux hauts et aux bas. Je vous garantis que, certains jours, vous aurez envie de prendre l'air, tellement les problèmes et interruptions s'enchaîneront. À d'autres moments, la vie sera un long fleuve tranquille. Quelles sont les différences entre ces deux jours, mis à part le résultat ?

Concernant le bilan périodique, revoyez l'intitulé de votre poste, vos principales responsabilités et la façon dont vos performances et votre réussite sont mesurées. Posez-vous ensuite les questions suivantes :

- Vous rapprochez-vous de la réalisation de vos objectifs ?
- Avez-vous pu constater des résultats tangibles dans un délai raisonnable ?
- Surveillez-vous suffisamment vos performances pour constater une amélioration ?
- Quels changements devez-vous apporter maintenant pour remplir plus vite votre objectif tout en y consacrant moins de temps ?

C'est votre capacité à atteindre vos objectifs qui vous indique si le système des tranches horaires fonctionne pour vous.

Poursuivre des objectifs mesurables

Si vous pouvez chiffrer vos objectifs (en euros ou en nombre de ventes, par exemple), il est ensuite très facile de contrôler vos résultats. En tant que commercial, par exemple, vous pouvez suivre sur plusieurs mois votre chiffre de ventes ou les commissions obtenues afin de bien saisir l'efficacité des efforts fournis pour utiliser le système des tranches horaires. Si vous êtes le rédacteur en chef d'un magazine, vous pouvez être évalué(e) sur votre capacité à respecter systématiquement les délais hebdomadaires de bouclage. Si vous avez pour objectif de publier trois articles par mois dans revues nationales, vous pouvez supposer que votre stratégie nécessite quelques ajustements s'il s'avère qu'une seule histoire est prête à temps.

Évaluer les objectifs qualitatifs

Si vos objectifs ne se mesurent pas facilement à coups d'euros ou de chiffres de ventes, il vous faudra peut-être vous montrer créatif(ve) pour créer votre propre instrument d'évaluation des résultats produits. Les objectifs familiaux et personnels ne sont pas simples à mesurer, mais vous pouvez déjà avoir une bonne idée de la situation en prêtant simplement attention à votre vie de tous les jours et en évaluant votre bonheur quotidien sur une échelle de 1 à 10. Vos enfants parlent-ils et passent-ils volontiers du temps avec vous ? Ont-ils hâte de se retrouver avec vous ? Entretenez-vous des relations cordiales avec les personnes qui partagent vos activités ? Vous et votre conjoint(e) passez-vous plus de temps à rire ensemble qu'à vous disputer ?

Vous pouvez également employer d'autres outils de mesure, particulièrement utiles sur le lieu de travail :

- Qu'est-ce qui s'est bien déroulé cette semaine ? Qu'auriez-vous pu mieux réussir ?
- Avez-vous exécuté toutes les tâches au programme ? Combien d'éléments absolument prioritaires avez-vous reportés au lendemain ou à la semaine suivante ? (Pour en savoir plus sur la « priorisation », rendez-vous à la section « Plongée dans les détails : la "priorisation" quotidienne », plus haut dans ce chapitre.)
- Comment noteriez-vous votre semaine sur une échelle de 1 à 10, 1 correspondant à une semaine totalement surchargée et riche en mécontentements et 10 à une semaine entièrement sous contrôle où vous êtes ravi(e)

de la façon dont vous avez exploité le temps dont vous disposiez ?

- Comment évaluez-vous vos performances au travail ? Quelle est l'opinion de votre supérieur hiérarchique à ce sujet ?
- Avez-vous rempli vos objectifs à la maison ?
- Ce que vous avez accompli cette semaine vous a-t-il mis en meilleure position pour atteindre vos objectifs à long terme ?
- Pour vous, quels sont les domaines clés dans lesquels vous devez vous améliorer la semaine prochaine ?
- Quels ajustements devez-vous réaliser sur vos plans à long terme ?
- Qu'est-ce qui vous distrait de votre emploi du temps ?
- Vous êtes-vous montré(e) peu réaliste quant à l'estimation du temps qu'il vous faudrait pour exécuter des tâches ?
- Quel moment de la journée ou quelle activité met à mal l'emploi du temps que vous avez défini ?

N'OUBLIEZ PAS !

Veillez à passer en revue vos résultats avec un esprit ouvert et un sens de l'observation aiguisé, mais sans vous ériger en juge. Accordez-vous deux semaines avant de vous résoudre à modifier votre emploi du temps. Vous disposerez ainsi d'une période suffisamment longue pour prendre en compte toutes les anomalies.

Modifier légèrement son système

En repensant à vos comportements et compétences personnels, ainsi qu'aux interruptions que vous subissez régulièrement, identifiez deux ou trois mesures qui s'imposent pour accroître votre réussite. Voici deux conseils qui vous mettront sur la bonne voie :

- **Si vous n'achevez pas vos tâches les plus importantes ou ne consentez pas chaque jour à réaliser les efforts les plus importants.** Débarrassez-vous de certaines tâches insignifiantes afin de privilégier les plus importantes. (Je vous aide à le faire dans la section

« Se bloquer du temps et se pencher sur sa liste de choses à faire », plus haut dans ce chapitre.)

- **Si les moments de la journée où vous êtes le plus productif sont ceux où vous exécutez des tâches accessoires.** Changez la répartition des tâches sur les différentes tranches horaires.

Une fois que vous savez quoi changer, vous pouvez ajuster votre emploi du temps en conséquence. Malheureusement, il n'existe pas de réponse universelle à la question « Quels changements apporter ? » Cela dépend de la nature de votre travail, de vos points forts et faiblesses personnels, de vos propres objectifs et désirs et du degré de contrôle que vous avez sur les aspects à améliorer. En revanche, je peux vous aider à emprunter la bonne direction.

Vous souvenez-vous de ce vieil adage : « Que la force me soit donnée de supporter ce qui ne peut être changé, et le courage de changer ce qui peut l'être, mais aussi la sagesse de distinguer l'un de l'autre » ? Vous pouvez l'appliquer à la gestion du temps. Si vous parvenez à équilibrer les résultats que vous espérez obtenir (une plus grande productivité, une meilleure efficacité, un temps de travail moins important et des chiffres de ventes plus importants) avec ceux que vous devez obtenir, vous connaîtrez alors le succès.

Voici des exemples de questions d'évaluation rapides qui peuvent vous aider à opérer les changements les plus efficaces et axés sur les résultats :

- **Quelle est la norme ?** Devez-vous atteindre un quota de ventes bien précis ? Est-ce que vous répondez aux priorités de votre chef ? En rentrant chez vous, avez-vous le sentiment d'avoir progressé ?
- **Quelle doit être la précision de votre emploi du temps ?** Concernant le système des tranches horaires, un petit ajustement peut changer beaucoup de choses. La vraie question consiste à savoir si, cette semaine, vous avez bien géré vos activités les plus importantes (à savoir les 20 % essentiels de la règle de 80/20) ;
- **Quels progrès avez-vous effectués ?** Comment avez-vous progressé depuis que vous avez découpé votre temps en tranches horaires ? Quelle est l'ampleur de ces progrès ?

Seriez-vous heureux(se) si vous progressiez ainsi chaque semaine pendant un an ?

- **Moyennant quelques retouches supplémentaires, quelle part de productivité supplémentaire pourriez-vous espérer ?** Avant de réviser un emploi du temps, prenez en compte le retour sur investissement attendu. Ce changement va-t-il apporter quelque chose de significatif en termes de productivité, d'efficacité ou de satisfaction personnelle ?
- **À quelle hauteur placer la barre ?** À partir de quel moment risquez-vous de récolter de moins beaux fruits ? À un certain stade, affiner encore plus votre emploi du temps peut produire des résultats moins intéressants. Où se situe la frontière, selon vous ?

Le perfectionnisme peut devenir un fléau. Les révisions et ajustements quotidiens qui virent à l'obsession sont source de frustration. Fixez-vous une limite afin de pouvoir atteindre vos objectifs sans aller trop loin.

Chapitre 5

Créer et conserver un espace de travail source de productivité

Dans ce chapitre :

- S'organiser un espace de travail qui favorise la productivité
- Maîtriser son bureau et limiter le fouillis
- Mettre un terme à la parade des documents
- Se créer un bureau fonctionnel à domicile

J'aurais aimé que vous entendiez mes employés et ma femme quand j'ai entamé la rédaction du présent chapitre. Ils ont hurlé. Bon, je l'admets : les conseils figurant dans ce chapitre sont plus faciles à dispenser qu'à suivre. Néanmoins, même si vous ne parvenez pas à appliquer triomphalement chacun de ces outils, techniques et stratégies (et je peux en dire quelque chose), en adopter ne serait-ce que certains peut vous permettre d'accroître votre productivité et de grandement améliorer votre gestion du temps.

J'ai lu une étude indiquant que la plupart des gens perdent une heure par jour à essayer de trouver des papiers égarés sur leur bureau (du moins, c'est là qu'ils pensent les avoir perdus). Ce n'est pas catastrophique, me direz-vous. Mais, une heure par jour, cela fait au final 250 heures ou 35 jours de travail perdus par an et par employé !

Multipliez ce chiffre par le nombre de cadres et employés de ce pays et vous obtiendrez une perte de temps gigantesque (sans compter les heures passées à la maison à chercher ses lunettes, les ciseaux, des livres, ses clés, son portable, sa tenue de sport, ses boucles d'oreilles, etc.). Imaginez à quel point vous seriez productif(ve) si vous ne perdiez pas tout ce temps !

Si votre espace de travail est un parc de stationnement pour toutes sortes de choses, des tâches accessoires que vous exécuterez « un jour » à ces missions ultra sensibles sur lesquelles vous jouez votre carrière, vous êtes à l'image du *Titanic* qui vogue droit vers l'iceberg. Posez-vous les questions suivantes :

- Savez-vous quelles sont toutes les tâches que vous devez boucler et dans quel délai ?
- Disposez-vous immédiatement de tous les matériaux, documents et outils nécessaires pour mener à bien chaque projet sans envoyer un message à tout le personnel de l'entreprise ?
- En bref, avez-vous tout ce qu'il vous faut pour réaliser un travail fantastique en un temps record ?

Si vous êtes capable de répondre à toutes ces questions par un « oui » tonitruant et sincère, vous pouvez sauter ce chapitre. Pour tous les autres, on lit ce qui suit !

Rationaliser son espace de travail

« Ne touche pas à mon bureau ! Je sais précisément où se trouvent les choses. » J'ai entendu ça des centaines de fois, de ma bouche également. Cependant, si vous êtes comme moi, la plupart du temps, lorsque vous observez, comme hypnotisé, la montagne de papiers figurant sur votre bureau, vous *n'en savez fichtre rien*. Vous aviez peut-être une idée d'où se trouvait ce numéro de téléphone hier, il y a quelques semaines, il y a un mois, voire il y a quelques minutes, mais d'autres tas se sont formés depuis.

Cela ne permet pas de savoir si tel graphique, rapport ou petit bout de papier se trouve sur telle pile, sur la partie droite ou gauche de votre bureau ou s'il est planqué dans le tiroir « fourre-tout » de votre armoire. C'est votre carrière qui est en jeu, là ! À vous de prendre les choses en main !

Place ! Dégager son bureau

Répétez après moi : mon bureau n'est pas un parc de stationnement. Mon bureau n'est pas un parc de stationnement. Mon bureau n'est pas un parc de stationnement. Pour garder la maîtrise de votre bureau, souvenez-vous d'une chose : plus vous avez de photos, notes, boîtes, fournitures et outils (agrafeuse, trombones, livres) sur votre bureau, plus il est probable que vous soyez distrait(e) et que votre bureau paraisse en désordre.

Vous avez également moins de place pour vous étaler si vous devez consulter plusieurs sources d'information, utiliser un ordinateur portable en plus de votre machine de bureau ou étudier des graphiques au format A3. En outre, un bureau sens dessus dessous génère plus de stress et le sentiment trompeur que vous avez tout le temps qu'il vous faut pour boucler vos projets.

Enlevez tout ce qui n'est pas absolument nécessaire de votre bureau. Soyez radical(e). Voici quelques idées pour vous préparer :

- Mettez vos photos de famille dans votre bibliothèque ; vous pourrez toujours les contempler de votre fauteuil (et vous souvenir pourquoi vous travaillez si dur) sans qu'elles ne vous distraient ;
- Si vous avez d'autres photos (par exemple de vous avec des célébrités ou votre mentor), accrochez-les au mur ;
- Conservez les outils, fournitures et autres éléments que vous utilisez une fois par semaine dans les tiroirs de votre bureau ;
- Ne laissez pas des objets que vous utilisez rarement ou documents que vous n'avez pas consultés depuis longtemps s'enfouir sous une pile et occuper ainsi l'espace de votre bureau ; rangez-les dans un classeur, une armoire ou un autre endroit moins accessible.

En matière d'espace de travail, oubliez la devise des *boy-scouts* (« toujours prêts »). C'est l'idéal pour courir à la catastrophe, surtout si vous êtes du genre à aimer vous préparer contre les inondations, les tremblements de terre, les invasions d'extraterrestres et autres catastrophes imaginables. Plus votre bureau sera net, mieux vous utiliserez le temps dont vous disposez.

Réunir des outils organisationnels utiles

Toute excellente organisation commence par la collecte d'outils adaptés à la mission qui vous attend. Si ce n'est pas déjà fait, ôtez toutes ces piles de documents de votre bureau, quitte à les mettre temporairement à même le sol. Réunissez ensuite les outils suivants :

- **Un range-tout.** Il vous faut trouver un moyen de toujours avoir à portée de main les menus objets (agrafeuse, trombones, stylos, calculatrice, etc.). Le range-tout accueille tous ces accessoires ;
- **Des corbeilles « Arrivée » et « Départ ».** Le système départ-arrivée permet de réguler les flux dans votre bureau. Vous êtes trop souvent interrompu(e) par quelqu'un déposant quelque chose dont vous n'avez pas besoin dans l'immédiat ou s'arrêtant pour prendre un document. En disposant des corbeilles « Départ » et « Arrivée » à l'entrée, vous libérez de l'espace sur votre bureau ;
- **Une armoire de qualité avec suffisamment d'espace disponible.** Vous serez peut-être surpris(e) de l'espace nécessaire si vous êtes un « collectionneur » pris d'une envie irrésistible de ranger. Personnellement, je préfère les meubles ouverts car je peux voir tous les dossiers d'un seul coup d'œil. (Ah ! Il y a cette boîte de rangement jaune pour le projet de bénévolat et la bleue pour le comité du service client.) Vous pouvez très bien utiliser les systèmes modulaires avec des dossiers suspendus, tels que ceux que l'on trouve dans les cabinets médicaux ;
- **Des chemises de couleur.** Je vous suggère la palette de couleurs de l'arc-en-ciel. Vous pouvez adopter un code de couleurs fondé sur les feux tricolores : le vert pour les nouveaux dossiers et les affaires qui génèrent de l'argent, le rouge pour les dossiers épineux ou clients

à problèmes, etc. Je trouve également que les couleurs me rafraîchissent la mémoire quand je dois trouver des dossiers ;

- **Des étiquettes.** Il est essentiel d'étiqueter les dossiers pour être organisé, se montrer efficace et gagner du temps, même si vous employez un système de rangement par couleurs. Vous pouvez également avoir un code de couleurs pour les étiquettes afin de distinguer les dossiers.

Mettre en place un système de classement opportun

Avant de commencer à fouiller dans vos papiers, réfléchissez à la façon dont vous êtes le plus à même de rechercher les documents dont vous avez besoin. Ce ne sont pas les stratégies d'étiquetage qui manquent, mais voici des catégories que vous pouvez choisir :

- Clients (par ordre alphabétique) ;
- Anciens clients portés disparus ;
- Dates de fin de projet programmées ;
- Projets en cours ;
- Projets suspendus ;
- Tâches à effectuer, divers ou autre nom pour la catégorie fourre-tout.

Vous pouvez choisir de classer par sujet, nom de client, importance, entre autres, mais si le temps est un critère essentiel, il peut être très pertinent de mettre en place un *échéancier*, système qui existe depuis des lustres. Il permet de ne pas oublier de traiter des affaires retardées ou repoussées. Voici le principe :

1. **Créez deux échéanciers : un *mensuel* et un *journalier*.**

   Votre échéancier mensuel peut être un simple dossier à 12 intercalaires, un par mois. Votre échéancier quotidien peut consister en une pochette-classeur comprenant 31 compartiments, étiquetés de 1 à… 31 (Bien ! Vous suivez).

2. **Lorsque vous recevez de nouveaux documents, placez-les après l'intercalaire correspondant au mois en cours de votre échéancier mensuel.**

   Si un document reçu en décembre ne demande aucune intervention de votre part avant le mois de mars, placez-le après l'intercalaire intitulé « Mars ».

3. **Lorsque vous entamez un mois, déplacez les documents correspondant au mois en question dans l'échéancier journalier.**

   Lorsque le mois de mars commence, mettez tous les documents rangés dans le compartiment du mois de mars dans la pochette-classeur au jour correspondant.

Ce système est parfait à la fois pour la maison et le bureau. Je m'en sers pour les factures, dont je m'acquitte deux fois par mois. Je les place dans mon échéancier journalier afin de ne pas louper la date de règlement et d'envoi (par exemple, si je dois payer une facture le 25 juillet, je libelle le chèque, le mets dans une enveloppe timbrée et place celle-ci à l'emplacement du 15 juillet afin d'être certain de l'envoyer avant la date limite). Ce qu'il y a de génial, c'est que ça ne me prend pas beaucoup de temps.

Remarque : Pour bon nombre d'hommes et de femmes d'affaires, les échéanciers ont été remplacés par de puissants logiciels baptisés *outils de gestion de la relation client* (GRC ; CRM (*Customer Relationship Management*) en anglais). Pour en savoir plus sur ces logiciels de GRC et les autres fichiers informatiques, rendez-vous au chapitre 6.

Si vos sens du rangement et du classement sont véritablement catastrophiques, demandez un coup de main à une personne douée en la matière. Personnellement, je suis bien plus efficace quand je confie mes papiers, rapports et notes à un assistant. Qu'il s'agisse d'un document papier ou électronique, je trouve que je récupère bien les informations quand quelqu'un d'autre s'est chargé de les classer (parce que cette personne peut m'aider à les trouver !). Bien entendu, vous pouvez vous contenter de classer certains éléments (rapports personnels confidentiels, bulletins de salaire, informations que vous ne souhaitez pas divulguer, etc.). Mais, comme pour le reste, exploitez les talents de votre équipe afin de mieux utiliser les vôtres.

Moins de papiers, s'il vous plaît

Un moyen de déblayer votre bureau est de diminuer la quantité de papiers en leur préférant les fichiers informatiques. L'univers technologique dans lequel nous vivons nous permet de créer une version électronique de la plupart des documents en les numérisant. Vous pouvez ensuite transformer les images obtenues en texte exploitable grâce à l'utilisation d'un logiciel de reconnaissance optique de caractères (ROC). Vos documents télécopiés sont aussi transformables en fichiers électroniques que vous échangez ensuite par courriel au sein de votre entreprise.

Les versions électroniques sont particulièrement utiles lorsque vous devez récupérer des fichiers. Rien ne vous empêche de disposer de plusieurs exemplaires en différents endroits. Vous pouvez par exemple conserver les informations sur vos clients potentiels dans un *fichier clients potentiels* ainsi que dans un fichier au nom des différents clients potentiels. C'est le don d'ubiquité informatique. Vous pouvez lancer une recherche informatique tout en faisant autre chose, seul véritable multitâche que l'être humain peut réaliser !

S'attaquer systématiquement aux tas qui se forment

Pour mettre fin au fouillis, retenez cette règle très simple : rangez les choses importantes dans des endroits faciles à retenir et aisément accessibles. Voici comment se décompose le processus de désencombrement :

1. **Sachez ce dont vous pouvez vous débarrasser.**

   Voici quelques questions très simples à se poser :

   - Avez-vous vraiment besoin de ça ? *Vraiment ?*
   - Y a-t-il vraiment un intérêt à conserver ceci ? (Si la réponse n'est pas un oui franc et massif, débarrassez-vous-en.)
   - Que se passera-t-il si vous ne gardez pas ceci ?
   - Que pourrait-il vous arriver de pire si vous jetiez ceci ?

ATTENTION !

Ne jetez jamais de documents importants tels que des déclarations d'impôt ou reçus. Vous devez garder vos déclarations d'impôt pendant trois ans. Avant de jeter un papier, demandez-vous si vous n'en aurez pas besoin plus tard et si des copies figurent quelque part.

2. **Réduisez la hauteur des tas en mettant certains éléments dans une pile principale.**

   Avoir de nombreux tas ne fait que travestir la réalité : tous ces documents n'ont pas été rangés là où il faudrait. En regroupant les documents les plus importants dans une seule pile, vous avez une meilleure idée du temps qu'il vous faudra pour l'anéantir.

   Au début, vous ne serez peut-être pas capable de faire autre chose que constituer votre pile principale. Après tout, il vous reste des réunions auxquelles assister, des courriels auxquels répondre et du travail à terminer. Cependant, la pile principale vous garantit de traiter en premier lieu les affaires urgentes. Les documents moins importants peuvent attendre.

3. **Programmez un rendez-vous avec vous-même dans les 48 heures afin de vous débarrasser de votre pile principale.**

   Pour ranger, vous n'avez pas besoin d'être mentalement aux taquets. Je vous suggère de programmer cette tâche en fin de semaine, de préférence en fin d'après-midi, lorsque vous manquez un peu d'énergie. Le vendredi après-midi est un bon créneau pour le rangement car les interruptions sont plus rares. (Si les interruptions sont un véritable fléau pour vous, tournez-vous vers le chapitre 8.) Ne vous souciez pas encore de vos autres tas. Optez pour le système de classement de votre choix (voir la section précédente) et attachez-vous à faire disparaître la pile principale.

4. **Une fois la pile principale portée disparue, reportez votre attention sur le restant du fouillis et répétez le processus.**

   Démarrez une *deuxième* pile principale dans laquelle vous déplacez tous les documents les plus importants restants. Ouvrez ensuite une troisième pile principale. Vous devriez désormais être en mesure d'apercevoir la surface de votre bureau, voire de constater qu'une zone a été entièrement dégagée.

Empêcher le retour du fouillis

Il n'y a pas si longtemps, une poignée de main ou un accord verbal scellait bon nombre de transactions. Ce n'est plus le cas aujourd'hui. Il vous faut un document pour confirmer un accord, garantir une compréhension mutuelle, voire organiser des tâches. Le papier a colonisé notre vie.

Que vous soyez à la maison ou au bureau, pour optimiser la gestion de votre temps, chaque papier doit rapidement trouver sa place, même dans la poubelle ou le broyeur. Pour maîtriser les papiers avant qu'ils ne vous submergent, la clé est de décider rapidement où les ranger (pour des conseils en vue de prendre des décisions, rendez-vous au chapitre 10).

La meilleure stratégie pour conserver un espace de travail net est d'abord d'éviter de laisser des tas se former. Pour empêcher la génération spontanée des tas, vous devez vous montrer plus stratégique dans l'exploitation de votre temps de travail. Cette section vous donne deux petits conseils pour éviter la création de tas sur votre bureau (ou vos étagères, armoires, chaises, rebords de fenêtres, plancher ou autres surfaces planes).

ANECDOTE

Maintenir la pagaille à bonne distance

Quand j'étais enfant, ma chambre était constamment en désordre. Mes parents me demandaient de la ranger, je m'exécutais, mais c'était comme si la pagaille me suivait partout où j'allais. Le désordre régnait de nouveau dans ma chambre dès que j'y remettais les pieds. Quelques heures après la séance de rangement, le fouillis était de retour. Un jour, mon père crut même que nous avions été cambriolés. En voyant ma chambre sens dessus dessous, il se précipita dans la leur pour voir ce que les voleurs avaient dérobé ! Depuis cette époque, je me suis beaucoup amélioré, mais à l'instar des champignons après la pluie, le désordre réapparaît si je relâche ma vigilance. Désormais, je suis la plupart du temps bien organisé et efficace. Alors, c'est aussi à votre portée.

Ranger les papiers une fois pour toutes

Ceux qui maîtrisent leurs papiers sont passés maîtres dans l'art de ne les manipuler qu'une seule fois. Ils touchent un papier et prennent une mesure. Ils n'entassent pas, ne remettent pas à plus tard ou ne changent pas d'avis, ils s'en débarrassent une bonne fois pour toutes dès qu'ils tombent dessus.

Voici les mesures en question.

Jeter

Avez-vous besoin de ce papier ? Si la réponse est non, jetez-le. Répondez non à n'importe laquelle des questions suivantes et vous pourrez le jeter ou le passer à la broyeuse l'esprit tranquille :

- Avez-vous vraiment besoin de le conserver ou de vous en servir ?
- S'agit-il d'une information pertinente dont vous avez besoin maintenant ou qui vous sera utile plus tard ?
- Est-ce que cette information pourrait être utile à un collègue ou client ?
- Est-ce que le fait de le jeter aura des conséquences ?
- Permettra-t-il d'accroître les recettes ou d'améliorer le service à la clientèle ?

TRUC

Triez votre courrier au-dessus de la poubelle. Tout ce qui part à la poubelle ne sera plus jamais votre problème.

Déléguer

Avez-vous une petite voix intérieure qui vous tanne pour que vous ne jetiez rien, même tous ces bouts de papier insignifiants qui encombrent votre bureau ? Pour la mettre en sourdine, déléguez la gestion des papiers à quelqu'un d'autre. Même si vous *savez* que vous pourriez vous charger de la tâche les deux mains attachées, cela ne signifie pas que c'est le meilleur moyen d'utiliser le temps dont vous disposez. Déléguez de façon à vous offrir plus de temps pour vous adonner à des activités à plus forte valeur ajoutée tout en contribuant à l'acquisition des compétences et au renforcement de la confiance des personnes en question.

Mettre en attente

Ne manipuler chaque papier qu'une seule fois est un objectif fabuleux, mais c'est parfois impossible. Il vous faut peut-être plus d'informations avant de pouvoir déléguer la tâche à quelqu'un ou vous débarrasser d'un papier, le papier soulève peut-être des questions importantes qui demandent des réponses avant de prendre des mesures. Si vous pouvez mettre en attente cette affaire, vous vous offrez du temps pour délibérer *maintenant*.

N'entreposez pas ces papiers à titre définitif ! Créez un dossier « En attente » mais veillez à recevoir l'information nécessaire pour traiter l'affaire en suspens. Ne laissez pas ce dossier en attente prendre du volume au point de devenir une grosse pile cachée dans une chemise.

Passer à l'action

Passez à l'action de façon que la tâche soit exécutée rapidement, en fonction du degré d'urgence :

- **Concentrez-vous sur les questions urgentes.** Si la tâche devient une véritable priorité une fois le papier lu, le mieux à faire est de l'exécuter sur-le-champ. Modifiez vos priorités et mettez-vous au travail jusqu'à ce que la nouvelle priorité soit traitée, même si cela doit vous prendre le restant de la journée ;
- **Terminez rapidement la tâche.** Respectez la règle des cinq minutes : si vous êtes le seul à pouvoir exécuter la tâche, passer l'appel téléphonique, apporter la réponse ou fournir l'éclaircissement nécessaire, et que cela vous demandera moins de cinq minutes, faites-le immédiatement. La mettre en attente, la reprendre plus tard, relire les éléments et vous replonger dedans vous demandera bien plus de temps que les cinq minutes nécessaires maintenant.

Entreposer

Un *entrepôt* est un endroit où on… entrepose des choses. Vous trouverez dans la section « Rationaliser son espace de travail » (plus haut dans ce chapitre) des outils de rangement et classement pour les papiers à conserver absolument (et *seulement* ceux-là).

Classer régulièrement

Le classement étant une tâche particulièrement courante, il est très facile de laisser d'autres missions, des personnes et des priorités s'immiscer dans les créneaux réservés à la gestion de vos piles et dossiers. En l'espace de quelques semaines, les mauvaises herbes peuvent de nouveau coloniser votre jardin. Non, ce n'est pas une fatalité, rebellez-vous ! Il n'est pas forcément nécessaire de faire du classement tous les jours, mais n'attendez pas un mois ou six semaines. Faites du temps consacré au classement une priorité. À la fin de l'opération, les tas ont disparu de votre bureau et vous pouvez désormais adopter le rythme d'une séance de classement par semaine, tout en étant à jour dans vos tâches administratives. Classez régulièrement et vous ne trouverez plus cela fastidieux.

TRUC

Inscrivez à votre emploi du temps une séance de classement par semaine. En visualisant la semaine qui s'annonce et votre opération classement, vous commencez à vous y préparer mentalement. Si vous y êtes préparé(e), vous risquez moins de vous poser un lapin et, le moment venu, vous ferez preuve d'une efficacité plus grande. Vous vous débarrasserez peut-être de choses plus accessoires tout au long de la semaine et vous viendrez à bout plus vite de votre séance de classement.

Quand deux heures de classement vous attendent, fixez-vous un objectif. Si vous n'êtes pas en mesure de terminer la tâche, divisez-la en deux morceaux, un que vous avalez maintenant et un autre que vous vous engagez à ingurgiter sans coup férir. (Pour en savoir plus sur le « tronçonnage » des projets, rendez-vous au chapitre 9.)

Prendre des notes qui ne se perdent pas de vue

Dans le monde professionnel, la plupart des gens négligent l'aptitude à prendre des notes pour gagner du temps. Ils pensent que tout le monde, armé d'un stylo et d'une feuille, est capable de prendre des notes. Après tout, on a tous appris à le faire au collège, non ? Et, si vous êtes comme la plupart des gens, vous prenez des notes sur tout ce qui vous tombe sous la main : des Post-it, des bouts de papier, des serviettes en papier, des enveloppes, voire des documents importants. Pas bien ! Vous pouvez perdre beaucoup de temps et vous retrouver dans de beaux draps si, par malheur, vous perdez le support sur lequel vous avez pris ces notes.

Que vous utilisiez un bloc-notes spécial ou des feuilles de couleur, il faut que ce support soit remarquable au sens propre du terme.

Si ces notes doivent être classées, prenez une feuille d'une taille conséquente afin de pouvoir la retrouver plus facilement. Une fois la rédaction terminée, ajoutez les mesures associées à prendre dans votre liste de priorités du lendemain puis archivez les notes dans le dossier correspondant. Vous n'aurez ainsi aucun mal à les retrouver lorsque le moment sera venu de traiter la priorité en question.

ATTENTION !

Bien que les Post-it que vous collez sur l'écran de votre ordinateur soient idéals comme pense-bêtes, afin de ne pas oublier d'acheter du pain ou des fraises pour votre femme enceinte, c'est le support le pire qui soit où griffonner des informations. Voici pourquoi :

- **Ils sont trop petits en cas de notes verbeuses.** Vous manquez de place et devez transférer les informations à consigner sur un bloc-notes ou, pire, sur un deuxième (puis parfois troisième) Post-it. Les trois Post-it se retrouvent collés entre eux, de sorte que si vous en perdez un, vous les perdez tous ;
- **Les Post-it ont tendance à se multiplier et à se coller sur le mauvais document d'un dossier qui n'est pas le bon.** Vous vous retrouvez alors à devoir remplir une

mission désespérée : retrouver ces fichues notes d'une importance capitale (et quand elles se sont accrochées à un document improbable qui va je ne sais où, vos chances de remettre la main dessus sont quasiment nulles) ;

- **Avec le temps, les vieux Post-it ne collent plus.** Plus d'une fois, j'ai perdu des informations importantes parce que mon Post-it n'était vraiment plus adhésif.

Si le document dont vous disposez n'est pas destiné à être partagé avec des collaborateurs, prenez des notes directement dessus au lieu d'utiliser un Post-it. Vous pouvez inscrire des choses dans la marge, en regard des passages clés du document ou utiliser les zones vierges entre les différents paragraphes.

Limiter la quantité de papier reçue

Nombreuses sont les personnes à recevoir plus de documents par courrier postal et courriel en une journée qu'elles ne peuvent en lire en un an. Personne ne tient à passer à côté d'une info ou à sembler largué, mais peu d'individus ont le temps de lire, et encore moins de classer, les tonnes de choses imprimées qui colonisent leurs boîte de réception et boîte aux lettres.

La question n'est pas de savoir comment gérer ces informations, car c'est impossible, mais plutôt de distinguer l'essentiel de l'accessoire et d'essayer de limiter la quantité reçue. Vous avez peut-être un problème de surcharge si :

- S'entassent autour de vous des journaux que vous avez l'intention de lire mais n'ouvrirez jamais ;
- Vous achetez des livres qui vous semblent bien, pour vous apercevoir, une fois rentré(e) chez vous, que vous les avez déjà ;
- Vous êtes frustré(e) de ne pas avoir lu depuis six mois l'hebdomadaire auquel vous êtes abonné(e).

Voici comment réduire la quantité de papier reçue :

- **Désabonnez-vous si vous ne lisez pas régulièrement ces journaux ou revues.** Ne renouvelez pas automatiquement l'abonnement si vous ne lisez ces magazines que de temps en temps. Faites une pause pendant deux mois et voyez s'ils vous manquent ou si vous en avez vraiment besoin. Je peux vous garantir que les éditeurs meurent d'envie de vous voir de retour et vous feront une offre plus alléchante que si vous demeurez un lecteur assidu ;
- **Optez pour des abonnements à la version en ligne.** Nombre de publications de qualité proposent des abonnements à la version en ligne. C'est un gain de temps pour vous car vous pouvez effectuer une recherche thématique ou par date afin de ne lire que les articles qui vous intéressent ;
- **Retirez-vous des listes de diffusion :** si vous êtes comme moi, les courriels non sollicités représentent 60 % à 80 % des messages électroniques reçus chaque jour. Si votre adresse figure sur une liste de diffusion, elle est ensuite vendue et troquée à de nombreuses reprises avant que vous ayez pu dire « ouf » ;
- **Passez-vous des infos sur Internet pendant une période.** Les infos sont parfois négatives, tendancieuses ou dramatisées pour attirer le public. Ne vous laissez pas avoir. Si un sujet vous intéresse, documentez-vous bien (vous vous souvenez des livres ?). Cette période de sevrage pourrait bien s'avérer définitive (si vous avez besoin d'une dose, lisez la version électronique de votre quotidien préféré) ;
- **Constituez-vous un dossier des articles ou documents que vous tenez absolument à lire.** J'ai adopté cette technique il y a 20 ans et elle m'a permis d'économiser un nombre incroyable d'heures. Vous tranchez ainsi immédiatement entre ce qui est important et accessoire.

  C'est simple : découpez les articles de revues spécialisées, magazines et autres journaux qui vous intéressent et classez-les dans votre dossier. Jetez le restant du titre à la poubelle. Ayez toujours votre dossier à portée de main (quand vous attendez votre tour chez le médecin, le garagiste). Vous exploiterez ainsi le moindre moment de manière productive. Si un article reste plus de deux mois dans votre dossier sans que vous l'ayez lu, jetez-le.

Prendre en compte l'ergonomie et l'esthétique

Toutes les techniques destinées à gagner du temps et en relation avec votre espace de travail ne concernent pas que l'organisation. Des éléments tels que le confort et l'énergie positive influent également sur votre productivité. Deux des domaines les plus importants mais souvent négligés sont l'*ergonomie* (terme sophistiqué qui désigne les interactions entre l'être humain et le travail) et l'*esthétique* (façon de décorer votre environnement de travail afin de le rendre agréable et stimulant).

Un espace de travail ergonomique accroît votre productivité, réduit votre temps de travail et évite les blessures en plaçant votre corps dans une position (angles et distance) moins fatigante et propice à la performance. (Nombre de blessures professionnelles sont dues à une piètre posture, de mauvaises habitudes de travail et des fauteuils, bureaux, postes de travail et clavier d'ordinateur mal conçus ou mal disposés.)

De même, l'esthétique joue un rôle important dans la gestion du temps car elle vous incite à être plus productif. En vous entourant de choses qui vous inspirent, vous avez suffisamment de recul, notamment en ce qui concerne l'équilibre entre la vie professionnelle et la vie privée, pour prendre de meilleures décisions (ces jours où vous avez l'impression d'être submergé(e)) et ne pas oublier vos motivations.

Comme je le dis à ma femme Joan quand elle choisit des chaussures en fonction du style et non du confort, l'ergonomie passe bien trop souvent après l'esthétique. Si nous sortons nous balader en ville tout un après-midi et que Joan porte ses superbes talons aiguilles au lieu de chaussures de marche ou de baskets, je sais que, tôt ou tard, elle va le payer. C'est la même chose dans votre environnement professionnel. Prenez donc en compte vos besoins avant de procéder à des modifications utiles mais non cruciales.

S'aménager un bon poste de travail

Bien que les bureaux modernes aient plus tendance à être conçus pour accueillir des ordinateurs, nombreux sont ceux encore fabriqués dans le souci de vous offrir les meilleures conditions pour prendre des notes, répondre au téléphone et vous organiser.

Le bureau standard est trop haut de quatre ou cinq centimètres pour que vous soyez bien installé(e) à votre ordinateur. Par conséquent, si vous passez 50 % de votre temps devant, le fait d'avoir votre clavier surélevé peut générer des problèmes de dos, d'épaules et de cou. Vous connaissez probablement quelqu'un qui souffre du syndrome du canal carpien (engourdissement, fourmillement et douleur dans les poignets) à cause d'une utilisation prolongée et inadaptée de l'ordinateur.

Au bureau, vous passez probablement le plus clair de votre temps assis(e). Pour éviter la fatigue et les blessures, investissez dans un fauteuil confortable et ergonomique. Les caractéristiques à privilégier sont les suivantes :

- Une hauteur et une inclinaison réglables ;
- Un support dorsal réglable pour vos lombaires ;
- Un siège qui pivote ;
- Au moins cinq roues.

Veillez également à aligner votre clavier et votre écran, au lieu de les placer sur le côté.

Décorer son espace

Les personnes productives se créent un espace de travail au sein duquel elles aiment vivre. Vous passez de nombreuses heures au bureau, n'est-ce pas ? Alors, faites en sorte que votre environnement soit un endroit où vous parvenez à vous concentrer et à être productif pendant de longues périodes.

Vous avez peut-être une vision radicalement fonctionnelle de votre espace de travail (il est spartiate mais fonctionnel ; quoi demander de plus ?), à moins qu'il vous semble important de l'embellir un peu. Quelles que soient vos préférences, gardez-les à l'esprit lorsque vous commencez à planifier l'organisation de votre espace de travail. Voici les aspects à prendre en compte :

- **Les murs.** Travaillez-vous mieux si les murs sont d'une couleur plus douce que le blanc austère qu'arborent la plupart des bureaux ? Pensez au papier peint ou aux rideaux ;
- **Les images.** Est-ce que des tableaux, des œuvres d'art ou des photos vous plaisent ?
- **Le sol.** Devez-vous acheter un tapis pour donner de la couleur, des formes ou un aspect plus chaleureux à votre bureau ?
- **L'éclairage.** A quoi ressemble votre éclairage ? La plupart des gens travaillent sous le ronflement d'un éclairage fluorescent. Pour donner plus de chaleur et d'intimité à votre espace, essayez une lampe de bureau ;
- **Le mobilier.** Devez-vous changer votre mobilier de bureau ? Si votre patron est d'accord, pouvez-vous ajouter un canapé pour vos séances de brainstorming créatives ? Avez-vous besoin d'une petite table pour les réunions de votre équipe ?

TRUC

Voici quelques principes à avoir en tête pour la personnalisation de votre espace :

- **Limitez les objets trônant sur votre bureau qui n'ont aucun aspect utilitaire.** Souvenez-vous que le plateau de votre bureau n'est pas une zone de décoration. Servez-vous des murs, du sol et des meubles d'appoint pour donner une touche personnelle à votre espace de travail ;
- **Faites attention au placement.** Si vous rêvez de jours meilleurs lorsque vous trimez, la meilleure place pour mettre un poster de votre dernier voyage exotique n'est peut-être pas derrière vous mais plutôt sur le mur qui fait face à votre bureau. Vous pourrez ainsi le contempler dans vos moments de détente et garder à l'esprit ce pour quoi vous travaillez si dur ;

- **Veillez à ne pas ajouter des choses susceptibles de vous donner des responsabilités supplémentaires.** Après tout, l'objectif est d'accroître votre productivité et non de vous rajouter du boulot.

  Prenez le scénario suivant, que je déconseille pour votre espace : à une période, j'ai travaillé avec une femme qui avait un aquarium posé sur le bahut de son bureau. Malgré la beauté et le côté reposant de l'objet, je me suis souvent demandé combien de temps (de travail) lui demandait le nettoyage de son aquarium et comment elle avait persuadé ses collègues de nourrir ses poissons quand elle était en vacances !

Conserver un environnement de travail à domicile productif

Avec la hausse du prix de l'essence et l'avènement de la technologie, de plus en plus de personnes optent pour le télétravail. Si vous travaillez chez vous, vous pouvez faire des économies substantielles de temps et de d'argent. Voici comment faire :

- Vous pouvez consacrer au sport et à la famille le temps de transport que vous aviez auparavant pour aller au bureau ;
- Les horaires variables vous donnent une maîtrise presque totale sur votre emploi du temps professionnel. Si vous devez vous lever tôt ou veiller tard pour respecter un délai, c'est faisable, et vous n'êtes qu'à quelques secondes de votre lit ;
- Vous dépensez moins pour le déjeuner et les encas, sans parler de ce que vous mettiez dans les cadeaux pour les anniversaires et départs de collègues, ainsi que les occasions spéciales ;
- Vos frais d'habillement sont moindres ;
- Vos frais de transport (essence, entretien de la voiture, parking, train, bus, métro) chutent.

En revanche, méfiez-vous des croyances qui peuvent faire s'effondrer votre productivité dans votre bureau à domicile. Dans cette section, je vous explique comment installer votre bureau dans l'endroit idéal.

Choisir un environnement propice à la concentration

Lorsque vous choisissez un emplacement pour votre bureau à domicile, il faut qu'il favorise une productivité et une gestion du temps optimales. Lorsque l'endroit n'est pas idéal ou quand vous avez du mal à vous concentrer même si l'emplacement convient parfaitement, essayez de suivre ces conseils pour faire grimper votre productivité :

- **Choisissez un endroit sans passage.** Cherchez un emplacement à vous seul(e), très peu bruyant ni fréquenté, où vous pouvez fermer la porte et accrocher sur la poignée un écriteau « Laissez-moi tranquille ! ». Plus votre bureau sera reculé, mieux vous utiliserez votre temps.

  Installer votre bureau dans la pièce principale, sans démarcation physique, n'est pas une bonne idée. Sa position généralement centrale fait que vous entendez tous les bruits de la maison. Votre famille entre et sort à de nombreuses reprises.

  J'ai eu un bureau qui était quasiment idéal, au-dessus de notre garage séparé de la maison d'une quarantaine de mètres (47 pas, pour être précis). Croyez-moi, ces 47 pas faisaient considérablement chuter le nombre d'interruptions ;

- **Utilisez d'autres obstacles physiques si l'emplacement n'est pas idéal.** Si votre bureau n'est pas situé dans un endroit bien séparé de votre domicile, et qu'il est doté d'une porte en verre, votre meilleure défense est un store ou un obstacle visuel. Quand vos enfants vous voient en train de « ne pas travailler » (c'est-à-dire en pleine réflexion), ils peuvent s'imaginer que c'est un moment de détente. L'autre accessoire nécessaire est une serrure à la porte pour signifier que vous êtes occupé(e) et qu'il ne faut vous déranger sous aucun prétexte ;

- **Optez pour le bruit blanc afin de bloquer les autres distractions sonores de la maison.** Vous pouvez ainsi dresser des frontières auditives. Le *bruit blanc* est un bruit de fond permanent qui devient rapidement inaudible mais couvre les autres sons plus perturbants ;
- **Étouffez les bruits gênants avec de la musique.** Pour moi, la meilleure musique de fond est le piano baroque. Elle est simple car il n'y a qu'un seul instrument. Des études ont montré que la musique baroque stimulait la zone de créativité du cerveau. Je déconseille la radio à cause des changements de rythme incessants des chansons, des bulletins d'information et des monologues de l'animateur (bien que certaines personnes disent mieux travailler avec cette sorte de bruit de fond). Je suggère également de la musique instrumentale plutôt que des chansons avec paroles car les mots peuvent distraire. Pour ma part, j'écoute de la musique classique, et notamment symphonique.

Fixer des limites et se mettre dans le bain du travail

TRUC

Je n'insisterai jamais assez sur l'utilité de créer et respecter des règles pour vous ainsi que votre famille et vos amis afin d'augmenter vos chances de réussite professionnelle lorsque vous travaillez à la maison. En séparant bien le temps de travail et le temps libre, vous garantissez une présence pleine et entière dans les deux sphères de votre vie, présence qui est un élément essentiel de la productivité. Pour établir des limites claires, suivez ces conseils :

- **Faites comme si vous étiez dans votre entreprise.** Démarrez et terminez votre journée à la même heure. Ne prolongez pas indéfiniment votre pause déjeuner, mais ne la sautez pas non plus. Les horaires réguliers permettent à tout le monde d'identifier et de respecter votre emploi du temps ;
- **Commencez tôt.** Travaillant à domicile, vous trouvez peut-être, à l'instar de la plupart des gens qui travaillent dans un bureau, que vous êtes le plus productif avant que

les autres arrivent. Dans l'univers du bureau à domicile, c'est avant que les autres membres de la famille se réveillent ;

- **Choisissez une tenue qui vous réussit.** Dans la mesure où vous n'avez pas besoin de vous doucher, de vous raser et de porter une tenue spéciale, vous perdez ce sentiment de responsabilisation qui vous met tout de suite dans le bain du travail. S'il vous faut être bien habillé(e) pour être plus performant(e) et si rester en jogging ou en pyjama nuit à votre rendement, prenez une douche et habillez-vous bien, comme si vous vous rendiez dans votre entreprise. Si vous vous *sentez* en condition pour réussir, vous réussirez, où que vous travailliez ;
- **Fixez-vous des objectifs :** déterminez une quantité de travail à abattre et récompensez-vous lorsque vous atteignez vos objectifs, comme vous le feriez si vous étiez en entreprise ;
- **Ne prenez pas d'appels personnels pendant votre journée de travail.** Accroître sa productivité grâce à un bureau à domicile demande de la discipline. Les autres pensent parfois que vous ne travaillez pas vraiment. Des personnes qui ne s'imagineraient pas vous interrompre si vous travailliez en entreprise vous appellent pour tailler le bout de gras parce que vous êtes chez vous. Les parents se rendent souvent coupables de cela. Soyez poli(e) mais ferme : « Désolé(e), maman. J'aimerais pouvoir discuter mais je bosse, là. Je te rappelle à 17 heures, dès que j'aurai terminé, d'accord ? » ;
- **Contrôlez les interruptions émanant des membres de votre famille.** Ayez la patience d'habituer votre famille à respecter votre emploi du temps et vos principes de travail. Vous souhaiterez peut-être définir des plages horaires où les interruptions sont autorisées.

  Fixer ces limites peut s'avérer difficile, surtout avec des enfants en bas âge. Quand nous avons eu le bonheur d'être parents, j'ai décidé que les interruptions étaient possibles si cela concernait les enfants et ce principe demeure en vigueur. (Je dois cependant dire qu'Annabelle et Wesley ont vraiment le chic pour m'interrompre au pire moment !) Il existe une exception à cette règle d'intrusion : *aucune* interruption n'est tolérée lorsque je suis au téléphone. Vous souhaiterez peut-être vous aussi instituer des règles inviolables. Limitez-les mais faites-les respecter avec la plus grande fermeté.

Les échanges permettent de responsabiliser tout le monde, vous et votre famille. Je finissais par exemple un chapitre il y a quelques jours et j'ai fait la proposition suivante à Wesley : plus d'interruptions pour le restant de la matinée contre une partie de pêche d'une heure ensemble. Il m'a laissé terminer mon chapitre (ce qui m'a permis d'y passer une heure de moins). J'ai fini un peu plus tôt et nous avons fait notre concours de pêche dans l'étang du parcours de golf de notre jardin. Je n'ai pas travaillé de 13 heures à 16 heures, mais malgré cela, je suis parvenu à faire mon travail et à passer un après-midi délicieux avec mon fils !

- **Terminez à l'heure.** Le fait de pouvoir prolonger la journée de travail peut réduire la quantité et la qualité du temps passé en famille. Fixez-vous des limites. Une fois la porte du bureau fermée, c'est votre répondeur téléphonique qui prend le relais. Laissez le travail derrière vous ;
- **Accordez-vous un peu de temps pour décompresser.** Le temps de transport entre votre bureau et votre domicile vous permet généralement de faire la transition. En rentrant chez vous, vous passez du statut de P-DG, commercial, assistant ou employé du service client à celui de papa, maman, mari, femme, partenaire ou maître de Médor. Lorsque vous fermez la porte du bureau, fini le boulot ! Par conséquent, quand votre journée de travail est terminée, prenez dix minutes pour décompresser avant de quitter le bureau. Vous pouvez même mettre un peu de musique afin de laisser vos soucis derrière vous.

Chapitre 6

Affiner son sens de l'organisation grâce à la technologie

Dans ce chapitre :

- Programmer les succès grâce aux outils high-tech
- Optimiser les performances de son ordinateur
- Gérer son courriel
- Classer ses clients grâce à un logiciel de GRC

Imaginez : je m'apprête à partir en vacances, quand un client important me demande d'effectuer une présentation commerciale pour l'un des plus gros réseaux de vente du pays. Dans un premier temps, panique à bord ! La présentation est prévue le lendemain de mon retour de vacances. Si je veux être prêt, pas question de partir et toute la famille risque d'être extrêmement déçue. Mais, je me souviens alors que je dispose d'une version similaire de cette présentation créée avec le logiciel PowerPoint. Quelques retouches par-ci par-là et je vais disposer d'une version personnalisée moyennant deux heures de travail. Je prends le temps de faire quelques recherches, je modifie mon fichier PowerPoint, puis je pars l'esprit tranquille me ressourcer et prendre du bon temps au soleil.

Je suis un esclave consentant et ravi de la technologie. J'adore les services que me rend la technologie, à moi ainsi qu'à ma société Sales Champions. L'ordinateur est l'élément vital de ma société, de la communication au stockage de données, en passant par la gestion des clients existants et potentiels et des fournisseurs, ainsi que par la conduite de projets. Ce doit être de l'amour, sinon je ne tolérerais pas les terribles crises que la technologie me fait parfois piquer.

Dans ce chapitre, vous allez découvrir toute l'ampleur de cet amour. Je souligne l'efficacité qu'apportent la programmation électronique et l'utilisation d'un assistant électronique de poche. Je vous aide à éliminer les excédents de bagages sur votre ordinateur, à ranger et nommer les fichiers que vous sauvegardez afin de pouvoir y accéder instantanément et à archiver ceux dont vous pourriez avoir besoin plus tard, de façon à passer le moins de temps possible à les chercher. Je vous montre également comment un programme de gestion de la relation client peut optimiser l'organisation des données concernant votre clientèle et accroître votre activité. Poursuivez donc la lecture!

Plonger dans la programmation électronique

Les outils électroniques peuvent vous aider à maîtriser votre emploi du temps. Par exemple, un assistant électronique de poche de qualité vous accompagne sur la route et dans votre bureau. Il s'agit d'un petit ordinateur très compact qui démarre en quelques secondes, pas en plusieurs minutes. Cette section passe en revue les options en matière de planificateur électronique, que vous cherchiez à utiliser un calendrier sur un ordinateur de bureau ou à faire fonctionner votre téléphone intelligent quand vous êtes en déplacement. Je traite également les avantages et inconvénients des assistants électroniques de poche et les éléments à prendre en compte avant de choisir votre modèle.

Le partage des calendriers, avantage des outils de programmation électronique

L'un des plus gros avantages de l'utilisation d'outils de programmation électroniques, c'est que vous et vos collègues avez accès au calendrier de chacun d'entre vous sans passer le moindre coup de fil ou harceler des adjoints administratifs. Cela réduit radicalement le temps nécessaire pour organiser une réunion car le logiciel vous informe de l'endroit où se trouvent les autres, de ce qu'ils font et de leur disponibilité. La programmation électronique offre aussi un gain de temps au destinataire. Dans la mesure où les autres peuvent voir votre emploi du temps, vous ne recevez que des invitations aux réunions organisées à un moment où vous êtes disponible, ce qui vous épargne la consultation de votre emploi du temps avant de répondre.

Admettons, par exemple, que vous essayiez de contacter Claude Darcot depuis deux jours. Chaque fois que vous l'appelez, il est en réunion et, quand il vous rappelle, vous êtes en rendez-vous extérieur. Pour vous épargner le chassé-croisé téléphonique, consultez l'outil de planification présent sur le réseau et programmez un jour et une heure pour lui parler. Vous constatez qu'il sera à son bureau et n'aura pas de réunion demain entre 14 heures et 15 heures.

Les systèmes de programmation, tels que Microsoft Outlook, sont parfaits pour fixer des réunions à des moments qui conviennent à la majorité. Par exemple, supposons que vous ayez besoin de prévoir une réunion la semaine prochaine pour les dix personnes chargées du budget : votre présence, ainsi que celle de trois chefs de département, est nécessaire. En utilisant Outlook pour programmer la réunion, vous avez accès à l'emploi du temps des autres personnes avant même de lancer les invitations. Vous pouvez rechercher le jour qui conviendrait le mieux à tout le monde, en bénéficiant de la présence d'un maximum de personnes, dont celle, indispensable, des trois chefs de département.

Et si vous n'êtes pas disponible ? Ne vous inquiétez pas : personne n'a besoin de savoir qu'en fait, vous avez rendez-vous chez le coiffeur ce jeudi à 15 heures. Ils savent simplement que vous ne pourrez être présent.

L'utilité des planificateurs portables

Les planificateurs portables permettent tout un éventail d'utilisations. Lorsque je voyage en avion, je vois souvent des dirigeants mettre leur terminal mobile en mode avion dès la phase de décollage terminée, pour ne le couper qu'au moment de la descente. Une fois que l'appareil a regagné le plancher des vaches, ils dégainent leur assistant électronique de poche et envoient par courriel tout le travail qu'ils ont abattu pendant le vol à peine l'appareil définitivement immobilisé en vue du débarquement.

Un assistant électronique de poche vous permet d'emporter votre emploi du temps journalier (voir le chapitre 4) et celui de vos clients. Avec la plupart des programmes, vous pouvez copier votre emploi du temps journalier (sur plusieurs années) en pressant quelques touches. Et, lorsque vous voulez le partager avec autrui, vous pouvez le télécharger rapidement sur le réseau de votre entreprise.

Un assistant électronique de poche joue aussi le rôle de centre multimédia : lecteur MP3, clé USB, album photo ou lecteur vidéo. Vous avez un accès internet instantané aux cours de la Bourse, aux informations, etc.

Ces dix dernières années ont vu le choix s'élargir considérablement : Palm Treo, iPhone d'Apple, BlackBerry. Votre utilisation du téléphone portable peut influer sur le choix de la marque et du modèle, en fonction de la couverture, du service et de la qualité de réception.

La plupart des fabricants d'assistants électroniques de poche sont en partenariat avec un opérateur de téléphonie mobile. Lors de l'achat de votre premier appareil ou du choix d'un modèle plus récent ou sophistiqué, renseignez-vous sur les recommandations de votre opérateur ainsi que sur les éventuelles offres spéciales qu'il propose.

Certains assistants électroniques de poche ne fonctionnent pas avec certaines marques de logiciel de GRC (voir la section « Gérer ses contacts avec un logiciel de GRC », plus loin dans ce chapitre). Vérifiez donc avant d'investir. Voyez aussi si vous pouvez réaliser une synchronisation à distance ou s'il vous faut être physiquement présent à votre bureau. Certains assistants et logiciels de GRC ne permettent pas d'effectuer une synchronisation si vous êtes connecté à distance. Cela signifie que les courriels envoyés et reçus, les appels que vous passez, les messages laissés à la suite de ces appels et les rendez-vous pris par votre équipe ne s'afficheront pas sur votre assistant électronique de poche ou sur le serveur hébergeant votre logiciel de GRC. Résultat, vous risquez de louper des rendez-vous, d'avoir des erreurs de timing, de perdre du temps et de l'argent.

Malgré tous les avantages qu'ils présentent, les assistants électroniques de poche ont aussi leurs inconvénients : la technologie investit votre vie. Vous pouvez devenir trop accessible. Si vous perdez votre assistant électronique, c'est comme si vous perdiez toutes les données qui constituent votre vie. Bien qu'une vaste majorité de la planète ait emboîté le pas à cette révolution technologique, on souhaiterait parfois être *moins* accessible.

Lorsque vous étudiez la question de savoir si un assistant électronique de poche va vous faire gagner ou vous coûter du temps, prenez en compte vos fonctions et le niveau de concentration dont vous avez besoin pour être performant(e). Avez-vous vraiment besoin d'être accessible instantanément ? Prenez-vous tous les appels qui arrivent chez vous ? Si vous n'êtes pas capable de filtrer les appels chez vous, vous aurez peut-être du mal à ne pas rester coller à votre assistant électronique.

Mettre de l'ordre dans son ordinateur et veiller à ce qu'il demeure bien rangé

Votre ordinateur est-il un tiroir fourre-tout qui recueille tout ce que vous n'avez pas le temps de traiter ? Son espace de stockage est limité et, tôt ou tard, vous devrez faire le ménage ou trouver un autre tiroir (et un ordinateur coûte bien plus cher qu'un tiroir !). Plus vous avez de choses inutiles dans votre ordinateur, plus il est compliqué d'y trouver ce que vous cherchez. Tout comme un tiroir rempli à ras bords est difficile à ouvrir et à fermer, un ordinateur saturé fonctionne moins bien.

Le meilleur moyen d'éviter de surcharger son ordinateur est de trier son contenu et de supprimer des éléments, après les avoir archivés sur un disque externe ou un autre support, si vous tenez à les conserver.

Nommer et organiser les fichiers selon une arborescence

Commencez par créer des catégories, à raison d'un dossier par principal domaine de responsabilité. Vous trouvez généralement les catégories suivantes : *ventes*, *marketing*, *ressources humaines*, *promotion*, *projets en cours*, ainsi que des catégories concernant vos produits et services. Vous pouvez aussi inclure des dossiers pour vos clients les plus importants. Vous avez ensuite la possibilité de créer des sous-dossiers qui hébergeront des sous-catégories.

TRUC

Créez votre arborescence, sorte de plan de vos dossiers et sous-dossiers, avant d'entamer le classement des documents. Ne faites pas l'inverse (classer *puis* organiser vos fichiers). Comme il est difficile d'avoir une vision globale de tous vos fichiers sur un ordinateur, cette stratégie porte rarement ses fruits. Ayez d'abord un plan, même rudimentaire (en version électronique ou sur papier), des fichiers et dossiers présents sur votre machine avant de vous lancer dans des opérations de couper-coller. Vous verrez votre efficacité augmenter et votre agacement diminuer.

La partie la plus difficile de la phase d'organisation, qu'elle soit manuelle ou électronique, est de développer un système. Pour être capable de récupérer des informations sans perdre de temps, la clé est de les classer correctement dès le départ. Prenez le temps de concevoir un système adapté à vos besoins et à votre mode de fonctionnement grâce aux sous-catégories créées.

Généralement, de quelle manière avez-vous besoin d'accéder à l'information ?

Votre critère est-il la date, le domaine, l'entreprise, le nom du projet ? À chacun ses priorités, en fonction du type d'activité, des fonctions occupées au sein de l'entreprise et de ses préférences. Si vous êtes chargé(e) de gérer des feuilles de calcul, des rapports, de la correspondance ou des contrats, il se peut que vous deviez transmettre rapidement des fichiers sur demande ou communiquer ces informations. Dans ce cas, vous devrez peut-être paramétrer sur mesure votre système de classement selon les besoins de quelqu'un. Évaluez la nature des demandes de votre chef ou d'un collègue. Généralement, se souvient-il du nom du contact avec lequel il travaille, de la ville dans laquelle il s'est rendu ou de la période de l'année à laquelle il a collaboré au projet ?

Si vos projets sont très gros, divisez-les en fichiers plus petits et plus facilement accessibles. Voici deux décompositions élémentaires applicables à votre système de classement :

- **Si vous menez le même type de projets pour plusieurs clients, vous souhaiterez peut-être adopter un classement par nom de client.** Dans ce cas, décidez si le classement concernera le nom de famille, le prénom ou le nom de l'entreprise représentée par la personne en question (classerez-vous votre client Claude Bertier de l'entreprise Entrepôt Éclair à la lettre *c*, *b* ou *e* ?). Quel que soit votre choix, respectez toujours la même règle pour tous les fichiers afin qu'ils soient stockés au même endroit et faciles à extraire ;
- **Si vous êtes enclin(e) à rechercher les fichiers en fonction de leur date ou s'ils évoluent constamment sous de nouvelles versions à chacune de leur utilisation, structurez votre système de façon que l'information « date » figure toujours dans le nom du fichier ou du dossier.** Si vous accédez surtout aux informations selon la date de création du fichier, quel que soit le client ou le projet, c'est l'élément le plus important du nom du fichier ou du dossier. Si la date de remise est plus importante, faites-la apparaître dans le nom du fichier.

Si votre système est incohérent ou s'il existe des fautes d'orthographe dans vos noms de fichiers ou de dossiers, ces derniers peuvent se retrouver stockés dans de mauvais emplacements, rendant d'autant plus difficile leur recherche. Votre ordinateur classe les fichiers par ordre alphabétique ou numérique. Fixez donc des règles avant de démarrer. Par exemple, quelle que soit la façon dont vous mentionnez la date dans votre nom de document ou de dossier, respectez-la scrupuleusement chaque fois. Juillet 2016 ne sera pas classé au même endroit que 07/2016. Dans le nom de fichier, placez également la date toujours au même endroit, que ce soit au début ou à la fin.

Selon les informations à faire tenir dans le nom du fichier, vos documents peuvent avoir des chemins d'accès trop longs vous empêchant de les déplacer ailleurs, voire d'envoyer le fichier par courriel. Les abréviations peuvent rendre service, mais soyez cohérent(e) en la matière. Si vous abrégez Annie Création Coiffure par ACC dans un projet et par Annie CC dans un autre, en cas de recherche sur ACC, le second nom ne figurera pas dans les résultats de la recherche.

Si vous travaillez dans un environnement où tout évolue très vite, réservez-vous chaque mois un moment pour inspecter le nom et l'emplacement d'enregistrement de vos fichiers. Avec le temps, il est facile d'oublier à quoi correspond tel fichier et où il doit être rangé. Les fichiers se perdent facilement et il vous faut alors lancer une recherche qui prend du temps et s'avère parfois infructueuse, vous obligeant alors à les recréer entièrement. (Vous pouvez bien entendu utiliser la fonction de recherche pour explorer un document, un sous-dossier, un dossier ou carrément le disque dur de votre machine. Une fois le document manquant retrouvé, vérifiez pourquoi il a été mal classé, puis corrigez l'erreur.)

Combien de temps devez-vous garder des fichiers ?

Selon votre activité, il vous faut peut-être garder vos fichiers pendant de nombreuses années pour un client très ancien ou un projet de longue durée. À quelle fréquence ouvrez-vous des fichiers archivés ou des informations non actives ? Si vous conservez des données pendant longtemps, vous pouvez établir un système qui vous donne accès à des fichiers « classés » sans encombrer les emplacements où vous rangez ceux utilisés régulièrement. Vous pouvez stocker les données en les archivant dans des dossiers triés par date.

Pourquoi ne pas conserver l'année en cours ou les deux dernières années dans vos dossiers de tous les jours ? Puisque vous ne consultez plus qu'occasionnellement les fichiers antérieurs à l'an dernier, créez un sous-dossier par année que vous rangez dans un emplacement à part (par exemple, sur le serveur de l'entreprise), ce qui permettra de désencombrer votre disque dur et vous fera gagner du temps.

Comment procédez-vous pour créer un document ?

Travaillez-vous régulièrement sur des documents créés à partir d'un modèle ? Par exemple, envoyez-vous des contrats de clients, rédigez-vous un rapport hebdomadaire, établissez-vous des notes de frais ou des demandes de chèques, générez-vous des réponses *via* un formulaire type ? Mettez en place le meilleur système pour définir les modèles adaptés, révisez régulièrement ces derniers avec le plus grand soin et stockez-les de manière à les retrouver rapidement.

TRUC

Si vous créez régulièrement des documents de A à Z, envisagez le recours à des modèles en fonction de la mise en forme afin d'éviter de saisir les mêmes informations version après version.

Participez-vous à des projets qui impliquent la création de multiples versions d'un même document ? Par exemple, vos propositions sont-elles relues et corrigées par de nombreuses personnes ? Si la réponse est oui, instituez un système favorisant le suivi de l'historique des changements. Par exemple, vous pouvez demander aux réviseurs de renommer le fichier en incluant leurs initiales, une abréviation indiquant le stade du projet ou la date de révision. Veillez à ce que tout le monde connaisse le système employé.

La plupart des documents que vous créez sont-ils spécifiques à un sujet ou à un client ? Lorsque vous passez du temps à générer des documents pour des clients bien précis, votre mode de classement doit faciliter la recherche du client et l'identification de tous les fichiers concernant celui-ci.

TRUC

Si vous créez de nouveaux documents en permanence, il est plus difficile de vous organiser. Le volume de documents est important et en constante augmentation. Optez pour un système de classement par client ou disposez d'un fichier d'archives où vous stockez vos modèles de contrats, propositions, courriers, listes de contrôle et autres éléments utilisés régulièrement. Vous pouvez même créer des sous-dossiers afin de retrouver ces modèles plus facilement.

Désengorger son disque dur en archivant ou en supprimant des éléments

Plus votre disque dur renferme de fichiers, plus une recherche prend de temps. Comme pour les dossiers papier, la clé de l'efficacité réside dans la faculté de se séparer de tout ce que vous n'avez pas besoin de conserver, y compris les copies de fichiers. La pagaille électronique est plus difficile à repérer que les piles de dossiers physiques encombrant un bureau car elle est invisible, jusqu'à ce que votre ordinateur ralentisse ou montre des signes de faiblesse. J'ai découvert de nombreuses versions de différents programmes sur mon ordinateur parce que j'avais oublié de désinstaller la précédente avant d'installer la nouvelle.

Vous savez que vous devez faire le ménage sur votre bureau afin d'éviter qu'il ne ressemble, avec toutes ces icônes, au parking d'un hypermarché un samedi. *Archiver* des fichiers ne signifie pas les supprimer, mais les sauvegarder sur un CD, un DVD ou un autre dispositif de stockage. Que vous disposiez de quelques ordinateurs de bureau ou d'un gros serveur, l'archivage libère de l'espace sur le disque dur et améliore les performances de la machine. Pour vous débarrasser des éléments inutiles, procédez comme suit :

1. **Inspectez votre ordinateur de façon à être certain(e) de bien avoir besoin de tous les logiciels qu'il renferme et d'utiliser la toute dernière version.**

   Mettez à jour vos programmes en veillant à désinstaller l'ancienne version.

2. **Créez un dossier d'archives et prenez l'habitude d'y mettre tous les fichiers que vous n'utilisez pas régulièrement mais que vous souhaitez conserver.**

N'OUBLIEZ PAS !

Étiquetez toujours vos CD ou DVD. Au pire, imprimez un résumé des données qu'ils contiennent et glissez la feuille dans le boîtier. Ainsi, si vous l'ouvrez dans cinq ans, vous saurez ce qu'il contient.

Veillez à conserver vos CD et autres dispositifs de stockage en lieu sûr. Placez les archives particulièrement importantes, telles que les sauvegardes périodiques complètes, dans un coffre-fort. Faites également plusieurs sauvegardes afin de vous couvrir en cas de catastrophe (si un disque est endommagé, vous ne perdrez pas toutes vos données). Auparavant, dans mes entreprises, nous faisions une sauvegarde quotidienne sur CD, mais nous avons maintenant opté pour des *serveurs en réseau*. Si un serveur nous lâche, nous pouvons passer sur un autre serveur en l'espace de quelques minutes, sans perdre de données.

Une fois que vous vous êtes débarrassé des fichiers inutiles, effectuez périodiquement une défragmentation de votre disque dur. Cette opération vous aide à améliorer la vitesse de traitement de votre ordinateur en optimisant l'organisation des données qu'il contient.

Enregistrer judicieusement les nouveaux fichiers

La fonction « Enregistrer sous » est l'une des plus géniales pour personnaliser, générer plusieurs courriers ne présentant que quelques différences ou effectuer des présentations sur mesure pour divers publics sans perdre vos documents originaux. Lorsque vous utilisez la fonction « Enregistrer », vous écrasez la version précédente et pouvez donc perdre des informations précieuses qui pourraient vous faire gagner beaucoup de temps si vous aviez besoin de les réutiliser ultérieurement.

Il y a quelques années, j'avais une assistante qui n'utilisait jamais la fonction « Enregistrer sous ». Quand je personnalisais une présentation PowerPoint en fonction des besoins d'un client ou d'un secteur d'activité, elle écrasait systématiquement la version précédente dont elle s'était inspirée. Je ne disposais donc que de la toute dernière version de la présentation. J'ai ainsi perdu au moins une année d'idées novatrices parce qu'elle ne faisait pas « Enregistrer sous ».

La fonction « Enregistrer sous » est certes fantastique mais elle peut signer l'arrêt de mort de votre disque dur si vous ne l'utilisez pas de façon pertinente. Créer et stocker de nombreux documents quasiment identiques est un jeu d'enfant. Par exemple, avez-vous besoin de conserver un exemplaire de tous vos courriers personnalisés ? Vous souhaitez probablement sauvegarder une copie du courrier dans le dossier du client mais pas forcément dans votre dossier « Courriers », à moins que chaque version diffère sensiblement du modèle original.

Nettoyer un ordinateur ayant appartenu à quelqu'un d'autre

L'ordinateur que l'on vous confie et qui a appartenu à une autre personne renferme sans doute des données. Dans ce cas, vérifiez les dates de création ou de modification. Souvent, certains fichiers remontent à plusieurs générations d'employés. Avant d'effectuer une datation au carbone 14, faites ceci :

- Enregistrez le fichier dans un dossier temporaire afin de l'archiver quand vous aurez le temps ;
- Imprimez-le et demandez à votre chef ou au précédent propriétaire de l'ordinateur si vous devez le sauvegarder ;
- Sauvegardez le fichier sur un CD ou une clé USB puis supprimez-le de votre disque dur.

Gérer son courrier électronique

Si tous les courriels que vous avez reçus, envoyés, transférés, sauvegardés et supprimés étaient imprimés, votre seule correspondance remplirait un bureau de poste. Bien entendu, vous ne conservez pas tout mais, si vous êtes comme moi, vous laissez parfois les courriels s'accumuler, et parfois jusqu'à ce que votre fournisseur d'accès vous indique que votre boîte de réception est pleine à craquer.

Un outil n'a de valeur que si la personne qui le manipule sait l'utiliser. Si vous savez gérer votre courrier électronique correctement, votre productivité est satisfaisante. Si ce n'est pas le cas, vous pouvez finir par saboter vos efforts pour être performant(e). Cette section vous aide à maîtriser ce système de communication électronique trop souvent difficile à manier.

Filtrer ce qui arrive

Même les individus passés maîtres dans l'art de gérer leur temps peuvent perdre des heures de productivité à traiter des courriels, dont bon nombre ne sont pas d'ordre professionnel. Il arrive même que ce soit des courriels que vous ne *souhaitiez* pas recevoir, mais il vous faut tout de même fouiller dans la vase.

Les pourriels (ou *spam*) ne sont qu'une partie du flux de courriels déversé chaque jour dans votre boîte de réception. Si vous êtes comme la plupart des gens, vous avez probablement autorisé, voire demandé une bonne partie des courriels promotionnels que vous recevez. Voici quelques conseils pour diminuer le flux de pourriels et autres courriels qui encombrent votre boîte de réception :

- **Désabonnez-vous des bulletins d'information que vous ne lisez plus ou des listes de diffusion.** Le printemps dernier, quand vous faisiez redémarrer votre jardin, recevoir un courriel hebdomadaire renfermant des conseils sur le compostage vous avait semblé une excellente idée. Vous vous apercevez maintenant que vous le supprimez systématiquement sans même l'ouvrir. Le moment est venu d'arrêter de le recevoir ;
- **Réfléchissez-y à deux fois avant de vous inscrire sur de nouvelles listes de diffusion.** Vous appréciez peut-être de recevoir un bulletin mensuel sur l'un de vos passe-temps, mais, au lieu d'encombrer votre boîte de réception, pourquoi ne pas mettre en signet le site web correspondant afin de lui rendre visite quand bon vous semble ?
- **Quand vous commandez en ligne, *décochez* bien la case donnant votre accord pour recevoir des courriels.** Nombreuses sont les boutiques en ligne à prévoir sur leur bon de commande une case pour « recevoir toutes nos offres spéciales ». Cette case est cochée d'office pour vous « faciliter la vie ». Pour ne *rien* recevoir, décochez-la ;

- **Lorsque vous vous rendez sur un site et laissez des informations personnelles ou coordonnées, vérifiez toujours dans la charte de confidentialité que ces données vous concernant ne seront pas vendues.** Un lien débouchant sur cette charte de confidentialité figure généralement au bas de la page d'accueil ou juste à côté de la zone où vous avez saisies ces informations ;
- **Installez un logiciel antipourriels (ou antispam) sur votre ordinateur.** Retenez cependant que ces programmes ne vous débarrassent pas complètement des pourriels mais se contentent de les filtrer et de les placer dans le dossier « Courrier indésirable » de votre messagerie.

Ne répondez jamais à un pourriel. Vous espérez peut-être que la demande polie que vous faites afin que l'on vous retire de la liste de diffusion va mettre un terme à l'envoi de courriels non sollicités, mais c'est généralement l'inverse qui se produit. Votre réponse confirme que votre adresse électronique est bien active. Il se peut alors que vous vous mettiez à recevoir encore plus de pourriels et que votre adresse soit vendue à d'autres polluposteurs pénibles. Laissez donc votre logiciel antipourriels faire son boulot.

Employer un système de réponse aux courriels

Pendant mon enfance, je regardais le feuilleton *M*A*S*H* en famille. Je me souviens que, lorsqu'un blessé arrivait à l'hôpital de campagne, il passait d'abord au *triage*, processus qui permettait de définir la priorité du patient. Fallait-il le traiter immédiatement ? Ce soldat allait-il mourir s'il n'était pas soigné dans les plus brefs délais ? Allait-il mourir de toute façon ? L'équipe médicale pouvait ainsi prioriser avec efficacité leurs interventions quand le chaos régnait.

Voici ce qui fonctionne dans mon cas : lorsque j'ouvre ma boîte de réception, j'ai trois options : *supprimer le message*, *traiter le message tout de suite* ou *remettre le traitement à plus tard*. N'importe quel courriel tombe dans l'une de ces catégories.

Cliquer sur la touche « Suppr. »

Bien que votre ordinateur ne prenne pas plus d'espace dans votre bureau que vous ayez 10 ou 10 000 courriels, le fouillis innommable qui règne dans votre boîte de réception peut ressembler à une pile d'un kilomètre de haut que vous devez vous coltiner.

Conservez une boîte de réception nette et bien rangée en supprimant tout courriel peu important ou très ancien. Comme pour les publicités, lisez (ou non) puis supprimez immédiatement les blagues ou légendes urbaines, chaînes de messages de remerciements, de bienvenue, de civilités (du genre : « Bonne journée, on se voit après le boulot »).

Supprimez également, sans les ouvrir, les courriels comprenant un objet trop beau pour être vrai ou ressemblant à une accroche commerciale de la part d'un expéditeur inconnu. Est-il bien réaliste et plausible qu'une entreprise vienne spécialement vous offrir la possibilité de gagner des millions d'euros ? Et si une offre était à ce point incroyable, le publicitaire aurait-il vraiment besoin de vous démarcher ? Probablement pas. Méfiez-vous des courriels dont l'objet comprend des mots mal orthographiés ou des mots avec des symboles à la place de lettres (*Vi?? ra*).

TRUC

Savoir supprimer des fichiers rend service à tout le monde dans votre entreprise. Lorsque les employés sont sur réseau, le serveur se remplit si tout le monde conserve tous les courriels qu'il reçoit, ce qui peut interrompre toute réception de messages dans tous les départements. La plupart des réseaux fixent une quantité de données limite pour les boîtes de réception individuelles et vous avertissent quand vous vous en approchez. Le moment est alors venu de faire un grand nettoyage de printemps. Mieux vaut faire le ménage au fur et à mesure que de laisser les tas se former.

Traiter le message tout de suite

Au bout de la rue où se trouve mon lycée à Portland, dans l'Oregon, est installé le siège de Nike, l'entreprise dont le slogan est « *Just do it* » (« Fais-le »). C'est aussi un bon conseil en matière de gestion des courriels. Bien entendu, ce *fais-le* est essentiel si le sujet est urgent ou si la tâche doit être exécutée aujourd'hui, mais c'est également une stratégie sensée pour la plupart des autres courriels. Si une réponse se justifie pour un message, répondez. Maintenant. Répondez à la question, transférez le message, transférez la tâche dans votre liste de choses à faire ou consignez-la dans votre emploi du temps, envoyez une réponse. S'il vous faut plus d'un clic ou d'une minute ou deux pour répondre au message, le classer ou le transférer, ne remettez pas cela à plus tard.

Comme pour le courrier postal, la meilleure stratégie est de gérer les courriels une bonne fois pour toutes (voir le chapitre 5).

Reporter le traitement à plus tard

Pour ces courriels qui n'ont rien d'urgent ou d'essentiel, il peut être judicieux de les mettre de côté en attendant d'avoir fini de passer en revue tous vos messages. *Pas question* de les oublier en les laissant enfouis dans votre boîte de réception, pour ne vous en souvenir que lorsqu'il est trop tard. Rangez-les tout de suite dans un dossier approprié de façon qu'ils attirent votre attention plus tard. Il peut s'agir de courriels personnels que vous souhaitez lire attentivement et auxquels vous tenez à prendre le temps de répondre ou de projets qui n'ont pas besoin d'être traités aujourd'hui, voire cette semaine.

Vous pouvez également *déléguer*. Évidemment, vous pouvez simplement cliquer sur le bouton « Transférer » en ajoutant au message les instructions à suivre pour exécuter la tâche en question ? Cependant, la fiabilité de la messagerie électronique est quelque peu suspecte et vous pourriez avoir besoin d'une trace pour ne pas oublier de suivre l'affaire si vous n'avez aucune nouvelle de la personne à qui vous avez délégué.

Automatiser ses réponses

La faculté de planifier à l'avance sa communication électronique vous permet d'économiser plein de temps. Si vous répondez aux mêmes questions plusieurs fois par semaine, voire par jour, il serait peut-être judicieux de créer des modèles de courriel ou de réponse standard. Mettez ces modèles dans un dossier auquel vous pourrez facilement accéder, puis copiez-collez votre réponse en réalisant les ajustements de contenu nécessaires. Par exemple, si des clients vous demandent des renseignements sur l'état d'avancement de leur projet, vous pouvez créer une réponse standard les informant que vous vous en occupez et que vous reviendrez vers eux d'ici telle date.

N'oubliez pas la fonction de réponse automatique lorsque vous êtes absent(e) du bureau. Rédigez un message comprenant les infos pertinentes : votre date de retour, si vous avez la possibilité de relever vos courriels et qui contacter dans l'entreprise en cas d'urgence pendant votre absence.

Organiser et stocker ses courriels

Gérer, organiser, créer des catégories et classer vos courriels sont des pratiques susceptibles de vous rendre service et idéales pour disposer en permanence d'un système de classement au top. Nombre de vos courriels sont certainement importants car ils servent de référence, en particulier la correspondance professionnelle. Il vous est sans doute arrivé, comme à moi, de chercher en vain cet important courriel que vous êtes persuadé(e) d'avoir reçu… il y a peut-être huit mois.

Par chance, vous n'êtes pas obligé(e) d'imprimer chaque courriel en vue de le ranger dans une armoire. Votre logiciel de messagerie comprend de nombreux outils très utiles pour garder à portée de clic toutes vos informations, dont des dossiers et systèmes de classement qui facilitent vos recherches. Il suffit d'avoir un peu d'expérience. Vous pouvez trier et stocker vos courriels selon des catégories, en les regroupant par expéditeur, date, projet, importance ou objet. Voici quelques manières d'utiliser les fonctions offertes par votre logiciel de messagerie :

- Paramétrez votre logiciel de façon que certains messages (des bulletins d'information, par exemple) soient automatiquement transférés dans un dossier bien précis. (Cet outil s'apparente à la fonction qui bloque les pourriels, à la différence près que ces messages vont dans un dossier que vous allez ouvrir.) Avec l'aide de la fonction de filtrage, vous pouvez signaler des adresses électroniques bien précises et envoyer les messages correspondants dans un dossier spécifique, voire les supprimer, avant qu'ils n'arrivent dans votre boîte de réception. Selon moi, la plupart des gens n'exploitent qu'une petite partie des fonctions de filtrage offertes par leur messagerie. Prenez quelques minutes pour explorer les options dont vous disposez. Le filtrage se paramètre en très peu de temps ;

- Créez un dossier « Arrivée », en fonction d'un jour, d'une semaine ou d'un autre critère ;
- Définissez un dossier « Poubelle » que vous videz une fois par mois par exemple ;
- N'ouvrez pas tous les courriels qui tombent dans le dossier « Poubelle ». Cela prendrait trop de temps. Vous les avez assez filtrés pour être en mesure de les laisser disparaître ;
- Constituez-vous un dossier spécifique à chacun de vos projets, dans lequel vous pouvez sauvegarder les courriels correspondants. Vous disposerez ainsi d'une sorte d'archive de tous les échanges entretenus. Une fois que vous n'avez plus besoin du dossier en question parce que le projet est terminé, supprimez-le. Cette configuration vous offre également un excellent système de sauvegarde ;
- Utilisez la fonction de recherche pour retrouver toute correspondance sur un thème donné. Par exemple, si vous recherchez un courriel détaillant un voyage en Guadeloupe, vous pouvez saisir « Guadeloupe » dans le champ de recherche et tous les courriels comprenant ce terme dans le corps ou l'objet du message seront affichés.

Gérer ses contacts grâce à un logiciel de GRC

Si vous êtes dans les affaires, vous connaissez déjà l'avantage d'être contacté par ses clients. Ce sont vos clients ! Ces 20 dernières années, j'ai lu la même conclusion dans des dizaines et dizaines d'études sur le service à la clientèle : il faut fournir bien plus d'efforts et consacrer bien plus de temps à se faire un nouveau client qu'à retenir un client existant.

Quelle que soit votre activité, la faculté de contacter facilement et fréquemment des clients existants (armé d'une bonne connaissance de ces clients) n'a pas de prix. Ajoutez la capacité à leur envoyer des documents personnalisés au moment précis où ils recherchent votre produit ou service et vos affaires seront *rentables*. Même si les clients n'ont pas besoin de remplacer votre produit avant plusieurs années, vous serez peut-être en mesure de leur proposer des articles liés ou de bénéficier du bouche-à-oreille avec leurs amis.

L'un des outils les plus précieux dans le monde des affaires est le logiciel de gestion de la relation client. La GRC vous aide à optimiser le service, la communication, les ventes et l'établissement de relations avec des clients existants et potentiels, élément vital de n'importe quelle entreprise, en vous offrant un accès rapide aux informations cruciales sur les clients, que vous vendiez ou vous occupiez du service après-vente ou de la facturation.

En outre, la GRC vous permet de vous tourner vers la quasi-dématérialisation de vos pratiques, surtout si vous disposez d'un logiciel compatible qui transforme les télécopies en documents électroniques. Vous pouvez même saisir des notes dans votre logiciel de GRC pendant que vous êtes au téléphone avec un client potentiel ou existant. Cela vous permet de garder une trace de vos discussions dans un endroit centralisé, de bannir les Post-it et autres bouts de papier. Cette automatisation vous fait gagner du temps et de l'argent et vous offre un accès extrêmement facile aux documents et dossiers de clients depuis les quatre coins du monde. En plus, cet outil préserve les forêts.

Rechercher des logiciels et services

La plupart des ordinateurs sont vendus avec des systèmes de GRC rudimentaires. Chez Microsoft, il s'agit d'Outlook, qui n'est cependant pas assez puissant ou personnalisable pour conserver autre chose que des données de base de clients. Je vous conseille donc les deux programmes suivants : Mozilla Thunderbird et Phoenix Mail. Mozilla Thunderbird est un programme de messagerie électronique Open-Source très élaboré. Il est léger, extrêmement rapide et simple à utiliser.

Il est possible de personnaliser la barre d'outils, d'ajouter des extensions pour affiner certaines fonctionnalités spécifiques selon les besoins, de filtrer l'affichage des messages, ou bien encore de modifier l'interface suivant votre goût grâce aux thèmes disponibles. Mozilla Thunderbird propose également un filtre performant capable d'identifier le courrier indésirable intelligemment ! Phoenix Mail est un client de messagerie simple et efficace en licence libre. Il contient les principales fonctionnalités utiles pour une bonne « gestion clients ».

Si vous avez besoin de disposer de plusieurs utilisateurs, vous devrez mettre vos programmes de GRC en réseau. Une autre option est le logiciel-service (SaaS, *Software as a Service*, en anglais), qui vous permet d'accéder au programme en ligne. Dans ce cas, une entreprise héberge les données et le logiciel et vous facture des frais mensuels par utilisateur. Les premiers fournisseurs de solutions SaaS ont été de « jeunes » entreprises innovantes comme Yahoo!, Google ou Amazon en B2C (*business to customer*). Des entreprises comme SalesForce (GRC à la demande) et Google (Google Apps) ont adapté ce type d'offre au monde professionnel en B2B (*business to business*). Pour un certain nombre d'entre elles, en s'appuyant sur l'offre Cloud Computing de Amazon EC2. Depuis 2009, les éditeurs « historiques », comme IBM, Microsoft, HP, SAGE, SAP, Oracle…, proposent des offres en mode SaaS. À titre d'exemple, celle de Microsoft appelée Microsoft Online Services intègre des produits de communications et de collaborations (Exchange, SharePoint, Live Meeting, Communications Server) hébergés dans des Datacenters gérés par l'éditeur. Vous avez le choix mais, si vous évoluez dans les affaires, il est incontournable d'avoir un programme de GRC.

Libérer le potentiel du logiciel de GRC

Je peux personnellement attester, pour en utiliser un depuis près de 18 ans, qu'un logiciel GRC apporte ceci :

- Plus de recettes en moins de temps ;
- Un meilleur service aux clients existants ;
- Des recommandations plus nombreuses ;
- Un niveau de satisfaction des clients plus élevé ;

- Plus de temps pour les techniciens de prendre les appels de clients.

Cette section traite des modes d'utilisation du logiciel pour que vous bénéficiiez de ces avantages.

Classer ses clients par catégorie

Vous pouvez utiliser un logiciel de GRC pour classer vos clients, stratégie fantastique. Tous les clients sont importants mais certains le sont plus que d'autres. Vos clients les plus importants :

- Traitent plus (et pour un montant plus élevé) avec vous ;
- Vous recommandent plus auprès de leurs amis, voisins, connaissances professionnelles, proches et collaborateurs ;
- Occupent des postes stratégiques dans des entreprises ou organisations avec lesquelles vous aimeriez travailler. Cela signifie qu'ils peuvent vous amener plus de contrats.

TRUC

Vous pouvez vous servir de votre logiciel de GRC pour classer vos clients en fonction de leurs relations avec vous, en trois catégories :

- **Les clients platine.** Il s'agit de vos meilleurs clients. Ils sont ravis de votre service, susceptibles de vous envoyer régulièrement du monde et n'envisageraient jamais d'aller voir ailleurs. La GRC vous aide à garder le contact avec eux par le biais de bulletins d'information, d'appels téléphoniques ou de correspondances spéciales, et ce de manière régulière ;
- **Les clients or.** Ces personnes ne sont peut-être pas aussi enthousiastes vis-à-vis de votre entreprise que les clients platine, mais ils continuent de se tourner vers vous, même s'ils ne vous recommandent que si vous le leur demandez. La GRC vous aide à identifier les clients or et vous rappelle la nécessité de communiquer fréquemment, avec l'objectif qu'ils deviennent des clients platine ;
- **Les clients bronze.** Ce sont des gens qui ne font affaire avec vous que sporadiquement, vont voir ailleurs de temps en temps. Il peut également s'agir de personnes

ou d'entreprises qui ne se sont pas manifestés depuis longtemps. Vous pouvez vous servir de la GRC pour renforcer votre relation avec eux.

Outre les clients existants, vous pouvez classer les clients potentiels et personnaliser votre communication avec eux. Un programme de GRC stratégique vous aide à classer par catégorie vos clients potentiels, de façon à distinguer ceux qui sont plus prometteurs que les autres. Si vous l'utilisez de manière efficace, vous pouvez accroître la fréquence de vos contacts et leur faire grimper plus vite ce que j'appelle l'*échelle de la fidélité*.

Contacter tout un groupe cible

Lorsque vous regroupez vos clients potentiels et existants, vous pouvez communiquer avec eux en appuyant sur quelques touches de votre clavier ou moyennant quelques clics de souris. Si la livraison de l'un de vos produit est différée, par exemple, vous pouvez facilement prévenir tous les clients qui en ont commandé . Si vous modifiez le prix de la demi-page de pub dans votre magazine, vous pouvez contacter tous vos clients afin de les en informer. Vous pouvez leur dire qu'à compter du début du mois prochain, le tarif passe de 3000 à 4000 euros (mais que, en tant que fidèles clients, ils peuvent s'assurer de verrouiller le tarif en souscrivant un contrat d'un an).

La plupart des logiciels de GRC peuvent fusionner des informations, y compris insérer le nom des clients et des entreprises à la fois sur les cartes de vœux et dans les courriers. Cela vous permet de créer un modèle de courriel ou de courrier commercial, en prévoyant un espace stratégique où figurent toujours les coordonnées du client, à des fins de personnalisation. Cela vous épargne également la rédaction de 20, 50, voire 300 courriers.

Automatiser le contact

Une fois vos clients existants et potentiels classés, vous pouvez adopter la mesure finale qui permet de gagner du temps grâce à la GRC : automatiser le contact du client. Les entreprises et personnes qui emploient avec le plus d'efficacité leur logiciel de GRC automatisent *tout*. Leurs documents, communications, courriers et systèmes, informations de dépannage, etc. figurent tous dans le logiciel de GRC. C'est ainsi le logiciel qui trouve le document, rédige le courrier ou courriel, insère le document dans un fichier PDF et le conserve dans le dossier du client, tout cela de manière électronique. Une fois le processus automatique conçu (qui, quoi, où, quand et pourquoi), la GRC fait le reste. Vous pouvez même paramétrer des programmes de façon qu'ils composent le numéro de votre client à votre place !

Les logiciels de GRC vous permettent de paramétrer les systèmes de communication à long terme grâce à l'automatisation. Une fois que vos clients ont reçu les 5 000 produits attendus, un courrier de remerciement part automatiquement. La semaine suivante, vous proposez (automatiquement) une offre spéciale sur d'autres produits du même genre. La semaine d'après, vous pouvez envoyer (automatiquement) une enquête de satisfaction. Libre à vous de paramétrer à l'avance le système pour les clients existants, potentiels, des catégories platine, or et bronze (voir la section « Classer ses clients par catégorie », plus haut dans ce chapitre).

Le logiciel de GRC peut également intégrer la notification concernant les appels, courriels et fax émanant de différentes personnes de l'entreprise ou de votre département. Vous avez la possibilité de mettre en place un système dans lequel chaque personne reçoit ses instructions de la part du logiciel. Par exemple, vous pouvez dire à Laetitia, de la comptabilité, d'envoyer la facture et à Pascal, du service commercial, de passer un appel de relance 3 jours, 7 jours et 14 jours après la livraison. Le logiciel générera également un courrier de remerciement qu'Isabelle, du service administratif, pourra envoyer le lendemain. Enfin, Sylvia, du service client, est avertie qu'elle doit appeler le client dans 5 jours pour voir s'il a besoin d'une formation à l'utilisation du nouveau produit reçu.

Créer des profils de client pertinents

Les éléments essentiels d'un fichier client utile demeurent toujours les mêmes : nom, adresse, numéro(s) de téléphone, adresse électronique et (le cas échéant) coordonnées de l'adjoint administratif. Ces cinq ou six composants sont la base d'une excellente fiche client. Pour faire entrer les communications avec vos clients dans une autre dimension, il vous faut cependant des informations supplémentaires.

Mieux vous connaissez vos clients, plus il est facile de prévenir les défections (à savoir quand un client choisit d'aller voir un autre prestataire ou fournisseur). C'est mortel pour votre entreprise : pensez deux secondes à tout le temps qu'il vous a fallu pour attirer et fidéliser vos clients !

La figure 6.1 vous montre une fiche que vous pouvez utiliser pour mieux connaître vos clients et établir des liens plus forts avec eux. Vous pouvez programmer ces informations dans votre logiciel de GRC en personnalisant les différents champs.

Admettons qu'au fil des ans, vous ayez recueilli et stocké des informations sur vos clients dans votre logiciel de GRC. La prochaine fois que vous disposez de deux billets pour aller voir un match de football, vous recherchez dans votre application les clients qui sont dingues de football. Bien entendu, cela ne fait pas de mal à vos relations que ce soit vous qui leur offriez ces billets !

Autre exemple : vous voyez un excellent article sur l'université de Paris VII. Vous recherchez dans votre fichier clients ceux qui ont étudié dans cette université et leur envoyez l'article par courriel. Qu'est-ce que cela vous a coûté ? D'avoir passé quelques minutes à *bien* écouter vos clients (et vous le faites systématiquement, n'est-ce pas ?) et à saisir leurs données. Qu'avez-vous obtenu en retour ? Vous avez renforcé vos liens avec ce client sans y passer un temps fou.

Si vous souhaitez vraiment impressionner un client, notez des infos précieuses le concernant dans votre logiciel de GRC, puis entamez votre prochaine conversation téléphonique avec lui en disant des choses de ce genre :

- *« Comment s'est passé (le mariage, votre réception, la conférence) ? »*
- *« Marius a fait un bon match le week-end dernier ? Son équipe a gagné ? »*
- *« Qu'est-ce que vous avez fait de… ? La dernière fois, vous m'aviez dit que… »*

Date : ____________________

Profil du client

1) Nom du client ____________________
Surnom ____________________
2) Nom de l'entreprise ____________________
3) Adresse de l'entreprise ____________________
Adresse personnelle ____________________
4) Numéros de téléphone
Bureau ____________________
Domicile ____________________
5) Date de naissance ____________________
Lieu de naissance ____________________

Formation

6) Lycée ____________________
Année d'obtention du bac ____________________
Université ____________________
Année d'obtention du diplôme ____________________
7) College Fraternity/Sorority ____________________
____
8) Sports ____________________
____

Famille

9) Nom et profession du conjoint ____________________
10) Formation du conjoint ____________________
11) Centres d'intérêt du conjoint ____________________
12) Date d'anniversaire de mariage ____________________
13) Enfants ____________________
Prénom/âge ____________________
____
14) Niveau scolaire des enfants ____________________
____
15) Centres d'intérêts des enfants (passe-temps, loisirs) ____________________
____

Centres d'intérêt

16) Clubs, associations ____________________
____
17) Activités au sein de la communauté ____________________
____

Mode de vie

18) Restaurant préféré pour déjeuner ____________________
Restaurant préféré pour dîner ____________________
19) Sports préférés en tant que spectateur ____________________
Équipes préférées ____________________

Figure 6-1 : Un exemple de profil d'un client.

Prenez quelques instants pour noter dans votre logiciel de GRC de petites infos que vous utiliserez ensuite pour que votre client potentiel ou existant se sente valorisé et unique. Vous verrez que votre relation se bonifiera.

Installer un logiciel de GRC sur un serveur pour optimiser son accessibilité et la sauvegarde des données

J'ai une règle : tout le monde au sein de l'entreprise doit pouvoir accéder à tout moment et en temps réel aux informations publiques. Tous les employés chargés du service après-vente ou de la vente doivent accéder à des documents et données concernant les clients. Cela vaut pour tous les départements : commercial, marketing, administration, comptabilité, etc. Et vous pouvez paramétrer votre logiciel de GRC de façon que tous les employés puissent exploiter ces données. L'installation du logiciel de GRC sur un serveur présente également des avantages en termes de sécurité.

ATTENTION !

Non seulement l'éparpillement des données de l'entreprise sur divers ordinateurs est à l'origine d'un cauchemar organisationnel, mais il constitue également une faille de sécurité, car la pression d'une seule touche peut vous faire perdre vos précieux clients. Par exemple, si l'un de vos commerciaux ayant démissionné ou, pire, que vous avez viré, gérait 200 clients, dont les données étaient stockées sur son ordinateur, il peut facilement effacer celles-ci avant de prendre congé.

Aïe ! Vous venez de perdre l'historique, voire les coordonnées de 200 clients, ainsi que ceux que vos commerciaux espéraient faire signer dans les 30, 60 ou 90 jours à venir. Il vous faut maintenant essayer de retrouver vers qui l'employé parti a envoyé certains clients, ce qu'il vendait à sa clientèle et quelles étaient ses relations avec elle. Et vous voilà revenu(e) à vous demander comment augmenter vos ventes et améliorer votre service envers ces clients à l'avenir.

Si vous disposez de plusieurs ordinateurs indépendants qui renferment chacun des données de l'entreprise, je vous conseille vivement de les mettre en réseau et d'employer un serveur. Les données de GRC accessibles *via* un serveur épargnent à votre entreprise le cauchemar de la perte de données. Le logiciel de GRC permet d'interdire automatiquement l'accès à la base de données de l'entreprise à un ex-employé et de disposer de sauvegardes pour reconstituer d'éventuelles informations perdues.

Certaines entreprises rechignent parfois à ouvrir l'accès à ces informations pour garantir la confidentialité des données de la clientèle ou pour ne pas courir le risque de voir des données importantes corrompues ou effacées. Si vous souhaitez protéger des informations concernant la comptabilité, le personnel et la sphère privée, c'est tout à fait possible. Les programmes proposent une protection par mot de passe afin de restreindre l'accès aux données les plus confidentielles. Vous pouvez également les paramétrer de façon que les employés puissent *consulter* les données mais pas les effacer ni les modifier.

Troisième partie

Relever les défis de la gestion du temps

« Ce modèle comprend une fonction particulièrement utile : le vide sidéral simulé qui permet de mettre fin aux conversations interminables. »

Dans cette partie...

Du réveil défaillant au client qui ne vient pas à une réunion, les imprévus qui ruinent la gestion de votre temps peuvent surgir chaque jour. Vous avez ensuite les problèmes dont vous êtes le seul responsable : les tergiversations, les emplois du temps surchargés, oublier de consigner une tâche sur votre liste de choses à faire. Quelle que soit leur origine, ces éléments « phagocyteurs » de temps sont difficiles à éradiquer. Mais, vous pouvez prendre des précautions pour parer leur pouvoir diabolique et, dans cette partie, je vous donne plein de conseils pour chasser les mauvais esprits.

La capacité à communiquer avec efficacité peut vous permettre de gagner plus d'argent et d'avoir une meilleure qualité de vie. Dans le chapitre 7, je considère la communication comme un art que vous pouvez façonner pour accroître votre productivité. Le chapitre 8 vous révèle les secrets pour éviter les interruptions (téléphone, courriel, collègues, famille, clients ou supérieur hiérarchique). Viennent ensuite des conseils pour éviter les tergiversations et l'indécision, dans les chapitres 9 et 10.

Chapitre 7

Une communication stratégique pour obtenir rapidement des résultats

Dans ce chapitre :

- Choisir le bon support pour faire passer son message
- Être à la hauteur quand le moment est venu de prendre la parole
- Utiliser avec efficacité les outils de communication
- Prendre le dessus grâce aux questions pertinentes

Quand la communication passe mal, les conséquences en perte de temps, voire financières, ne sont pas négligeables. Par exemple, dans une enquête de 1998 menée par une agence d'intérim, les employés estimaient qu'ils perdaient 14 % de leur temps de travail hebdomadaire à cause d'une mauvaise communication, soit plus de 5,5 heures, à savoir plus de 290 heures par an ! Des études montrent également que les responsables passent plus de 80 % de leur temps à communiquer et que 80 % des erreurs commises sont dues à une mauvaise communication.

Tout le monde fournit de vrais efforts pour faire passer ses messages à la famille, aux amis, aux collègues, aux associés et à la hiérarchie. Mais, comme l'illustrent ces chiffres, nombre de ces messages n'atteignent pas leur but car ils manquent de clarté et de précision ou sont trop longs. Et, à chaque échec dans la transmission d'un message, vous perdez du temps à répéter, refaire, retravailler et réorganiser. Dans ce chapitre, vous allez découvrir comment éviter ces problèmes en choisissant et utilisant efficacement le bon support, en envoyant des messages directs et en posant les bonnes questions.

Choisir le bon support de communication

Que vous en ayez conscience ou non, il existe trois moyens essentiels de communiquer : par les mots, par le ton et par le langage corporel. Lorsque vous échangez avec quelqu'un en face à face, vous pouvez employer ces trois formes de communication, ce qui accroît considérablement votre efficacité et vous permet d'obtenir plus rapidement le résultat souhaité. Lorsque vous parlez au téléphone, vous en employez deux et, par courriel, un seul. En conséquence, malgré la rapidité et l'efficacité offertes par le courriel, une rencontre physique ou un appel téléphonique s'avère parfois le meilleur moyen de faire passer un message ou d'arranger une situation.

Le choix du support le plus approprié au message à transmettre ou au sujet de la discussion dépend beaucoup de la complexité des informations que vous souhaitez partager ainsi que du thème de l'échange. Lorsque vous devez communiquer par courriel ou téléphone et non en personne, vous devez faire en sorte que ces canaux de communication fonctionnent de manière optimale au vu de vos besoins.

Communiquer en face à face

Dans la mondialisation ambiante, les expansions, fusions, scissions et transformations des entreprises ont, entre autres effets secondaires, la « réunionite aiguë ». Et ce n'est pas parce que vous travaillez dans une antenne à l'étranger que vous échappez aux réunions. L'avènement des audio et visioconférences expose tout le monde à la surdose de réunions.

L'objet d'une bonne réunion stratégique est d'identifier et de communiquer les objectifs, de rechercher des conseils, de partager des connaissances, de résoudre des problèmes et d'obtenir la coopération des autres. Si j'admets qu'il est parfois précieux de se voir entre collègues, ce n'est pas une raison suffisante pour organiser une réunion. Il est possible de forger un esprit d'équipe d'une autre manière.

La valeur de la réunion doit être supérieure ou égale aux coûts qu'elle engendre. L'identification des coûts peut sérieusement contribuer à reconsidérer le *besoin* de se réunir, alors qu'il existe des tas de moyens de communication. Ma formule pour évaluer le coût en temps ne se résume pas à l'addition du salaire horaire de tous les participants. Je prends également en compte les éléments suivants :

- Le temps passé à préparer la réunion;
- Le temps nécessaire à l'hôte pour créer l'ordre du jour et décider des objectifs;
- Le temps nécessaire pour coordonner le tout et transmettre aux participants les éléments d'information concernant la réunion;
- Le temps nécessaire pour se rendre à la réunion, que les participants viennent de l'autre bout de la ville ou de la planète.

Une fois additionnées toutes les ressources de l'entreprise nécessaires pour une réunion (qui dure ne serait-ce qu'une heure), les coûts de la main-d'œuvre représentent à eux seuls plusieurs milliers d'euros pour une réunion type. Par conséquent, avant d'organiser une réunion, assurez-vous qu'il est absolument nécessaire de se réunir physiquement pour faire l'une des choses suivantes :

- Résoudre un problème;
- Prendre une décision;
- Transmettre des informations;
- Planifier et conduire un projet;
- Lancer une action;
- Former pour évoluer.

Certes, votre département se réunit une fois par semaine, le même jour, à la même heure et au même endroit. Mais si vous vous apercevez que, semaine après semaine, on lit des rapports d'avancement monotones ou on présente des informations que tout le monde connaît déjà ou peut se procurer d'une autre manière, remettez en cause l'utilité de ce rassemblement hebdomadaire. Si ce dernier ne s'impose pas vraiment, optez pour un mode de communication plus rapide et de meilleure qualité.

TRUC

Des tas d'études ont souligné l'efficacité de la communication en face à face, qui s'impose pour les situations où le ton et/ou le langage corporel sont cruciaux pour décrypter une réaction. Voici, entre autres choses, ce qu'une réunion permet de faire avec efficacité :

- Présenter ou vendre de nouvelles idées ;
- Gérer des sujets riches en émotions ;
- Réaliser des évaluations personnelles ou professionnelles ou prendre des mesures disciplinaires ;
- Discuter de sujets complexes susceptibles de demander des explications ou éclaircissements ;
- Venir à bout de situations conflictuelles générant un débat entre plusieurs personnes ;
- Traiter de sujets délicats ou confidentiels ;
- Former à une pratique.

Par exemple, si vous êtes dans le commerce et vendez un produit ou service complexe (un appareil IRM ou des services de conseil), un appel téléphonique peut vous permettre de prendre rendez-vous, mais vous devez réaliser la vente à la suite de rencontres plus « physiques ». Ou, si vous rompez avec votre petit ami, avec qui vous sortiez depuis deux ans, il est plus acceptable, éthiquement parlant, de lui expliquer de visu pourquoi vous le quittez.

Si vous hésitez à organiser une réunion pour un sujet figurant dans la liste précédente, voyez si vous pouvez vous en tenir à une réunion d'une taille modeste ou mettez-le à l'ordre du jour d'une réunion déjà programmée.

Faire passer son message par téléphone

Je trouve que le téléphone demeure l'un des moyens de communication les plus économes en temps. Il offre sans nul doute des avantages sur les rencontres physiques car il ne nécessite aucun déplacement. Si nombre de personnes estiment que le courriel a supplanté le téléphone, je préfère ce dernier car il est plus intime, plus interactif et plus malléable. Voici pourquoi le téléphone est champion :

- L'appel téléphonique permet parfois de parvenir plus vite à une conclusion, d'obtenir instantanément l'avis et la réaction de votre interlocuteur ;
- Le téléphone réduit les risques de mauvaise interprétation de vos propos. Les éventuels malentendus peuvent se corriger en temps réel, et non plusieurs heures ou jours plus tard ;
- La chaleur et l'attention portée à l'autre sont plus marquées. Vous pouvez utiliser le ton et le volume de votre voix, ainsi que certains mots pour donner du sens à votre message. Le courriel, en revanche, permet au lecteur de filtrer la communication en fonction de ses attitudes professionnelles, personnelles, sans que vous interveniez ;
- Les questions/réponses se font instantanément ;
- Les risques de pannes et d'erreurs de manipulations informatiques sont évitées.

Si la personne que vous cherchez à joindre est absente, laissez un message vocal. Ne raccrochez pas pour essayer d'employer un autre moyen de communication. Les messages vocaux présentent une kyrielle d'avantages que n'offrent pas les courriels et les messages laissés à une tierce personne :

- Avec le message vocal, vos propos sont rapportés mot pour mot et vous ne risquez pas d'être filtré par un assistant trop zélé ;
- Dans la mesure où vous parlez plus vite que vous ne tapez sur un clavier, le message vocal est plus rapide que le courriel ;
- Votre message ne sera pas filtré par la fonction antipourriels (antispam) du logiciel de votre correspondant ou ne se retrouvera pas noyé parmi les centaines de courriels qu'il reçoit chaque jour.

Pour des conseils sur la façon de laisser de bons messages vocaux, reportez-vous à la section « Communiquer avec clarté et confiance par téléphone », plus loin dans ce chapitre.

Rédiger ses messages : joies et dangers du courriel

Comme pour toutes les révolutions technologiques, le courriel offre des bienfaits réels mais présente aussi des inconvénients regrettables. Le courriel peut vous aider à être plus productif(ve) mais aussi vous empêcher de travailler. Les jeunes lecteurs n'ont sans doute jamais connu le temps où la correspondance ne se faisait que par courrier postal. Mais, ceux qui sont suffisamment âgés pour se souvenir de l'époque antérieure à l'invention des ordinateurs et des messages vocaux savent que le seul moyen d'obtenir une réponse immédiate d'un collègue était de lui passer un coup de fil. Vous deviez lui *parler* !

ANECDOTE

On a du mal à imaginer ce que c'était avant l'avènement du courriel. Parfois, quand je viens de conclure une conférence avec un client situé en Asie après une journée d'échanges par courriel, je n'arrive pas à me rendre compte comment tout ceci a pu se faire ! Même au sein de mon entreprise, je peux lancer plusieurs projets, répondre à des questions d'une dizaine d'employés, corriger une proposition de la plus haute importance émanant de mon directeur, envoyer à mon équipe commerciale un rapport d'avancement actualisé et transférer deux CV à la DRH, le tout sans jamais lever les mains de mon clavier, ni me déplacer.

L'explosion du courriel constitue en effet l'une des avancées majeures du XXIe siècle dans le monde du travail. La vitesse de transmission et la portée des communications, la capacité qu'il offre à stocker, répondre, transférer, copier, suivre et faire des affaires en ligne sont capitales.

TRUC

Mais, malgré tous ses avantages, le courriel est souvent mal utilisé et entraîne un manque d'efficacité, des incompréhensions et une perte de temps. Vérifiez que votre message est adapté à ce mode de communication. Il vaut mieux aborder certains sujets par téléphone ou en face à face, car vous pouvez mieux jauger les réactions du récepteur et obtenir des informations supplémentaires à travers le ton ou le langage corporel. Le courriel est idéal :

- Dans les situations limpides qui demandent une réponse simple et directe ;

- Quand vous souhaitez garder une trace écrite d'une communication ;
- Quand le destinataire doit consulter des documents, rapports et articles ;
- Quand vous devez transférer des informations à plusieurs personnes ;
- Quand vous ne parvenez pas à joindre la personne par téléphone ;
- Quand vous traitez avec des personnes étrangères dont l'accent est difficile à comprendre ;
- Quand la personne à qui vous devez parler est intarissable ;
- Quand la différence de fuseau horaire pose problème.

J'ai des clients au Moyen-Orient et en Asie, ce qui signifie que, lorsque je travaille, ils ont déjà terminé leur journée ou sont même en plein sommeil. Le courriel me permet donc de gérer nos relations sans être obligé de me lever à l'aube ou de veiller tard. Je leur envoie un courriel et je reçois la réponse le lendemain matin.

Le courriel peut s'avérer particulièrement dangereux dans les situations où votre réponse est cinglante ou chargée en émotions. Qui n'a jamais reçu un courriel ou un message vocal qui l'a mis en colère et poussé à répondre par un courriel violent ? La plupart du temps, cela se finit mal. Les bienfaits du courriel peuvent aussi constituer un fléau : son caractère immédiat laisse peu de temps à la réflexion. N'envoyez *jamais* de courriel sous le coup de la colère, que ce soit à un collègue, à un fournisseur, à votre chef ou à un personnage politique. Accordez-vous suffisamment de temps pour retrouver votre calme avant d'envoyer un message chargé en émotions.

Ceci dit, je suis tout à fait pour la rédaction d'un courriel afin d'apaiser la colère. L'exercice vous aidera à évacuer l'énergie émotionnelle, vous servira à vous vider la tête et à réfléchir à votre réaction. Mais, là où je dis halte, c'est en ce qui concerne le clic sur le bouton « Envoyer ». Allez-y, rédigez votre courriel, enregistrez-le et conservez-le dans votre dossier « Brouillons », jusqu'à ce que vous ayez retrouvé votre calme (je vous conseille même de le rédiger sans être connecté(e) afin de ne pas l'envoyer par mégarde). Si vous le relisez le lendemain et estimez qu'il se justifie encore, envoyez-le. Mais, si vous rougissez de honte en relisant votre message au vitriol, vous aurez évité toute la gêne que vous aurait causé la nécessité de vous excuser pour votre emportement. La spontanéité est parfois traître.

Les qualités élémentaires du communicant : être direct et concis

Au lycée, votre professeur avait raison quand il vous disait que longueur et qualité ne faisaient pas forcément bon ménage. Ce n'est pas parce que quelqu'un remue les lèvres et émet des sons que la communication s'opère. Pour être certain(e) que le destinataire reçoive votre message en bonne et due forme, consacrez tout le temps nécessaire à la rédaction de votre correspondance. Planifiez les questions, les présentations et même les conversations brèves.

Pour plus d'impact, faites des phrases courtes tout en veillant à faire passer votre message. Ce dernier se doit donc d'être court, respectueux et d'aller à l'essentiel. Cette section vous dit comment procéder.

Mettre de l'ordre dans ses propos

Nombreuses sont les personnes à avoir du mal à opter pour une approche directe. Elles ratent donc leur communication à cause d'informations superflues ou développent les points essentiels avec des subtilités hors de propos. Le problème de ces fioritures, c'est qu'elles allongent les réunions et appels téléphoniques, sèment la confusion concernant des questions importantes et transforment le passage rapide d'un employé dans votre bureau en récit de 25 minutes sur la façon dont la pluie a gâché le match de football ses enfants la veille au soir. Vous n'avez pas besoin de (et ne devez pas) supprimer les civilités d'usage mais vous devez garder à l'esprit le message que vous souhaitez faire passer, ainsi que le temps dont vous disposez pour cela. Papotez donc avec modération. Et tenez compte du fait que parler n'est pas communiquer.

N'OUBLIEZ PAS !

Être direct ne signifie pas être cassant, froid ou avoir des opinions négatives très arrêtées. Il s'agit d'être clair, concis et professionnel, d'adopter un ton constructif et affirmé, qui soutient l'autre et non une attitude conflictuelle. La différence semble subtile, mais elle est très importante lorsque votre objectif est de fournir une réponse en optimisant le temps dont vous disposez.

Courriel : une conversation qui n'en est pas vraiment une

Des études montrent que les méthodes de communication non verbales sont bien plus importantes que les mots que vous utilisez. Prenez connaissance des statistiques suivantes, également illustrées graphiquement :

- Les mots que vous choisissez représentent 7 % de votre message ;
- Le ton que vous employez représente 38 % de votre message ;
- Votre langage corporel représente 55 % de votre message.

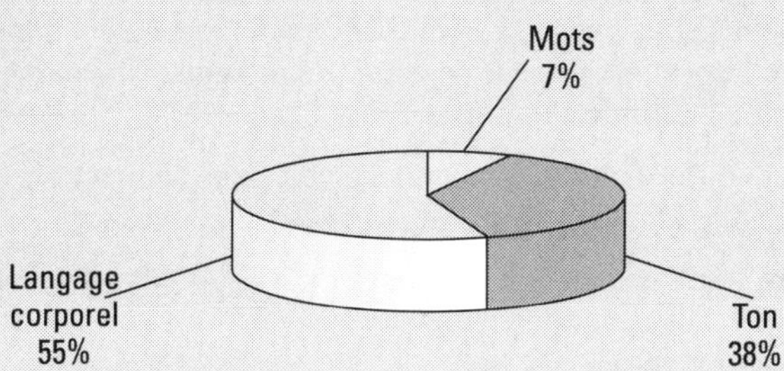

Lorsque vous communiquez par courriel, vous perdez les 38 % de votre communication transmis par le ton car votre interlocuteur ne vous entend pas et les 55 % du langage corporel car il ne vous voit pas (et vous ne le voyez pas non plus). Comparés à la communication en face à face, les échanges par courriel amputent sérieusement (de 93 %) votre communication ! Les 7 % restants sont totalement dépendants de l'efficacité des mots que vous sélectionnez. La forme prime donc sur le contenu dans une communication en face à face.

N'essayez pas d'impressionner les autres avec des mots et expressions obscurs et du jargon technique. Cela ne fait qu'entraver la communication et entraîne une perte de temps. Confusion, hésitation, malentendus et éloignement du récepteur sont tout ce que vous risquez de récolter. Les auditeurs peuvent alors s'enfermer dans le silence car ils ne veulent pas reconnaître qu'ils ne saisissent pas la signification des mots que vous employez. L'utilisation d'un langage simple pour transmettre des idées complexes vous fera toujours paraître plus intelligent(e) et bienveillant(e).

Ne pas oublier l'essentiel

Pour optimiser votre temps (et celui de tout un chacun), optez pour un message succinct, sans pour autant sacrifier des informations cruciales. Posez-vous les questions suivantes lorsque vous rédigez votre message : à qui fournissez-vous les informations ? Qu'est-il essentiel d'apprendre pour cette personne ? Puis, répondez à ces questions et n'ayez pas peur de demander aux autres si vous avez oublié quelque chose ou si vos interlocuteurs ont besoin de compléments d'information. Lorsque vous communiquez de manière directe, vous informez les autres :

- De la situation à laquelle vous êtes confronté(e) ;
- De ce que vous voulez ou de ce qu'il vous faut ;
- De ce que vous attendez du récepteur et des normes d'évaluation en vigueur ;
- Du délai imparti.

Voyez comme les énoncés suivants s'améliorent quand vous intégrez ces informations :

- *« On dirait que l'entreprise doit faire un peu mieux. »* (Comparez ce message au suivant : *« Notre objectif est d'améliorer les résultats de l'entreprise de 6 % d'ici la fin du troisième trimestre. »*)
- *« Vous savez tous ce que vous avez à faire, alors mettez-vous au travail. »* (Comparez ce message au suivant : *« Travaillons ensemble à la réduction des frais de déplacement de 2 % dans chacun de nos secteurs d'ici la fin de l'année. »*)

- *« Il y aurait beaucoup à dire concernant l'atteinte de notre objectif. »* (Comparez ce message au suivant : *« Nous nous sommes surpassés, cette année. Nous avons dépassé notre objectif de 7 points ! Voyons si nous parvenons à le dépasser de 9 points l'an prochain. Si nous y parvenons, vous empocherez tous un bonus de 3 % ! »)* (Ça, c'est communiquer !)

Dans toute situation, n'oubliez pas de signifier votre reconnaissance. C'est une marque de respect, de considération et de gratitude qui est toujours fort appréciée.

TRUC

Dire « non », tout simplement

L'un des aspects les plus essentiels de la franchise (et de la bonne gestion du temps) est de savoir dire « non » quand il le faut. Par exemple, si vous êtes débordé(e) au travail, et que quelqu'un vous demande si vous souhaitez vous porter volontaire pour effectuer la décoration du bureau pour Noël, la meilleure réponse que vous puissiez donner est la suivante : « J'aimerais vraiment vous aider mais je suis en plein coup de feu sur le projet X. Peut-être l'an prochain. »

Si un simple « non » risque de vous mettre en fâcheuse posture, comme lorsque votre chef vous demande de prendre en charge un projet accessoire alors que vous n'en avez pas le temps, demandez-lui de vous aider à modifier l'ordre de priorité de vos travaux afin de pouvoir respecter les délais, au lieu de lui répondre d'un simple « Pas question, j'ai déjà trop de choses à faire. » Il pourra ainsi constater votre désir d'accomplir votre mission, mais aussi se rendre compte que vous percevez votre emploi du temps de manière réaliste. Il accordera peut-être alors suffisamment de valeur à votre bien-être pour fixer des limites.

Favoriser la camaraderie lors d'une rencontre en personne

Presque toutes les situations professionnelles (que ce soit lors de conversations à deux ou de réunions entre plusieurs personnes) profitent d'une phase initiale destinée à créer ou renforcer des relations. C'est tout simplement la bonne manière de traiter avec autrui. C'est grâce au travail d'équipe que le monde des affaires tourne rond et un bon esprit collectif repose sur des interactions positives avec les collègues et clients.

Les menus propos mettent les gens à l'aise et les préparent à engager la conversation. Voici quelques expressions bien utiles :

- *« Comment s'est passé votre voyage ? »*
- *« Avez-vous trouvé nos locaux sans problème ? »*
- *« Est-ce qu'il pleut (neige, grêle, fait chaud ou froid) là-bas ? »* (Je sais, on parle toujours du temps, mais c'est que la météo est toujours un bon sujet d'introduction !)

Ce ne sont que quelques pistes, mais le choix est immense. Soyez souriant(e), avenant(e) et mettez à l'aise votre interlocuteur.

TRUC

Ces menus propos ne sont à utiliser qu'avec des personnes que vous connaissez déjà (client, employé ou ami). Si vous les employez avec des clients potentiels que vous ne connaissez pas, par exemple, ils pourront penser : « Il est commercial, mais qu'est-ce qu'il peut bien vendre ? » Ce n'est pas vraiment l'entrée en matière idéale.

Pendant la conversation, déchiffrez l'autre en vous fondant sur son comportement. Par exemple, évitez de vous montrer indiscret(ète) si l'autre personne est manifestement mal à l'aise. Laissez-la être elle-même. Après tout, votre but est d'entretenir des relations positives et chaque individu est unique. Respectez sa manière d'être.

Veillez à afficher un langage corporel qui traduit l'ouverture d'esprit et un bon accueil. Le simple fait de sourire peut donner un côté chaleureux à la conversation. Offrez de l'« ouverture » !

Communiquer avec clarté et confiance par téléphone

Bien entendu, votre langage corporel est dissimulé lorsque vous êtes au téléphone, mais gardez à l'esprit qu'il influe malgré tout sur le ton de votre voix et votre capacité à faire passer votre énergie. Voici quelques possibilités qui peuvent vous aider à projeter votre langage corporel à travers le téléphone :

- **Utilisez un casque.** Le casque offre un certain nombre d'avantages :
  - Il diminue la fatigue car vous ne tenez pas le téléphone à l'oreille ;
  - Il vous permet de faire des mouvements tout en parlant ;
  - Il vous offre la possibilité de prendre des notes et de consigner des informations importantes que vous pourrez consulter plus tard.

  N'achetez pas le casque le moins cher possible car vous risquez d'avoir un son de mauvaise qualité et votre interlocuteur ne vous entendra pas forcément bien. Cela va à l'encontre de votre but. Alors, n'hésitez pas à mettre le prix pour obtenir un matériel de qualité ;
- **Souriez.** Un sourire vous donnera une bonne attitude et contribuera à bien faire passer votre message. L'interlocuteur le perçoit, aussi surprenant que cela puisse paraître ;
- **Tenez-vous debout pendant la conversation.** Ainsi, vous pourrez utiliser votre langage corporel pour renforcer votre propos. L'auditeur ne peut pas vous voir mais, lorsque vous êtes debout, vous transmettez plus d'énergie par le téléphone. Votre confiance et votre conviction s'en trouvent accrues et transparaissent à travers votre voix. Si vous ne pouvez vraiment pas être debout, tenez-vous assis(e) au bout de votre siège, le dos bien droit et les épaules en arrière. Cela accentuera votre implication malgré l'absence de face à face.

Si vous ne parvenez pas à joindre votre interlocuteur, ses assistants ou collègues peuvent vous fournir de nombreuses informations. Vous pouvez également composer un autre numéro de poste. L'individu qui décrochera pourra peut-être vous passer votre correspondant par le canal interne (ce dernier sera peut-être plus enclin à répondre si l'appel lui parvient de l'intérieur).

Si vous tombez sur un répondeur, laissez un message afin que votre correspondant entende votre voix. Un bon message peut vous permettre de décrocher un rendez-vous plus rapidement. Voici quelques principes en matière de messages téléphoniques :

- Optez pour des messages de 15 à 30 secondes ;
- Préparez-vous. Ayez la trame du message à portée de main. Si vous marmonnez ou bafouillez, l'effet sera pire que si vous ne laissiez pas de message ;
- Commencez par vous identifier en donnant, votre nom, votre fonction, le nom de votre entreprise et votre numéro de téléphone ;
- De par la qualité de réception parfois moyenne, efforcez-vous de parler distinctement et lentement ;

  Si votre correspondant doit repasser plusieurs fois le message pour déchiffrer son contenu, il est possible qu'il abandonne. C'est surtout important quand vous laissez votre numéro de téléphone. Parlez lentement et répétez-le une fois. Vous le connaissez par cœur, mais ce n'est pas le cas de votre interlocuteur ;

- Mettez de l'énergie dans votre message afin de communiquer passion et enthousiasme (si vous avez une voix endormie, effacez votre message et recommencez) ;
- Laissez votre message en souriant. Même si c'est le cinquantième message que vous laissez sur des répondeurs aujourd'hui, n'en laissez rien paraître ;
- Tirez parti des fonctions des répondeurs téléphoniques, telles que la possibilité de réécouter votre message et de recommencer.

Rédiger des courriels efficaces

L'avènement du courriel a forcé tout le monde à veiller à la concision de ses communications, par le simple fait que de nombreuses personnes n'aiment pas écrire et taper sur un clavier. C'est un bon point, mais aussi un danger car des messages électroniques brefs et simples peuvent être facilement trompeurs et mal interprétés. Des études montrent que plus de 50 % des personnes qui utilisent le courriel disent que leur correspondance professionnelle est mal comprise.

Il est indéniable que le courriel est souvent source de malentendus. Par exemple, un message de votre patron peut vous sembler sec, voire déplaisant, alors qu'il l'a simplement rédigé précipitamment. Une remarque qui passerait pour un trait d'humour dans une conversation en face à face peut être perçue comme une insulte dans un message.

Dans cette section, j'explique comment rédiger avec efficacité et clarté un courriel qui réduit au minimum les risques d'interprétation erronée.

Créer un objet clair et précis

Votre tante Mathilde ouvre bien sûr tous vos courriels, qu'ils aient ou non un objet. Mais, un client potentiel ou un contact est inondé de messages publicitaires. Vous disposez de 25 à 35 caractères pour persuader votre destinataire de ne pas jeter votre message à la corbeille. Pour faire de ce dernier un élément de communication digne d'intérêt, parez-le, une fois le corps du message rédigé, d'un objet exceptionnel qui résume en quelques mots la teneur de votre propos.

N'OUBLIEZ PAS !

Avant de décider quoi mettre sur la ligne « Objet », gardez à l'esprit que ce champ a deux objectifs :

- Indiquer au destinataire le thème de votre courriel ;
- Attiser suffisamment l'intérêt du récepteur pour que votre message émerge du tas de courriels qu'il doit passer en revue.

En matière de commerce et de marketing, j'utilise une technique : mettre une information partielle dont l'autre partie se trouve dans le corps du message :

- « Plus qu'une semaine avant… » ;
- « Nos clients ont augmenté leur chiffre d'affaires de… » ;
- « Ne manquez pas ce fantastique… ».

La curiosité poussera votre destinataire à consulter votre message.

ATTENTION !

Les logiciels antipourriels (antispam) bloquent les messages comprenant certains mots et expressions clés dans le champ « Objet ». En voici donc quelques-uns à éviter :

- Incroyable ;
- Gratuit ;
- Durée limitée ;
- Argent ;
- Viagra.

Cette liste n'est pas exhaustive.

Garder un œil sur la composition

Le champ « Objet » incite les gens à ouvrir le courriel mais, comme avec les êtres humains, le vin et les cadeaux d'anniversaire, c'est ce qu'il y a à l'intérieur qui compte. Voici quelques conseils pour composer le corps de votre courriel.

Tenir compte de la structure et de la longueur

Les courriels courts et qui vont à l'essentiel sont les plus efficaces. Si le destinataire doit se servir de la barre de défilement pour lire le message, le risque est plus grand qu'il passe à côté d'informations importantes mentionnées vers la fin ou qu'il remette à plus tard la lecture de votre missive tant l'ampleur de la tâche lui semble immense. Voilà pourquoi nombre d'experts recommandent quatre paragraphes au maximum et, dans tous les cas, pas plus d'une longueur d'écran. Si vous estimez avoir plus de choses à dire que ne peut en contenir à l'écran, prenez en compte ces solutions de remplacement :

- Utilisez un autre mode de communication ;
- Envoyez le message en tant que pièce jointe, avec un paragraphe d'explication au sein du courriel.
- Utilisez différentes polices, couleurs et tailles de caractères, ainsi que le gras et l'italique pour mettre en évidence un élément essentiel.

TRUC

Si vous devez inclure toutes les informations dans le corps du courriel et que celles-ci occuperont plus de quatre paragraphes, n'oubliez pas que les premier et dernier paragraphes sont ceux qui doivent avoir le plus d'impact. Suivez donc ces principes de base :

- Veillez à ce que les infos les plus importantes figurent au début du courriel ;
- Attirez l'attention du lecteur et signifiez le but final au début du courriel et non à la fin comme de coutume car le lecteur n'ira peut-être pas jusqu'au dernier paragraphe ;
- Quand vous recevez un courriel qui vaut la peine d'être transféré (ou dont vous souhaitez transmettre une copie à quelqu'un), supprimez tout ce qui ne concerne pas le sujet proprement dit (à savoir les propos d'usage) ;
- Listez les points importants sous forme d'énumération, plutôt qu'en employant la narration.

TRUC

Et si vous recevez une litanie de questions dans un courriel ? C'est simple : cliquez sur le bouton « Répondre » et expliquez en une phrase que vos réponses figurent ci-dessous (dans l'historique du message), après chaque question, dans une couleur différente du message original, afin que le destinataire les distingue bien. J'emploie souvent le rouge, le bleu ou le noir, voire le vert. Cette technique évite au destinataire de devoir actionner la barre de défilement pour se déplacer de ses questions situées en bas à vos réponses en haut de page. Cette méthode est un gain de temps considérable, et facilite l'échange engagé.

Conserver un niveau de formalité professionnelle

De par son caractère immédiat, le courriel présente plutôt un caractère informel. Avec la famille et les amis, on peut accepter un certain relâchement au niveau de la ponctuation, des formules de politesse, voire de l'orthographe. Mais, dans l'univers professionnel, c'est carrément interdit.

N'OUBLIEZ PAS !

Bien que vous puissiez avoir des relations suffisamment amicales avec des collègues, voire clients, je conseille d'adopter une certaine formalité pour *toutes* les correspondances professionnelles. Ces messages reflètent votre professionnalisme et peuvent se retrouver imprimés et transférés à d'autres personnes. À l'instar de la tenue pour un entretien d'embauche, un peu de formalité ne fait pas de mal.

Considérez le courriel comme un courrier traditionnel et suivez ces conseils pour conserver un ton professionnel :

- Utilisez les formules de politesse conventionnelles : *Chère…*, *Bonjour Monsieur…*, *Cordialement*, etc. ;
- Ne partez pas du principe que votre destinataire connaît le jargon ou les abréviations employés dans les SMS ou chats en ligne. Écrivez normalement, car ces formes abrégées pourraient semer la confusion dans son esprit, au point de l'inciter à ignorer votre message ;
- N'employez pas d'émoticônes (*smileys* en anglais), ces expressions faciales créées à l'aide des touches de ponctuation (:-P) ;
- Évitez le jargon, les mots d'argot et les termes familiers ;
- Ne mettez pas de mots en majuscules. Dans le jargon du courriel, cela signifie que vous hurlez. Votre destinataire ne vous entend certes pas hurler, mais il est plus difficile de lire des paragraphes entiers en capitales ;
- Terminez toujours votre message en mettant votre nom, comme si vous signiez un courrier classique ;
- N'oubliez pas les accents et la ponctuation ;
- Passez votre texte au correcteur orthographique.

Relire sa prose

Le courriel produit une copie de votre écrit que vous ne pouvez ensuite pas retirer du cyberespace. Vérifiez donc qu'il est conforme à vos intentions et aux usages. Pour être certain(e) de n'avoir rien oublié ou de ne pas avoir laissé d'erreurs et d'obtenir la réponse que vous souhaitez (le cas échéant), suivez ces conseils :

- **Prenez le temps de laisser reposer votre communication puis reprenez-la un peu plus tard comme si c'était la première fois que vous lisiez ce message.** Les échanges par courriel ressemblent au tennis, le bouton « Répondre » faisant office de balle. Il est parfois pertinent de mettre au repos ce bouton afin de vous accorder un petit temps de réflexion. Avez-vous abordé tous les sujets que vous souhaitiez ? Les instants passés à peaufiner votre communication peuvent vous éviter de perdre du temps plus tard en cours de projet. Enregistrez-les donc dans le dossier « Brouillons » puis relisez-les un peu plus tard. Cela vous permettra de repérer les éventuelles tournures sèches ou agressives.

  Si vous devez rédiger de nombreux courriels en peu de temps, enchaînez-les mais ne les envoyez pas tout de suite, mettez-les dans le dossier « Brouillons », puis relisez-les un par un avant de cliquer sur le bouton « Envoyer » ;

- **Faites relire vos notes et courriels par un collègue (de préférence un collègue ne participant pas à votre projet).** Avez-vous oublié de répondre à des questions ? Avez-vous été assez clair(e) dans vos propos ?

- **Traquez les fautes d'orthographe et de grammaire en passant le message au correcteur orthographique *et* relisez votre courriel une dernière fois avant de l'envoyer.** Il est courant de laisser des coquilles et de faire des fautes de grammaire dans un courriel, surtout en raison de la rapidité associée à ce mode de communication. Encore une fois, dans l'univers du travail, votre correspondance doit refléter votre grand professionnalisme. Si vos quelques fautes ne vous vaudront pas une retenue sur salaire, les autres remarqueront votre manque d'attention. C'est une réelle marque de respect d'écrire un français correct, voire soutenu, sans fautes d'orthographe.

Les préparatifs à l'envoi

Avant de cliquer sur le bouton « Envoyer », vérifiez les destinataires inclus et revoyez les options choisies :

- **Laissez de côté l'option « Importance haute ».** Évitez le syndrome de celui qui crie au loup. Quand chacun de votre message est classé *urgent*, vous savez ce qu'il se passe. Rangez donc ce petit drapeau rouge si vous n'avez pas besoin d'une réponse à votre message en moins de 24 heures ;
- **N'abusez pas de la fonction « Copie à » (Cc).** Si vous devez envoyer votre message à d'autres personnes, parfait ! Mais n'incluez que celles ayant vraiment besoin d'être mises au courant. Si l'intérêt d'un individu pour le sujet n'est que lointain, ne le mettez pas en copie ;
- **Utilisez la « Copie cachée » (Cci) uniquement pour les envois à de nombreuses personnes.** Cette fonction présente l'avantage de ne pas révéler votre liste de contacts. Avec l'explosion des pourriels (*spam*), tout le monde doit se protéger et les personnes disposant de votre adresse électronique doivent aussi le faire. La copie cachée ne révèle ainsi à personne qui d'autre a reçu votre message.

Poser des questions ciblées pour obtenir des résultats

Pour apprendre des choses plus vite, la clé est de poser les bonnes questions. Quelles que soient vos fonctions, grâce aux bonnes questions, vous vous y retrouvez toujours dans le dédale de sujets, difficultés et distractions qui ne manquent pas de surgir quand plusieurs personnes se réunissent pour échanger des informations et résoudre des problèmes.

Lorsque vous posez des questions stratégiques et bien ciblées, vous orientez la conversation afin d'optimiser le temps que vous y consacrez. Vous vous familiarisez avec le sujet, ce qui influe sur la façon dont vous progressez. N'hésitez pas à poser toutes les questions nécessaires afin de bien cerner la situation, jusqu'à ce que vous ayez une idée précise des attentes formulées.

On vous a peut-être appris, quand vous étiez petit(e), qu'il est mal poli ou indiscret de poser trop de questions. Pas dans le monde professionnel ! C'est en vous concentrant sur les autres et en les laissant parler que vous recueillerez le maximum d'informations et gagnerez en efficacité. Pour réduire le temps de la prise de décision, posez plus de questions. Avant de parler des produits, services ou solutions, forgez-vous une idée précise du profil de la personne et de ses besoins.

Bien entendu, vous ne pouvez poser des questions au hasard et espérer obtenir les informations recherchées. Il faut que vos questions soient bien orientées et je vous montre comment procéder dans cette section.

Définir les types de réponse attendus

Que vous évoluiez dans le management, l'administration, le commerce, les services, les ressources humaines ou un autre secteur d'activité, une bonne préparation est essentielle. Votre communication est bien plus fructueuse si vous y réfléchissez bien au préalable. Pour accroître vos chances de succès, imaginez la tournure que vous souhaitez voir prendre par la conversation avant de l'entamer. Quel est votre but ultime ? De quelles informations avez-vous besoin pour être le plus efficace possible en un temps minimum ? Quelles sont précisément les questions auxquelles vous devez obtenir une réponse ? Quels sont les obstacles potentiels susceptibles de générer l'échec ? Quelles sont les pierres d'achoppement potentielles ?

Curieusement, nombreuses sont les personnes à associer l'organisation et la planification à la communication mécanique. Mais, vous espérez pourtant que le pilote de votre vol Paris-Buenos Aires a bien préparé son vol avant de prendre les airs, n'est-ce pas ? Il vous semble normal qu'il contrôle son cap en cours de route. Sans une bonne planification, l'avion pourrait finir à des milliers de kilomètres de Buenos Aires pour avoir dévié de quelques degrés au début du voyage. Il est tout aussi facile de louper sa cible lors de conversations importantes.

La frontière est mince entre préparation et évitement créatif : il s'agit de la *tergiversation*. (Pour en savoir plus sur la tergiversation, rendez-vous au chapitre 9.) 5 ou 10 minutes sont généralement amplement suffisantes pour préparer un coup de fil important. Si vous passez une demi-heure à une heure à préparer un appel ou une conversation, c'est sans doute que vous souhaitez remettre cela à plus tard.

Démarrer par des questions ouvertes

Au début du dialogue, les plus pertinentes sont les questions ouvertes, à savoir celles dont la réponse ne consiste pas en un simple « oui » ou « non ». Elles vous permettent de recueillir des informations, des idées, des observations, des opinions et des commentaires. Il est bien plus rapide et facile de parvenir à un accord avec des questions ouvertes.

Lorsque vous posez des questions ouvertes, vous forcez le dialogue et amorcez le flot d'informations. En commençant vos questions par *qui*, *quel (quelle)*, *où*, *quand*, *pourquoi* et *comment*, vous resserrez l'objet de la discussion, définissez des normes, obtenez une idée de ce que pensent les autres et déterminez les attentes. Voici des exemples de question :

- **Qui ?** Qui dois-je consulter pour ça ? Qui d'autre participe à la prise de décision finale ? Quelle norme devons-vous respecter ou dépasser ? Qui d'autre voyez-vous pour ce poste ou projet ?
- **Que, quel/quelle ?** Quel est le meilleur moyen d'aborder ce problème ? Quel nouveau produit proposez-vous ? Quelle est la date limite ? Quels sont les critères précis de performance ? Quelle est ma priorité numéro 1 ? Qu'est-ce qui a fait de ce projet une priorité ? Quelles sont les priorités que je dois suivre pour mener ce projet à bien ? Que dois-je savoir d'autre avant de commencer ?
- **Où ?** Où devons-nous aller maintenant ? Où est la place de ce projet par rapport à nos objectifs stratégiques ?
- **Quand ?** Quand puis-je attendre une réponse ? Quand souhaites-tu réviser la première partie ? Quand nous réunissons-nous pour évaluer ma progression ? Quand a lieu la réunion avec les autres participants ?

- **Pourquoi ?** Pourquoi penses-tu que ce problème devient récurrent ? Pourquoi ce changement, ce projet ou cette nouvelle procédure ? Pourquoi m'avez-vous confié ce projet ?
- **Comment ?** Comment puis-je t'aider ? Comment se situe notre produit par rapport à ceux que nous avons commercialisés par le passé ? Comment géreriez-vous ce projet ou ce problème ?
- **En quoi ?** En quoi cela va-t-il vous aider ?

Si vous avez les réponses à ces questions, vous pouvez obtenir les résultats souhaités plus vite et veiller à ce qu'ils correspondent aux attentes de tout le monde. Il s'agit d'une combinaison redoutable : une meilleure gestion du temps et des résultats plus satisfaisants.

Bien cerner les priorités grâce aux questions fermées

Nombre d'experts en gestion du temps, commerce, service client et management vous conseillent d'éviter les questions fermées. Je ne suis pas d'accord. Une question fermée bien placée vous permet d'avoir une lecture précise de la situation : vous dirigez-vous vers votre objectif ? Allez-vous dans la bonne direction ? Êtes-vous sur le point de conclure l'affaire ?

Une question fermée (à laquelle vous pouvez répondre par « oui » ou par « non ») est un baromètre qui vous indique quoi faire ensuite. Si vous n'employez pas de questions fermées pour évaluer votre progression, vous ne faites qu'accumuler les informations sans vous rapprocher d'une conclusion.

Voici des exemples de bonnes questions fermées :

- Est-ce que c'était ce que vous aviez envisagé lorsque vous m'aviez confié cette tâche ?
- Pensez-vous que ce produit soit adapté à vos besoins ?
- Est-ce que je dois faire relire ce document par quelqu'un d'autre ?
- Est-ce le bon moment pour espérer une augmentation de salaire ?

TRUC

Une utilisation limitée et à bon escient des questions fermées peut vous faire gagner du temps. Cependant, si vous ne faites pas suivre une question fermée par une question ouverte, le dialogue tire souvent à sa fin. Enchaînez la réponse « oui » ou « non » par une question ouverte afin de poursuivre la conversation.

Éclaircir les « peut-être » et autres réponses conditionnelles

Il arrive que des questions ouvertes ou fermées nécessitent des éclaircissements. C'est notamment le cas quand on vous répond « peut-être », à savoir quand on vous gratifie d'une *réponse conditionnelle*.

« Peut-être » est probablement la réponse la plus source de malentendus au monde. En fonction de votre degré d'optimisme, un « peut-être » peut signifier « oui » ou « non ».

En fait, un « peut-être » reste un « peut-être » tant que les choses n'ont pas été clarifiées. Pour ce faire, posez des questions simples et directes qui appellent une réponse concrète. Si vous n'êtes ensuite pas plus avancé(e), relancez la personne jusqu'à obtenir la réponse définitive dont vous avez besoin. Voici des exemples de questions permettant d'éclaircir ces fameux « peut-être » :

- Qu'est-ce que cela signifie exactement ?
- Dans quelles circonstances vous voyez-vous utiliser notre service ?
- Sous quelles conditions envisageriez-vous de vous lancer dans ce projet ? Comment en êtes-vous arrivé à cette conclusion ?
- Par conséquent, si je…, votre réponse serait-elle « oui » ?
- Vous verriez-vous m'accorder cette opportunité ?
- Sous quelles conditions cela serait-il possible ?

Ne vous précipitez pas sur l'étape suivante sans avoir résolu le « peut-être ».

Afficher un ton positif

TRUC

Où que vous en soyez dans le processus d'interrogation, restez positif(ve). En vous montrant négatif(ve), vous pouvez mettre plus de temps à réparer des impairs, ou carrément interrompre le processus. Une approche négative met les autres sur la défensive et nuit à votre faculté de recueillir des informations. D'un autre côté, le fait de poser des questions positives traduit une volonté d'obtenir un résultat satisfaisant. Vous êtes centré(e) sur l'avenir, vous tenez à tirer les enseignements de vos erreurs et à ne surtout pas les répéter.

Comment faire pour que vos questions soient empreintes d'un tour positif ? Voici des exemples :

- *« Qu'aimeriez-vous voir amélioré ? »* au lieu de *« Qu'est-ce qui ne vous a pas plus à propos de ___________ ? »*
- *« Qu'aurais-je dû faire différemment ? »* ou *« Comment aurais-je pu mieux m'y prendre ? »* au lieu de *« Qu'est-ce que j'ai fait de mal ? »*

Se préparer à écouter

Les gens ont un sujet de conversation préféré : eux-mêmes. C'est bien ! Quand ils parlent d'eux-mêmes, vous glanez des informations précieuses sur leur personnalité, leur entreprise, leur façon de prendre des décisions, les choses qui leur tiennent à cœur, leurs relations professionnelles, leurs objectifs, leur conjoint, leurs enfants, leurs animaux domestiques, leurs sports favoris, en bref, leurs opinions et sentiments sur à peu près tous les sujets. Vous pouvez également découvrir leurs besoins et désirs. Qu'est-ce qui les motive ? Si vous identifiez les difficultés auxquelles ils sont confrontés, vous pouvez les aider à résoudre leurs problèmes. Vous aurez peut-être même la possibilité de découvrir de nouveaux créneaux ou perspectives de carrière.

Quelle est ma motivation ? Avoir des indices grâce à ses acteurs clés

Une question portant sur le rêve de votre interlocuteur l'aide à percevoir de futures circonstances favorables avec de meilleurs résultats, des objectifs atteints et des problèmes et défis en moins grand nombre. Lorsque vous supervisez du personnel, poser des questions sur leurs rêves vous donne une idée unique de ses motivations et objectifs. Résultat ? Établir le lien entre leurs tâches et ce qu'ils attendent de la vie peut accroître leur productivité pendant les heures de travail. Voici des exemples de bonnes questions sur les rêves :

- Où vous voyez-vous dans cinq ans ?
- Quels sont vos objectifs à long terme pour votre service ?
- Quels sont et seront selon vous les sujets les plus épineux ?
- Si vous pouviez fermer les yeux et faire disparaître un problème, quel serait-il ?

N'OUBLIEZ PAS !

Une fois que vous avez posé des questions, pensez bien à *écouter* les réponses. Si vous parlez, vous n'écoutez pas et si vous n'écoutez pas, vous passez à côté d'informations importantes, vous devez passer plus de temps à suivre l'affaire par téléphone et courriel et vous gaspillez de précieuses minutes et heures que vous pourriez utiliser pour atteindre vos vrais objectifs. Il existe un vieil adage qui dit : « Ce n'est pas pour rien que vous avez deux oreilles et une bouche. » Si vous écoutez deux fois plus que vous parlez, vous pouvez obtenir des résultats pour vous-même et pour les autres en moins de temps.

En prime, quand vous posez des questions et impliquez les gens en les faisant parler d'eux-mêmes, vous pouvez vous considérer comme un maître de la conversation. Si vous souhaitez être invité(e) à un plus grand nombre de galas avec les acteurs influents de votre région, posez des questions géniales et écoutez bien les réponses.

Chapitre 8

Halte aux interruptions !

Dans ce chapitre :

- Maintenir les intrus à distance de son espace de travail
- Veillez à ce que les interruptions ne s'éternisent pas
- Gérer les interruptions émanant des collègues
- Avoir de l'emprise sur les supérieurs hiérarchiques perturbateurs
- Éviter les interruptions de la part des clients

Ces 20 dernières années, les gens ont adopté la technologie de communication. Mais, ces merveilles de commodité ont à plus d'un titre privé les employés de leur faculté de gérer leur temps. La multiplication des points d'accès (messages vocaux, courriels, messages instantanés, audio et visioconférences et, bien entendu, téléphone) peut vous entraver comme un bracelet électronique en vous condamnant à la disponibilité à perpétuité. Les collègues de bureau sont capables de vous localiser en vacances et des amis peuvent vous interrompre en pleine présentation capitale avec un client. Je ne suis pas certain de vouloir qualifier ceci de progrès, mais c'est indubitablement une réalité du monde moderne.

Imaginez donc : chacune de ces interruptions (même brève et insignifiante) vous prive d'au moins cinq minutes *supplémentaires* de productivité. Que votre conjoint vous appelle pendant 30 secondes ou 30 minutes, vous pouvez au moins soustraire cinq minutes de votre journée de travail. Cumulez 20 interruptions sur l'ensemble de la journée et vous perdrez près de deux heures de productivité, soit un total de 36 heures à la fin du mois !

La « distractionite » est le fléau des personnes qui suivent un emploi du temps. Le meilleur moyen de gâcher un créneau, voire une journée entière est de ne pas savoir bien gérer les distractions (le chapitre 4 vous en dit plus sur la façon de se bloquer du temps grâce au système de tranches horaires). Le moment est donc venu de maîtriser le jeu des interruptions, que vous soyez sous la menace de chefs ou collègues en expédition vers votre bureau, de clients exigeants ou d'outils technologiques qui peuvent enfoncer vos meilleures défenses. Je vous montre comment procéder dans ce chapitre.

La forteresse : repousser les envahisseurs

Bien gérer son temps et suivre son emploi du temps à la lettre n'est possible que si vous contrôlez l'accès à votre personne : vous devez limiter la fréquence des interruptions que vous autorisez. Vous remarquerez que j'ai employé le verbe *autoriser*. C'est vous qui maîtrisez votre temps et permettez aux autres de vous écarter de vos objectifs, de vos rêves et de votre emploi du temps. Vous êtes le maître de votre temps.

Prenez-vous pour le garde d'un château fort : votre lieu de travail est une forteresse que vous devez protéger pour qu'elle demeure un endroit productif où il fait bon vivre… et travailler. La meilleure stratégie est de dresser un mur impénétrable entre vous et les interruptions. Dans cette section, je vous explique comment vous protéger des envahisseurs et débrancher les appareils électroniques qui peuvent percer vos défenses physiques. Enfin, vous allez découvrir comment filtrer les appels afin que seules les informations essentielles vous parviennent.

Protéger son domaine contre les intrusions physiques

Dans votre journée de travail, les plus grandes interruptions viennent souvent de l'intérieur. Vos collègues représentent une grande menace pour la gestion efficace de votre temps. Ce qui est doublement effrayant, c'est que vous ne percevez pas toujours le côté menaçant de vos collègues. Ces gens font partie de votre équipe, ils sont sympas, ils sont *là* pour vous !

Il est cependant essentiel de déceler le danger émanant des collègues qui vous font perdre votre temps, sous peine de tomber sous les boulets d'une attaque amie.

L'environnement de travail moderne prend parfois la forme d'un bureau paysager ou *open space*. Dans cette configuration, vous n'avez pas de bureau avec une porte, seule une petite cloison basse sépare les différents espaces de travail, ce qui vous rend visible des autres personnes (au mieux qui se tiennent debout) et ne filtre pas les bruits ambiants générés par les collègues. Cette configuration est supposée favoriser l'esprit d'équipe et la solidarité, mais ne vous protège pas contre les intrusions. Malheureusement, cette même philosophie destinée à permettre aux employés de passer voir leur supérieur hiérarchique quand ils le veulent donne également la possibilité aux collègues de s'arrêter papoter avec vous d'un projet ou des résultats de l'équipe de football de l'entreprise.

Créer des obstacles virtuels

Quand vous ne disposez d'aucun obstacle physique, défendre son territoire des invasions a tout d'un défi. Mais vous pouvez le relever – ce n'est pas parce que vous n'avez pas de porte pour empêcher les gens d'entrer dans votre espace de travail que vous ne pouvez pas créer des obstacles *virtuels* lorsque vous n'êtes pas disponible :

- **Communiquez de manière subtile grâce à la technique des affichettes.** Mettez une affichette sur la porte de votre bureau ou la cloison de votre box pour informer les autres que vous êtes occupé(e).

  Le meilleur moyen est de placer un écriteau « Ne pas déranger » à l'extérieur de votre espace de travail, voire en indiquant le projet sur lequel vous travaillez. Vos collègues et votre chef compatiront peut-être plus, vous sachant dans une situation critique s'il s'agit d'un projet qu'ils connaissent eux aussi ;

- **Communiquez oralement votre emploi du temps aux autres afin qu'ils sachent qu'il ne faut pas vous interrompre.** Pour ceux coutumiers d'infractions à votre règle, l'affichette ne suffira pas. Vous devrez leur expliquer oralement et en faisant preuve d'autorité que vous n'avez pas de temps à revendre ;

- **Menacez-les de les mettre au boulot.** Par exemple, si vous travaillez dans un service commercial, informez les adeptes des interruptions que vous faites de la prospection et que s'ils osent vous interrompre, ils devront rester à vos côtés à passer des coups de fil. Cela devrait refroidir les plus téméraires car ils ne tiendront certainement pas à prendre leur bâton de pèlerin téléphonique.

TRUC

Fixez le moment où vous n'êtes pas disponible avant 11 heures. C'est étrange, mais le monde semble toujours vouloir débarquer dans votre bureau avec des problèmes juste avant la pause déjeuner. J'ai baptisé ce phénomène la *règle de 11 heures*. Si vous fixez vos heures de « fermeture » avant 11 heures, vous pourrez exécuter toutes vos tâches importantes avant de commencer à entendre venir les pas des ennuis.

Programmer des créneaux pour échanger avec son équipe

Si vous dirigez une équipe, la frontière est mince entre être disponible pour son équipe afin de gérer les problèmes et donner des encouragements, et perdre le contrôle de son temps et voir défiler les employés dans son bureau, à l'image d'une parade d'éléphants qui se suivent à la queue leu leu.

Vous avez par chance à votre disposition quelques moyens supplémentaires de vous préserver de cette invasion de pachydermes, à savoir d'empêcher les intrusions physiques tout en jouant votre rôle d'animateur d'équipe et de personne ressource pour votre équipe. Il s'agit de réserver du temps pour communiquer avec votre équipe afin de limiter la politique de la porte ouverte. Ces créneaux horaires réservés aux doléances vous permettent de fermer votre porte plus de temps dans la journée et de respecter votre programme quotidien. Les moments juste avant et juste après le déjeuner sont excellents pour accueillir vos employés.

Voici des options sur la façon d'aborder ces créneaux réservés aux échanges :

- **Faites votre tournée.** Cette technique, en vigueur depuis l'apparition des premiers ouvrages sur le développement personnel, permet aux responsables d'équipe ou de service de maîtriser leur temps. En faisant votre tournée à jour et heure fixe, c'est vous qui décidez de votre disponibilité et cela vous permet d'éviter ces interruptions susceptibles d'intervenir plus tard. Au lieu de vous retrouver accosté(e) sur le chemin de la machine à café, c'est *vous* qui allez au-devant des membres de votre équipe et demandez des nouvelles de leurs projets ou s'ils ont des problèmes ou inquiétudes à vous soumettre.

  TRUC

  Il est raisonnable de faire votre tournée le matin, même s'il est également pertinent d'attendre que tout le monde soit à son bureau et que la caféine ait fait son effet, pour qu'ils puissent répondre avec clarté à votre question : « Elle vous paraît comment cette proposition ? » ;

- **Choisissez vos moments d'échange avec les employés.** Faites de vos créneaux d'échange un moment de « portes ouvertes » au cours duquel les employés peuvent débarquer dans votre bureau. Vous pouvez également leur demander de prendre rendez-vous afin de vous rencontrer pendant cette période réservée.

  ATTENTION !

  Le danger de la définition d'horaires précis pour venir dans votre bureau, c'est que cela vous place en position d'attente. Il pourra arriver que personne ne vienne, mais vous ne serez peut-être pas pleinement concentré(e) pour effectuer d'autres tâches, sachant que vous pouvez être interrompu(e) à tout moment. Pour éviter cela, j'ai mis en place un système de rendez-vous. Mes employés ne peuvent pas débarquer sans prévenir.

  Vous pouvez demander que l'on prenne rendez-vous un certain temps à l'avance (15 minutes ou 15 heures, mais pas 15 jours). Ainsi, si certains créneaux restent libres, vous pouvez programmer une autre activité à mener pendant ce laps de temps. Vous pouvez fixer une durée limite pour chaque rendez-vous (15 minutes, 30 minutes) et exiger que les employés vous indiquent, au moment où ils réservent un créneau, le sujet dont ils souhaitent vous parler, afin que vous puissiez vous préparer.

Prévoir du temps hors ligne

Utilisés efficacement, le téléphone et le courriel peuvent améliorer les performances, accroître la productivité, faire exploser la rentabilité et vous faire progresser dans votre plan de carrière. Mais, le revers de la médaille, c'est que la communication moderne favorise les interruptions, crée une plus grande perte de productivité, de performance, de rentabilité et d'avancement qu'auparavant. Et, dans une certaine mesure, le courriel a pris nombre de personnes en otage. Vous ne pouvez résister à l'envie d'ouvrir votre messagerie électronique dès que vous arrivez au bureau ? À peine avez-vous fini de répondre à un courriel que vous sautez sur le suivant ? Comme avec les téléphones portables, le fait que l'on *puisse* vous joindre facilement et à tout moment semble vous pousser à croire que vous devez être disponible pour tout le monde et en permanence.

Si vous vous interrompez pour ouvrir un courriel dès son arrivée ou répondre au téléphone dès qu'il sonne, vous êtes un adepte du *multitâche*. Et comme je le souligne souvent, exécuter plusieurs tâches en même temps ne favorise pas une gestion efficace du temps.

Pour rester concentré(e), réservez-vous du temps, chaque jour ou plusieurs fois par semaine, pendant lequel vous ne prenez pas d'appels, ne relevez pas vos courriels ou ne tolérez aucune interruption. Ces créneaux fixes vous garantissent une concentration optimale, tactique imparable pour accroître la productivité et réduire l'énervement. Si vous n'aimez pas être indisponible trop longtemps, limitez ces tranches à une heure ou une heure et demie, en vous octroyant ensuite du temps pour répondre aux messages reçus dans l'intervalle.

Laisser des courriels attendre dans sa boîte de réception

Je suis un fervent adepte du travail hors ligne. Je ne peux résister à la tentation d'aller dans ma messagerie chaque fois que mon ordinateur me signale que j'ai reçu un message. Pendant votre période hors ligne, désactivez le signal de réception des messages ou déconnectez-vous d'Internet. Prévoyez un moment dans votre emploi du temps pour gérer vos courriels, puis fermez votre messagerie jusqu'à votre prochaine séance de courriels afin de ne pas être distrait(e) par la petite enveloppe qui s'affiche au bas de votre écran, signalant l'arrivée d'un message.

Vous pouvez aussi rédiger tous vos courriels dans votre logiciel de traitement de texte. Une fois ces derniers terminés, relus, révisés, peaufinés et conformes à votre pensée, vous pouvez vous connecter et les envoyer. Cette méthode présente un autre avantage : pas de risque de cliquer par mégarde sur le bouton « Envoyer » alors que vous n'avez pas encore relu ce message crucial destiné au P-DG.

La décision la plus difficile à prendre est peut-être de savoir si vous devez commencer votre journée en relevant vos courriels. Faut-il attendre et gérer d'abord quelques priorités ou ouvrir votre messagerie afin de mettre fin au suspense, au risque d'être assailli(e) par un problème en attente que vous êtes maintenant dans l'obligation de résoudre à partir du moment où vous en avez pris connaissance ? À vous de choisir. Faites donc le meilleur choix. Mais, en restant hors ligne la majeure partie de votre journée, vous serez à même de rester concentré(e) sur les tâches au programme et d'effectuer plus de travail.

Mettre fin à la sonnerie qui casse les oreilles

Laissez votre répondeur ou votre assistant prendre les messages téléphoniques. La messagerie vocale est votre arme pas si secrète contre les interruptions téléphoniques. Si votre téléphone comprend une fonction ne pas déranger, activez-la ou optez pour le profil sans sonnerie et vous ne serez pas tenté(e) de vous demander qui peut bien appeler. Si vous êtes un dirigeant d'entreprise, transférez vos appels à votre assistant pendant un certain temps ou demandez au standardiste d'indiquer aux personnes qui appellent que vous êtes en rendez-vous et que vous les rappellerez plus tard.

En outre, accordez-vous des périodes sans téléphone portable. Quelle est l'innovation la plus sensationnelle concernant cette technologie ? Vous pouvez l'éteindre ! Poursuivez votre conversation, allez faire des courses ou travaillez sans être distrait(e) et sans louper un appel puisque la messagerie prend le relais. Bien entendu, vous vous êtes peut-être déjà protégé(e) contre les interruptions indésirables en ayant limité le nombre de personnes possédant votre numéro. Mais, à moins que vous attendiez un appel urgent de la part de vos enfants, de votre patron ou du service des grands gagnants de la Française des jeux, vous pouvez vous accorder des périodes sans téléphone portable le temps d'exécuter des tâches importantes demandant toute votre concentration.

Flairer les interruptions à l'avance

Vous devez peut-être faire en sorte que certains types d'informations vous parviennent bien, même si votre système de protection filtre tout le reste. La solution est de filtrer vos appels grâce à la fonction de présentation du numéro ou à la diligence de votre assistant.

Si c'est vous le chef, vous êtes le magicien qui transforme les transactions commerciales en or et votre assistant ou le standardiste de l'entreprise manipule le pont-levis, gardant à distance respectable ceux qui oseraient ruiner vos efforts. Votre personnel administratif doit adopter la philosophie du gardien du temple. La première étape consiste à organiser votre entreprise comme une forteresse, rendant difficile l'accès à sa majesté, à savoir *vous*.

Le personnel administratif contrôle le pont-levis, seul moyen de pénétrer dans la forteresse. Il doit avoir une approche stratégique avant de permettre une mise en contact avec vous. Vous devez signifier de manière claire à votre personnel qui a un droit d'accès. Seules quelques personnes doivent pouvoir franchir facilement le pont-levis, les autres faisant l'objet d'un filtrage minutieux et étant, le cas échéant, d'abord orientés vers un autre membre de l'équipe.

Dotez vos gardiens des outils nécessaires pour identifier les visiteurs et préserver le roi des intrus ainsi que des connaissances nécessaires pour savoir quand abaisser le pont-levis. La gestion de l'accès à la forteresse est déterminante pour votre productivité et celle de votre département. Un assistant bien armé est capable de :

- Répondre aux questions des personnes qui appellent et éviter ainsi le besoin de vous parler en personne ;

- Capter suffisamment d'informations afin que vous soyez fin prêt(e) pour répondre, ce qui raccourcira la conversation quand vous aurez la personne au bout du fil ;
- Programmer un rendez-vous à votre place ;
- Savoir quels sont les sujets ou demandes que vous devez traiter immédiatement ;
- Prendre les messages des personnes qui doivent vous parler.

Prendre un message va au-delà de simplement noter le nom et le numéro de téléphone de l'individu, la date et l'heure de l'appel. Un assistant compétent se renseigne sur le motif de l'appel et essaie de traiter la question sur-le-champ. Il s'agit d'une des techniques qui permettent de gagner le plus de temps. S'il n'est pas en mesure de gérer la situation au moment de l'appel, l'assistant raccroche, cherche la réponse et rappelle la personne.

S'il est absolument nécessaire que vous parliez à la personne qui appelle, fixez une heure à laquelle vous la rappellerez.

Ceux d'entre vous qui ne peuvent s'appuyer sur un personnel dévoué ont la possibilité de s'en remettre à la technologie. Quelle invention géniale que la présentation du numéro ! Un simple coup d'œil à votre téléphone vous permet de savoir en une seconde si vous avez l'envie et le temps de prendre l'appel. Cette fonction est non seulement utile pour filtrer les appels publicitaires mais elle permet également de juger si c'est un appel qu'il vous faut absolument prendre *maintenant*. Au travail, si vous êtes accaparé(e) par l'affaire de l'année et n'êtes présent(e) que pour votre patron, votre téléphone vous aide à prendre la décision de décrocher ou non.

Si vous travaillez chez vous, vous devez relever des défis uniques en matière de téléphone. Non seulement les appels sont parfois plus nombreux qu'au bureau, mais vous devez également faire face à tous ces appels destinés à vous vendre un tas de trucs, sans oublier cet étrange phénomène : les amis et vos relations d'affaires hésitent beaucoup moins à vous interrompre lorsque vous travaillez à la maison.

Le filtrage des appels est encore plus efficace pour les télétravailleurs s'ils possèdent deux lignes (une ligne professionnelle et une ligne personnelle). À la sonnerie, vous pouvez savoir sur quel poste on vous appelle. Quand vous êtes « au travail », vous pouvez décider d'ignorer votre ligne personnelle et si vous êtes en plein dîner de famille, votre téléphone professionnel peut toujours sonner, vous avez la conscience tranquille. Seule ma ligne professionnelle est branchée dans le bureau dont je dispose à la maison. N'entendant pas sonner la ligne personnelle, elle ne me dérange donc pas. Cette seconde ligne est un modeste investissement mensuel qui m'aide à gérer mon temps et à accroître ma productivité.

Limiter les interruptions téléphoniques émanant des proches

Dans certains cas, les appels de la famille constituent la première source d'interruptions téléphoniques. Dites clairement aux membres de votre famille l'heure à laquelle ils peuvent vous appeler lorsque vous travaillez.

Si vous avez des enfants en bas âge, vous savez à quel point ils aiment vous raconter toutes les choses sympas qu'ils ont faites dans la journée, bien avant le moment du dîner en famille. Vous attendez et appréciez probablement leur appel. Vous voulez certainement leur offrir la possibilité de vous joindre, mais, d'un autre côté, il faut mettre des limites. Par exemple, vous pouvez demander à vos enfants de vous appeler à une certaine heure, disons quand ils reviennent de l'école ou, s'ils sont à la crèche, après le déjeuner. Même règle pour votre conjoint(e).

Attention : La plupart des environnements professionnels autorisent les appels personnels, mais en recevoir toute la journée peut ne pas être vu d'un bon œil. Ce type d'interruptions téléphoniques peut nuire à votre productivité, voire ruiner votre carrière. Au bureau, vous n'avez vraiment pas besoin de ces distractions émotionnelles qui font chuter vos performances et votre productivité de manière spectaculaire pendant la demi-heure ou l'heure qui suit, voire le restant de la journée. Les appels de la famille peuvent faire vagabonder votre esprit, même si votre corps demeure assis à votre bureau.

Les défenses secondaires : limiter au maximum les dégâts des appels entrants

Si vous mettez en place les mécanismes de défense et les techniques de blocage décrits dans ce chapitre, vous pouvez éviter plus de 90 % des interruptions subies chaque jour par la plupart des gens. Mais, quel que soit le système utilisé pour vous protéger, vous allez à coup sûr être victime d'interruptions téléphoniques. Dans ce cas, votre meilleure stratégie est d'accepter cet état de fait et de suivre le mouvement. Alors, on est donc parvenu à violer votre périmètre : au lieu de prendre une mine dégoûtée, gérez cette interruption. Une attitude ou réaction négative risque de causer plus de dégâts et de vous faire perdre plus de temps que si vous traitez l'ingérence de l'intrus.

La technique la plus efficace pour vous aider à respecter votre emploi du temps est de planifier les distractions qui ne manqueront pas de surgir. Vous pouvez employer la technique de l'attaque préventive qui vous permet d'avoir la main sur les distractions d'autrui. Dans cette section, vous allez découvrir des moyens de gérer les appels téléphoniques qui passent à travers les mailles du filet.

Déléguer la responsabilité

Lorsque l'appel pénètre vos défenses, essayez d'en confier sa gestion à quelqu'un qui en a les prérogatives. Informez la personne qui appelle que vous êtes occupé(e), débordé(e), pris(e) par un délai à respecter ou sur le point d'entrer en réunion et que vous confiez à une autre personne la responsabilité de prendre l'appel, ce qui représente le moyen le plus rapide de résoudre le problème soumis ou le défi lancé. Assurez-lui que vous le mettez en relation avec une personne compétente.

TRUC

Vous contribuez également à beaucoup rassurer votre interlocuteur si vous lui expliquez que l'autre personne est mieux à même de gérer la situation. Souvent, surtout si c'est vous le patron, les clients et relations d'affaires veulent avoir affaire à *vous*. Lorsque vous avouez que vous n'êtes pas le meilleur interlocuteur pour répondre à cette demande, il est très probable que votre interlocuteur estime que vous cherchez à agir dans son intérêt. Soyez tout de même modéré(e), de manière à ne pas discréditer votre rôle de « chef ».

Abréger la conversation

Lorsqu'un appel déjoue la vigilance du gardien de la forteresse, votre meilleure défense consiste à mettre un terme à la conversation le plus vite possible. Vous avez été déconcentré(e) et il va vous falloir cinq minutes supplémentaires pour reprendre l'activité que vous meniez avant d'être dérangé(e). Abrégez la conversation pour ne pas perdre le rythme que vous aviez avant que le téléphone sonne.

Informez d'emblée la personne qui appelle du temps que vous pouvez lui consacrer. Vous pouvez par exemple lui expliquer que vous êtes plongé(e) dans un projet important et que vous n'avez que dix minutes à lui consacrer. Vous pouvez évoquer un rendez-vous, ce qui peut être parfaitement vrai si vous avez opté pour un système de tranches horaires (voir le chapitre 4).

Certaines personnes ont du mal à abréger la conversation de cette manière, surtout avec des clients potentiels ou existants. Imposer une durée limite à l'appel semble un peu abrupt et doit l'être. Voici comment s'y prendre, par exemple :

> *« Je sais que nous pouvons résoudre votre problème, mais j'ai un rendez-vous dans dix minutes que je ne peux déplacer. Si nous ne pouvons résoudre le problème de manière satisfaisante à vos yeux en dix minutes, nous pouvons fixer une heure plus tard dans la journée pour poursuivre notre conversation. »*

Cette approche vous permet de vous ménager une porte de sortie, le client se sentant mieux si vous lui accordez plus de temps ultérieurement. Cela fait des années que j'emploie cette technique avec des clients auxquels nous devons consacrer beaucoup de temps. Il est rare que nous devions terminer notre discussion plus tard, mais ils apprécient tout de même ma proposition.

Remettre la discussion à un moment plus favorable

Si ce n'est pas le moment de prendre l'appel, reportez-le à un autre moment. La personne qui appelle ne connaît probablement pas votre emploi du temps et il ne lui est sans doute jamais venu à l'esprit qu'elle pouvait vous déranger. Fournissez une brève explication : vous êtes en réunion, vous allez à un rendez-vous ou vous êtes tout simplement occupé(e). Ensuite, sans lui laisser le temps de répondre, proposez-lui le choix entre deux créneaux horaires où vous serez disponible :

> *« Je ne peux pas traiter correctement votre problème sur-le-champ. Est-ce que nous pouvons fixer un rendez-vous téléphonique pour cet après-midi après 15 heures ou demain matin à la première heure ? »*

En offrant ces options, vous permettez à la personne de contrôler un peu les choses. Si vous n'avez pas votre agenda sur vous, soyez moins précis(e) et dites mercredi matin ou jeudi après-midi, par exemple. N'oubliez pas ensuite de noter le rendez-vous téléphonique sur votre agenda.

Gérer les interruptions répétées de collègues

Avec vos collègues, il est essentiel de fixer des limites très claires. Il faut cependant trouver un juste équilibre entre être considéré(e) comme un ermite, un loup solitaire ou un paria et respecter vos engagements en matière de délais pour les missions qui vous ont été confiées. Jouez-la donc fine.

Si les interruptions sont une véritable épidémie au sein de votre département, suggérez à votre supérieur hiérarchique de réunir l'équipe afin de trouver une solution. Si cela concerne tout le groupe de travail ou le département, chaque employé sera plus susceptible de prendre conscience de la situation. Cette réunion doit avoir pour thème le flux de travail, les distractions et les interruptions. En groupe, vous pouvez réfléchir à des solutions et établir une stratégie à laquelle tout le monde pourra adhérer. Dans la mesure où vous vous engagez tous en présence des autres, les promesses sont plus susceptibles d'être tenues.

Il existe quelques catégories de collègues qui vous font perdre votre temps, lesquelles peuvent chacune être à l'origine d'interruptions qui nuisent à votre carrière. Vous devez donc commencer par repérer la catégorie à laquelle appartient le contrevenant afin de pouvoir réagir d'une manière qui permettra de remédier à la situation avec efficacité. Dans cette section, je passe en revue quatre des catégories de collègues les plus courantes et certains signes auxquels prêter attention. Ces personnes peuvent être des bûcheurs débordés et très productifs. Malheureusement, ils sapent souvent la productivité de leurs collègues, dérangent les autres en demandant de l'aide, qu'il s'agisse d'un soutien émotionnel ou de venir à bout de tâches bien précises.

Le collègue qui n'a rien à faire

Regardons les choses en face : dans la plupart des entreprises, le travail n'est pas réparti équitablement. C'est peut-être injuste, mais c'est comme ça. Afin de pouvoir survivre en limitant une perte de temps, vous devez apprendre à identifier ceux qui ne font pas leur part de travail. Pourquoi ? Parce que, le comble, c'est que ce sont souvent ceux-là qui ruinent les efforts des personnes qui font leur boulot en les interrompant. Ils surgissent souvent dans votre espace de travail, s'affalent dans un fauteuil et commencent à parler de tout et de rien.

TRUC

Si vous êtes interrompu(e) par une personne qui a visiblement du temps libre à revendre, demandez-lui sur quoi elle travaille. Quels sont ses priorités et ses délais ? Dites-lui quels sont les vôtres et demandez-lui de l'aide. La plupart du temps, elle reprendra immédiatement la direction de son bureau. Simple, non ?

Le collègue qui ne veut tout simplement pas travailler

Je fais peut-être partie des rares personnes à penser cela, mais j'estime que les gens perdant leur temps pendant les heures de travail volent une partie du salaire que leur verse l'entreprise. Étant donné l'argent qu'ils touchent et les avantages sociaux dont ils disposent, les employés se doivent de faire leur maximum quand ils sont présents dans l'entreprise. Les gens qui lambinent, incitent les autres à laisser filer les aiguilles de l'horloge, prennent un temps interminable pour déjeuner et ne donnent pas le meilleur d'eux-mêmes ont un sacré défaut. Le problème, c'est que vous ne pouvez vraiment pas faire grand-chose avec ce genre d'individus. C'est à votre patron de commander et de remédier à ces mauvaises habitudes.

ATTENTION !

Veillez à ce que votre responsabilité ne se retrouve pas engagée. En termes de gestion du temps, accordez-leur quelques minutes et ils vous prendront une heure. Cela signifie que vous ne pouvez évoquer le sujet avec les collègues. Vous devez être direct(e) et ferme, en faisant remarquer (avec le sourire), que vous n'avez pas le temps pour les futilités. Il vaut mieux aller à la confrontation avec des collègues que de ne pas respecter un délai et être considéré(e) comme peu fiable sous pression. Ne laissez pas l'emploi du temps de quelqu'un d'autre ternir votre réputation auprès de votre chef.

Si tout le reste échoue, allez voir votre chef. Si le collègue qui perd son temps influe sur vos performances, votre chef tiendra alors à le savoir. Veillez à ne pas créer un lien entre votre agacement à dire à votre collègue qu'il est fainéant et votre démarche auprès de votre chef. Accordez-vous plusieurs jours entre les deux discussions afin de diminuer les risques de réaction brutale.

L'employé enfermé dans son monde

Tout dans la vie enthousiasme certaines personnes, surtout leur famille et leurs centres d'intérêt personnels. Ils parlent sans arrêt de leur week-end, de leur rendez-vous de la veille au soir, de leur équipe préférée et de leurs sempiternelles histoires de famille. Ils s'éparpillent tellement et leur enthousiasme est si grand que l'on dirait des dalmatiens qui sautent devant vous pour avoir votre attention. La difficulté, c'est qu'à l'instar des dalmatiens, ils ne perçoivent pas les allusions subtiles que vous faites pour signaler que vous êtes occupé(e). C'est comme si vous deviez leur intimer l'ordre de ne pas bouger, coller votre visage contre le leur et leur dire : « Je suis occupé(e) ! » Soyez franc(he).

La personne pour laquelle le lieu de travail est le seul endroit où elle rencontre du monde

Certaines personnes ont une vie sociale tellement pauvre qu'elles veulent tout savoir de la vôtre. Elles vivent par procuration vos expériences, de vos rendez-vous amoureux à vos réunions de famille, en passant par vos week-ends passés et à venir. À moins de tenir leur secrétariat pour prendre leurs rendez-vous amoureux ou familiaux, vous devez limiter les échanges avec elles. Le déjeuner est généralement un mauvais choix pour parler avec ces personnes car cela peut vous prendre beaucoup de votre temps avant et après la pause repas, mais si vous souhaitez les aider à remettre de l'ordre dans leur vie, n'hésitez pas.

Avoir affaire à des chefs adeptes des interruptions

Dans la plupart des entreprises, les plus grands « interrupteurs » sont probablement les personnes occupant un poste d'encadrement. D'une certaine manière, c'est compréhensible. Ces gens sont supposés être les mieux placés pour connaître les priorités de l'entreprise et doivent souvent prier le personnel de s'adapter en réorientant leurs efforts. Il n'est pas surprenant que, lorsque le directeur fait irruption dans votre bureau en vous annonçant que vous avez été désigné(e) pour prendre en charge le tout nouveau programme de la société, vous deviez vous y mettre séance tenante et suspendre tout autre activité. Cependant, on est loin du patron qui prend place furtivement sur une chaise de votre bureau et se lance dans une diatribe d'une heure sur les exigences du siège, les restrictions budgétaires et les futurs week-ends bloqués à travailler. Vous avez aussi celui qui débarque toutes les 15 minutes pour vous demander comment vous avancez sur ce rapport que vous devez lui remettre dans trois heures.

N'OUBLIEZ PAS !

La plupart des patrons ne recherchent pas à tout prix des moyens de perturber leurs employés. Ils sont plutôt focalisés sur les objectifs, qu'il s'agisse d'atteindre un certain chiffre d'affaires, de terminer un projet dans les temps, de diminuer les coûts ou de maintenir le niveau de production. Et, dans leur quête, ils sont tout simplement rarement sensibles au besoin qu'ont leurs employés de se concentrer.

S'assurer la coopération de votre supérieur hiérarchique direct peut s'avérer légèrement plus délicat que se confronter à un collègue pour des problèmes d'interruption. Cela peut requérir un peu plus de diplomatie et de tact, mais c'est une étape incontournable. Rencontrer votre patron pour parler de votre emploi du temps ou lui demander de vous aider à fixer votre programme est un premier pas salutaire. Obtenez l'engagement de votre patron à ne pas vous interrompre pendant une période donnée de la journée. Cela portera ses fruits pour vous deux. Vous avez tout à gagner à communiquer honnêtement et clairement, dans le calme et le respect.

Le chef girouette

Il est difficile de contrôler un chef « girouette ». Il vous bombarde de nouvelles idées, de changements de priorité et modifie sans arrêt les délais car il n'est pas organisé et il lui manque des compétences en matière de management.

Ce type de chef est généralement jeune et inexpérimenté en termes de management et de motivation des équipes. Il peut se montrer excessivement agressif et avoir des attentes irréalistes sur les résultats qu'il est possible d'obtenir dans un délai donné. À vrai dire, quand j'étais plus jeune (et même de temps en temps aujourd'hui), je pouvais être classé dans cette catégorie.

Avec un chef girouette, ce que vous avez de mieux à faire, c'est d'aller dans le sens de son désir de réussir. Soulignez que vous comprenez l'importance d'avoir un département uni pour contribuer à remplir ses objectifs. Confirmez-lui que le travail que vous fournissez actuellement est en phase avec ses objectifs. (Vous découvrirez peut-être que ce n'est en fait pas le cas et que c'est la raison des fréquentes interruptions de votre chef.) Voici ce que pourrait donner la discussion :

> *« Je veux faire tout mon possible pour participer à la réalisation de notre objectif. Si je comprends bien vos attentes, je dois consacrer chaque jour X heures à ce travail sans être interrompu(e). Pour que je sois certain(e) de bien me consacrer aux bonnes tâches, vous voulez bien qu'on se réunisse afin de passer en revue ce que j'envisage d'accomplir pendant cette période ? »*

Avec une réponse de ce genre, vous signalez que vous êtes en osmose avec le programme du chef et vous estimez avoir son accord implicite pour ne pas être interrompu(e). En demandant des conseils à votre chef, votre déclaration est moins sèche et vous lui donnez l'occasion de réaffirmer votre besoin de ne pas subir d'interruptions.

Le délégateur verbal

Un chef de type délégateur verbal peut vraiment pénaliser votre productivité et vos performances. Au vu de mon expérience avec des employés compétents, déléguer de petits projets et tâches et fixer des délais fonctionnent mieux par écrit. Le délégateur verbal délègue souvent car une idée lui est soudain venue et il veut s'en débarrasser pour ne plus avoir à y réfléchir. Il entre alors dans un monde parallèle, insouciant de son programme, souvent inadapté.

Votre meilleure solution est d'essayer de transformer le délégateur verbal en délégateur non verbal. Pour ce faire, recommandez vivement à votre chef de formuler ses demandes de travaux par écrit. Vous serez ainsi assuré(e) de disposer d'instructions claires et cela évitera qu'il n'attribue la même tâche à deux personnes. Et, cerise sur le gâteau, le nombre d'interruptions s'en trouvera réduit. Si votre supérieur hiérarchique doit consigner son ordre par écrit, il se retrouve assis devant son ordinateur à rédiger un courriel au lieu de vous passer un coup de fil ou de débarquer dans votre bureau. Si vous avez affaire à un chef qui n'est pas très à l'aise sur les autoroutes de l'information, employez la méthode des formulaires de demande (voir la figure 8.1).

Formulaire de demande

Date : ______________________

Demande :

____
____
____
____
____
____
____
____
____
____

Auteur de la demande : ______________________

Date de réponse souhaitée : ______________________

Auteur de la réponse à la demande : ______________________

Date de réponse effective : ______________________

Figure 8-1 : Les formulaires clarifient les demandes et diminuent les interruptions.

Traiter avec des clients importuns

La plupart des entreprises ont des clients d'une sorte ou d'une autre et elles se font toutes un point d'honneur à afficher une philosophie leur attribuant une grande valeur. Des grands magasins aux établissements de restauration rapide, un principe revient toujours : « Le client a toujours raison » ou : « Le client est roi. »

Ceci dit, vous savez que, pour offrir le meilleur service à chaque client, vous devez trouver un certain équilibre. Si les clients les plus exigeants abusent de votre temps et de vos ressources, vous ne serez pas en mesure de prêter attention aux clients qui le méritent. Bien que tous les clients soient importants pour une entreprise florissante, certains *croient* qu'ils sont plus importants que d'autres, même si c'est à tort. Certains clients ont simplement besoin de plus d'attention et le manifestent en se montrant plus perturbateurs. Leurs interruptions sont uniquement des appels pour que l'on s'occupe d'eux car ils souhaitent être valorisés et appréciés.

La vérité, c'est que certains clients ont vraiment plus de valeur que d'autres pour l'entreprise. Ils génèrent de plus grosses recettes, achètent des produits et services dont la marge bénéficiaire est plus élevée. Ils sont plus influents sur le marché car ils vous font travailler en vous envoyant du monde. Considérer tous les clients comme égaux, c'est faire preuve de naïveté.

Lorsque vous avez affaire à des clients importuns auxquels vous consacrez beaucoup de temps, vérifiez bien que le jeu en vaut la chandelle. Les fruits que vous récoltez doivent être de tout premier choix. Dans les sections suivantes, je vous indique comment gérer les clients qui réclament de l'attention.

Prêter son attention pour quelque chose

Je suis effaré par l'attitude des clients dans le monde des affaires d'aujourd'hui. Tout ce que vous leur proposez est normal et naturel pour eux. À quand remonte la dernière fois que votre avocat, généraliste, dentiste, comptable, agent immobilier, teinturier, pompiste, épicier ou serveur vous a dit : « J'apprécie que vous veniez ici » ? Ce simple acte s'inscrit comme une interruption positive pour les clients.

TRUC

Une frappe préventive peut réduire le nombre d'interruptions émanant de vos clients demandant le plus d'attention. Voici quelques stratégies pour que vos clients se sentent appréciés et qu'ils vous interrompent moins :

- **Envoyez-leur un petit mot de remerciement pour leur collaboration.** Faites ensuite de même chaque fois qu'ils changent leur appareil ou matériel, commandent des articles supplémentaires ou viennent plus régulièrement chez vous ;

- **Retenez leur date de naissance.** Envoyez-leur une carte pour leur anniversaire avec un bon cadeau ;
- **Appelez-les régulièrement.** La fréquence de vos appels dépend de l'activité, du client et d'autres particularités. Mais un simple appel pour savoir si tout va bien peut vous rapporter beaucoup. Et le choix du moment de votre appel vous appartient ;
- **Offrez de la valeur ajoutée.** Faites-leur suivre des articles d'intérêt personnel ou professionnel. Informez-les de l'existence de ressources, produits et services en rapport ou non avec votre activité. Ce geste signifie que vous appréciez votre relation au-delà des motivations commerciales. (Le chapitre 6 vous donne des conseils sur la façon de conserver des informations sur la clientèle à l'aide d'un logiciel de gestion de la relation client.)

Une autre technique consiste à rappeler les clients et leur dire qu'ils sont si importants pour vous que vous leur avez trouvé une place dans votre emploi du temps surchargé. Cette technique est extrêmement efficace quand vous les rappelez plus tôt que l'heure fixée au préalable. Si vous dites dans votre message laissé sur leur répondeur que vous les rappellerez à 11 heures et que vous parvenez à gérer toutes vos priorités plus vite que prévu, vous permettant ainsi de décrocher votre téléphone à 10 h 30, ils penseront que vous marchez sur l'eau.

Fixer une limite aux attentes des clients

Il est important d'éduquer les clients quant à votre disponibilité. Indiquez aux nouveaux clients votre emploi du temps et le meilleur moyen pour vous joindre, ainsi que la façon de vous laisser un message si vous êtes absent(e) ou occupé(e). Dans le cadre de cette « éducation », vous devez signaler sous quel délai ils peuvent s'attendre à recevoir une réponse une fois leur message laissé : dans les 24 heures ? Le jour même ?

Le but est d'éviter que la personne vous rappelle cinq fois dans la journée parce que vous aviez plusieurs réunions. À chaque appel, le client est un peu plus agacé que vous ne l'ayez pas rappelé. Pire, il parvient à vous joindre au cinquième appel, alors que vous vous apprêtez à vous rendre à la réunion la plus importante de la journée, générant ainsi une interruption pénible car il se défoule sur vous et détruit votre concentration.

Créer des attentes raisonnables est essentiel pour les bonnes relations avec la clientèle. Rappeler un client au bout de 24 heures est peut-être raisonnable mais ne le sera pas à ses yeux s'il s'attend à avoir de vos nouvelles dans l'heure qui suit.

Veillez bien à informer vos clients si votre disponibilité change, par exemple, si vos heures de travail bougent (vous ne travaillez plus qu'à temps partiel ou avez opté pour la semaine de quatre jours). En fonction de l'importance du client et du caractère urgent de la situation, vous souhaiterez peut-être indiquer à vos clients vos dates de vacances ou de déplacement au cours desquels vous serez injoignable.

Vous pouvez également rappeler votre délai de réponse dans le message d'annonce de votre répondeur. Vos clients seront ainsi plus à même de le mémoriser. Voici un exemple :

> *« Vous êtes bien sur la messagerie de Dirk Zeller. Je ne suis pas au bureau aujourd'hui mardi 2 septembre. Merci de laisser votre message et je vous rappellerai mercredi 3 septembre en fin de journée. Si votre appel concerne une question urgente, veuillez contacter Y au XX.XX.XX.XX.XX. Excellente journée et à bientôt! »*

Le scénario est prévu d'avance : la personne ne doit pas s'attendre à ce que je la rappelle aujourd'hui. Dans la mesure où, à mon retour, j'aurai sans doute plein de messages vocaux, de courriels et de courriers, il est possible que je ne puisse pas reprendre contact avant le lendemain, fin de journée. J'ai cependant proposé un plan de secours pour toute question urgente. Cela devrait satisfaire presque toutes les personnes qui m'appellent.

Résistez à la tentation d'ajouter : « S'il s'agit d'une urgence, appelez-moi sur mon portable », à moins que vous soyez disposé(e) à affronter une vague d'interruptions. Mais, n'est-ce pas justement les *interruptions* que vous essayez d'éviter ?

Chapitre 9

Venir à bout des tergiversations, mangeuses de temps notoires

Dans ce chapitre :

- Identifier les signes de la tergiversation avant qu'elle ne vous ralentisse
- Comprendre les moments où il est judicieux de remettre une tâche à plus tard
- Prendre des mesures pour mettre un terme aux tergiversations
- Prendre conseil pour permettre aux adeptes des tergiversations de se ressaisir

Aujourd'hui, une grande partie de mon travail (écrire, développer des programmes commerciaux de grande portée pour des clients et concevoir et animer des ateliers de formation) englobe des projets complexes à long terme comprenant plusieurs phases qui demandent beaucoup d'investissement en termes de recherche, de développement et de temps. Et avec la croissance de mon activité, je ne peux me permettre d'être à la traîne.

Et je ne le dois surtout pas remettre les choses à plus tard si aucune autre urgence s'impose. Dans ce chapitre, je vous décris les tergiversations et vous dis comment les identifier. Toutes les tergiversations ne sont cependant pas mauvaises. Je vous aide donc à percevoir la différence entre les bonnes raisons de retarder une action et de simples excuses pour différer une tâche.

Mais surtout, je vous fournis les outils et stratégies qui vous aideront à vaincre cette paralysie qui vous empêche d'aller de l'avant ou les attaques qui ralentissent votre progression ou vous interrompent en plein milieu d'un projet. L'un des principes les plus importants dans cette chasse aux tergiversations est de faire le premier pas. Alors, en avant, marche!

Lorgner du côté de la source : naissance des tergiversations

Bien que de nombreuses personnes croient qu'elles repoussent les choses désagréables quand elles cèdent aux tergiversations, le fait est que retarder l'exécution d'une tâche renferme beaucoup d'émotions désagréables. Ramenées à leur forme la plus pure, les *tergiversations* consistent simplement à retarder une action. Mais, bien entendu, ce n'est pas aussi simple. Pour surmonter ces pulsions qui vous empêchent d'avancer, la première étape consiste à comprendre ce qui déclenche les tergiversations et l'influence qu'elles ont sur vous.

Il n'est pas toujours facile d'identifier les tergiversations, surtout lorsque le phénomène remonte à plusieurs semaines, voire plusieurs mois. Vous pensez peut-être attendre simplement que ce soit le bon moment pour aller de l'avant. Voici quelques signes traduisant une éventuelle tendance à remettre les choses à plus tard.

S'en remettre à une logique peu clairvoyante : « J'ai tout le temps »

Il est facile de justifier l'idée que vous n'avez pas besoin de démarrer un projet quand sa date de fin est assez éloignée. Vous devez souscrire votre déclaration d'impôt pour la fin mai et nous ne sommes qu'à la mi-janvier. Vous avez en effet encore le temps et n'avez donc pas besoin, à ce stade, de placer les impôts en tête de votre liste des priorités. Mais vous devez réunir tous vos documents au moins 30 jours avant la date limite. Si vous faites appel à un comptable, vous aurez peut-être besoin d'encore plus de temps pour le rencontrer à plusieurs reprises et réunir les documents nécessaires pour bénéficier de quelques déductions. L'adepte des tergiversations a pour sa part tendance à se raccrocher à cette logique peu clairvoyante jusqu'à ce que cela devienne « injouable ». Neuf fois sur dix, celui qui dit « plus tard » en janvier remue ciel et terre pour réunir toutes ses pièces le 30 mai à 23 heures.

Éviter le désagréable « Je ne veux pas en entendre parler pour le moment »

Si vous venez de découvrir que vous avez gagné le gros lot à l'Euromillions, vous ne tarderez sans doute pas à récupérer votre gain. Qui rechigne à gagner de l'argent ? Mais remettre à plus tard des tâches désagréables ou difficiles est humain. Prenez ces exemples :

- Vous tardez à remettre la note de frais de votre dernier déplacement professionnel, il est tellement pénible de rassembler toutes les factures ;
- Vous repoussez la discussion avec votre fille préadolescente consistant à lui expliquer que les garçons ne naissent pas dans les choux ni les filles dans les roses ;
- Vous ne faites plus vos comptes depuis plusieurs semaines ;
- Vous rangez et nettoyez votre bureau au lieu de décrocher votre téléphone pour démarrer votre démarchage.

Lorsqu'un individu doit faire face à une situation impliquant qu'il se confronte à d'autres personnes, la tendance est également la tergiversation. La plupart des êtres humains (à l'exception des animateurs de débats) semblent être génétiquement programmés pour éviter les désaccords avec les autres. Parfois, cependant, ce qui aurait pu être une petite confrontation se transforme en conflit retentissant, car il mûrit avec le temps. Admettons par exemple que Didier rencontre Anne. Didier et Anne sortent ensemble. Didier décide qu'il veut sortir avec quelqu'un d'autre. Didier retarde le moment où il va en parler à Anne parce qu'il sait que la discussion ne sera pas agréable. Mais, chaque fois qu'il remet à plus tard la conversation décisive, il ne passe pas un moment agréable avec Anne, ce qui le fait se sentir encore plus coupable et accroît son malaise.

Admettons que vous retardiez le moment où vous allez infliger une sanction disciplinaire à un employé. Si vous évitez la conversation, le comportement répréhensible de l'employé peut continuer, voire empirer. Dans certains cas, cela peut justifier un licenciement. Mais, dans la plupart des entreprises, il est prévu de prendre certaines mesures pour résoudre les problèmes avant de licencier quelqu'un, dont la recherche de preuves pour étayer l'accusation fait partie. Si vous n'avez pas suivi la procédure, vous êtes au cœur d'un conflit horrible qu'il n'est pas possible de régler rapidement.

Plus vous reportez une confrontation, plus la situation peut s'aggraver. Et, lorsque vous ne pouvez plus y échapper, vous pouvez être sûr(e) de voir s'amplifier toutes les raisons qui vous font détester les confrontations.

Faire remonter ses peurs : « Et si je me trompe ? Et si je ne me trompe pas ? »

Remettre quelque chose à plus tard ne tient parfois pas à une mauvaise planification ou à des engagements trop nombreux. Nombre de personnes qui remettent tout au lendemain ne sont pas sûres d'elles et de leurs capacités. Elles attendent la dernière minute pour terminer des projets car, si on trouve à redire à leur travail, elles pourront se dire qu'elles n'ont pas eu suffisamment de temps pour le boucler comme elle l'entendait.

Je connais une femme qui était très enthousiaste d'avoir décroché un contrat avec un éditeur très connu pour la publication de son premier livre. Pour un titre qui n'était pas une fiction, elle avait un délai raisonnable de six mois, mais, au bout de trois mois, elle n'avait rédigé que l'introduction. Après un petit examen de conscience, elle découvrit qu'elle remettait ses travaux d'écriture à plus tard car elle craignait qu'une fois publié, son livre ne se vende pas ou reçoive une mauvaise critique. Cela traduirait alors un échec.

Vous pouvez tout aussi bien tergiverser par peur du succès que par peur de l'échec. La peur du succès et la façon dont il pourrait bouleverser vos relations amoureuses et amicales est réelle. Beaucoup de personnes ne sortent pas de leur zone de confort par peur de ce que pourraient dire les parents, les frères et sœurs et l'oncle Raoul. Dans certains milieux, connaître un succès très important peut vous inciter à laisser tomber certaines personnes.

Le succès affecte également votre conjoint(e) ou vos proches. J'ai une belle-sœur qui estimait que tous les riches avaient fait quelque chose de mal ou de contraire à l'éthique pour bâtir leur fortune. Au vu de notre succès, Joan a été plus touchée par son point de vue que moi, mais il a régné un certain malaise dans plusieurs réunions familiales.

Être paralysé par la perfection : « Je vais attendre le bon moment »

Vous souhaitez bien entendu faire de votre mieux, mais les personnes qui remettent tout au lendemain se servent souvent de cette quête de la perfection comme d'une excuse à leurs retards. Proche cousin de la peur de l'échec (voir la section précédente), le perfectionnisme peut vous paralyser. Si vous passez trop de temps à vérifier des faits, à essayer de choisir les bons mots ou expressions ou à réécrire de nombreuses fois un paragraphe, vous le faites probablement au détriment d'autres choses plus importantes. Souvent, ceux qui tergiversent essaient d'éviter et de reporter le moment de relever les défis, tels que des projets pénibles sur le plan mental ou des tâches d'envergure. Ils expliquent ne pas être dans le bon état d'esprit, être trop distraits pour donner le meilleur d'eux-mêmes ou ils attendent l'inspiration pour se lancer. Ici, le danger est bien entendu que ces tergiversations vous mènent dans une impasse et, faute de temps, vous conduisent à réaliser un travail bien loin de la perfection.

Un peu de recul peut vous aider à cerner l'origine du problème, car les tergiversations sont souvent le symptôme d'un élément qui vous tracasse au niveau du subconscient.

Demandez-vous peut-être pourquoi vous ressentez le besoin de réaliser des choses parfaites. Était-ce déjà le cas lorsque vous étiez petit(e) ? Est-il possible que vous ayez adopté ce comportement lors d'un événement s'étant déroulé dans votre enfance ? Vos parents, vos enseignants, votre chef actuel ou précédent étaient-ils perfectionnistes ?

Je ne dis pas que vous ne devriez pas essayer de réaliser un travail fantastique. Efforcez-vous vraiment de faire de chaque tâche et projet un chef-d'œuvre, quelle que soit sa nature. Mais attention de ne pas prendre ça comme une excuse pour justifier le report du premier pas. Le but dans la vie est vraiment de faire de son mieux avec les ressources dont vous disposez. Utilisez votre temps, vos compétences, vos capacités mentales et vos actes afin que votre perfectionnisme ne vous paralyse pas. En outre, garder à l'esprit la règle des 80/20 peut vous aider à passer au prochain projet ou objectif (le chapitre 4 vous en dit plus sur la règle des 80/20).

Tout saboter à mi-chemin : « J'ai bien mérité une pause »

Bien que la plupart des gens soient frappés par les tergiversations avant de commencer une tâche, il est également fréquent que naisse l'envie irrésistible de remettre à plus tard le bouclage d'un projet. Plus la tâche est complexe et longue, plus la probabilité de voir la dynamique s'évanouir, d'être distrait et d'abandonner avant la fin est grande.

J'avoue que mes crises de tergiversation interviennent à mi-projet. Commencer quelque chose de nouveau m'enthousiasme. J'adore démarrer une formation ou m'atteler à un nouveau projet avec un client et j'ai tendance à me lancer dedans avec passion. Ceci explique pourquoi il est beaucoup plus facile pour moi d'écrire la première moitié d'un livre que la seconde.

Pour savoir comment continuer d'aller de l'avant, reportez-vous aux sections « Se motiver grâce à la méthode de la carotte et du bâton » et « Garder sa motivation », plus loin dans ce chapitre.

Rechercher les frissons : « Je travaille mieux sous pression »

Nombre d'individus qui disent mieux travailler sous pression sont simplement des adeptes déguisés de la tergiversation. La première chose à faire est de savoir si vous travaillez vraiment bien sous la pression de délais serrés. Je sais personnellement que les individus au style de comportement très dominant travaillent effectivement mieux sous pression. Cela ne représente qu'une minorité de la population.

Vous pouvez être tout excité(e) à l'idée de devoir être très productif(ve) afin de respecter les délais imposés. Le fait de savoir que la plupart de vos collègues n'y parviendraient pas fait naître en vous une certaine fierté. Le problème avec ce genre de situation, c'est que, de temps en temps, vous vous brûlez les doigts pour ne pas avoir respecté les délais ou pour vous être effondré(e) dès la ligne d'arrivée franchie.

Je conseillerais de planifier un peu vos projets lorsqu'on vous les attribue, même si vous n'avez pas le temps pour le moment de les mener à bien. L'avantage, c'est que vous serez certain(e) du temps, des ressources, des documents et de l'aide dont vous aurez besoin pour les réaliser. Cette planification vous permet d'évaluer avec précision vos besoins pour la période où vous mettrez la machine en branle.

Et si vous avez encore besoin d'un peu plus de frissons liés au respect des délais dans vos fonctions, votre chef vous récompensera peut-être en vous donnant des responsabilités supplémentaires, ainsi que l'augmentation de salaire qui va avec.

Savoir s'il faut ou non remettre une tâche à plus tard

Reporter une action n'est pas productif quand cela vous freine dans votre élan, vous coûte du temps et de l'argent et produit un résultat négatif. Et pourtant, c'est parfois la meilleure chose à faire. La difficulté consiste à savoir quand attendre et cette section répond à ce questionnement.

Prendre en compte les coûts de tergiversations nuisibles

Avec les tergiversations, la perte de temps, d'argent et de productivité est énorme, pour vous, pour votre entreprise, pour votre pays et pour le monde entier. Le calcul du coût global à l'échelle de la planète est une tâche immense mais l'impact négatif est également clair dans les exemples de votre vie quotidienne. Voici ce que vous coûtent des tergiversations nuisibles :

- **Argent.** Prenez l'impact du règlement tardif de vos factures : vous pouvez subir une majoration de 10 %, ce qui peut faire une belle somme en fin d'année ;
- **Qualité.** Attendre la dernière minute pour exécuter une tâche signifie que vous avez moins de temps que prévu. Par conséquent, si vous souhaitez accomplir en cinq jours une mission difficile qui en demande dix, vous allez moins dormir, afficher un état de fatigue plus important et, surprise, votre copie vous sera peut-être retournée avec de nombreuses modifications à apporter ;
- **Temps.** Quand vous remettez une tâche à plus tard, vous passez un peu de temps à décider de ne pas démarrer votre projet. Vient ensuite le temps où votre esprit est obnubilé par cette tâche à laquelle vous devriez être en train de vous atteler, même si vous faites autre chose. Cela compte comme du temps investi dans la tâche que vous avez remise à plus tard, car cela affecte la qualité des autres travaux que vous effectuez à la place ;
- **Bien-être.** La responsabilité ne s'évanouit pas juste parce que vous avez choisi de remettre la tâche à plus tard, sans compter que vous finissez par vous sentir coupable de ne pas faire ce que vous devriez. Le stress du travail qui reste à effectuer et qui n'avance pas génère de l'anxiété émotionnelle et de la fatigue physique, du manque de sommeil à la dépression, en passant par les maux d'estomac. En bref, à cause de vos tergiversations, vous n'êtes pas serein(e) et beaucoup moins productif(ve).

Savoir quand tergiverser à bon escient

TRUC

Le secret des tergiversations salutaires est de s'y adonner délibérément, en fonction du temps dont vous disposez et du statut des tâches. Jetez un œil au programme qui vous attend et choisissez les tâches moins urgentes, moins risquées, puis reportez-les. Autrement dit, autorisez-vous à tergiverser, tout en vous fixant une date limite pour boucler ces tâches. Cette section passe en revue les tâches que vous pouvez vous permettre (et avez intérêt) de remettre à plus tard.

Quand la précipitation peut vous causer du tort

Les tâches ou décisions vitales et qui doivent être exécutées ou prises au moment opportun sont nombreuses. Cependant, s'il est important de prendre la bonne décision, remettez-la à plus tard si toute précipitation est susceptible de vous nuire. Quand vous êtes sous pression pour faire un choix ou êtes forcé(e) de prendre une mesure dont vous n'êtes pas certain(e), il est la plupart du temps salutaire de remettre la décision à plus tard, quand vous aurez les idées plus claires.

Voici un exemple : un commercial vous propose, pour des fenêtres à double vitrage, une belle remise qui n'est valable qu'aujourd'hui. Si vous attendez demain pour vous décider, le tarif redevient plus cher de 20 %. Vous hésitez. Le commercial vous assure que l'entreprise est très bien cotée et que le produit est d'excellente qualité. Vous savez que vous avez besoin de changer vos fenêtres, mais cet achat n'était pas encore à l'ordre du jour.

Dans ce cas, suivez cet instinct qui vous dit d'attendre. L'offre est probablement intéressante, mais vous n'avez pas eu le temps de l'étudier suffisamment pour être certain(e) de faire le bon choix. Croyez-moi, ce n'est certainement pas la dernière fois que l'on vous propose des fenêtres à un tarif spécial.

Quand ce n'est pas le bon moment

Il arrive que la clé du succès soit le moment choisi pour agir. Sur votre liste de priorités peut figurer une tâche importante pour vous aider à atteindre vos objectifs. Mais vous pouvez éprouver l'envie de freiner des quatre fers parce que ce n'est pas le bon moment. Le temps et l'énergie nécessaires sont démesurés par rapport à ce que vous gagneriez en retour.

Vous retardez peut-être le moment de mettre votre maison en agence car ce n'est pas une bonne période pour vendre. Pourquoi consacrer du temps et dépenser de l'énergie lorsque les probabilités de vendre au prix que vous souhaitez sont minimes ?

Vous avez besoin de prendre un peu de temps le soir pour préparer la réunion qui a lieu le lendemain matin. Mais votre bébé est malade et, même si vous ignorez sa douleur ou vous laissez votre conjoint(e) s'en occuper, vous êtes distrait(e) et préoccupé(e). Le problème, c'est que vous ne pouvez être aussi productif(ve) que d'habitude quand le moment choisi n'est pas le bon. Vous risquez de consacrer bien plus de temps et d'énergie, sans récolter les fruits que vous espériez. Par conséquent, faites de votre mieux. Vous avez besoin de consacrer tout le temps nécessaire afin d'être fin prêt(e) pour la réunion mais aussi de veiller sur votre famille. Apprenez à reconnaître ces moments où vous nagez à contre-courant, puis faites une pause, réévaluez vos priorités et changez d'orientation si besoin est.

Quand la tâche n'est pas capitale

Vous croulez sous les projets et les engagements. Tous sont importants et vous ne pouvez en déléguer aucun. Vous ne tergiversez pas, là, vous êtes *submergé(e)*. Dans ce genre de situation, remettre certaines choses à plus tard peut vous permettre de « survivre ». À vous maintenant de choisir les tâches en question.

TRUC

Si vous devez remettre à plus tard quelque chose par manque de temps, choisissez l'une de vos tâches quotidiennes de faible valeur qui génère des résultats limités et que vous pouvez déléguer. Attention à ne pas reporter tout ce qui touche à la croissance et à votre stratégie globale. Même si leur portée s'inscrit dans le long terme, les conséquences pourraient s'avérer désastreuses si vous ne les conservez pas en excellente place sur votre liste de priorités.

Vous pouvez également remettre à plus tard des choses de votre vie privée. Admettons, par exemple, que vous deviez exécuter les tâches suivantes : souscrire votre déclaration d'impôt pour la semaine prochaine, terminer une présentation professionnelle importante d'ici dix jours, repeindre la chambre d'amis avant l'arrivée de vos beaux-parents la semaine prochaine et vous rendre à l'agence de voyages pour parler de vos vacances à Bali cet été. Vous pouvez choisir de remettre à plus tard les peintures de la chambre d'amis car ce n'est pas essentiel pour la visite de vos beaux-parents (le moisi aux murs ne les gênera pas). Vous pouvez également reporter votre rendez-vous à l'agence de voyages car vous disposez de plus de temps pour planifier vos vacances que pour remplir votre déclaration d'impôt et terminer votre présentation.

Changer d'état d'esprit et s'astreindre à une discipline pour partir sur de bonnes bases

Tout le monde possède trois armes pour lutter contre les tergiversations. Comptez sur ces formidables forces, libérez leur pouvoir et reprenez le contrôle de votre temps :

- **Décision.** Il est tout d'abord important d'identifier les tergiversations quand vous les repérez et d'admettre votre culpabilité. À ce stade, vous pouvez prendre des mesures pour réprimer votre envie de remettre certaines choses à plus tard. Décidez de mettre la machine en route afin de respecter vos obligations. Pour résumer, prenez un engagement et respectez-le ;
- **Détermination.** La détermination est ce coup de collier qui vous permet de travailler tard le soir, pendant de longues journées et de persévérer dans des conditions inconfortables qui vous donnent envie de remettre les choses à plus tard. C'est l'engagement de mener à bien la tâche dans les délais impartis. Bien que la détermination soit souvent un sens inné des responsabilités, c'est également une habitude qui s'acquiert et porte ses fruits si vous vous évertuez à l'entretenir ;

- **Discipline.** Tout comme vous faites preuve de discipline dans d'autres domaines (pratiquer un sport ou suivre une formation, respecter un plan de gestion du temps et un système de planification, suivre un régime ou un programme de préparation physique), votre vigilance à respecter vos engagements peut constituer un élément de motivation essentiel. Abordez vos tergiversations avec les mêmes intentions : astreignez-vous à une certaine discipline pour aller de l'avant et garder le bon cap.

Les sections suivantes vous indiquent d'autres itinéraires qui vous permettront de parvenir à destination dans les temps.

Se motiver avec la méthode de la carotte et du bâton

L'être humain a comme penchant naturel de fuir ce qui est pénible au profit du plaisir. Lorsque vous concevez un plan de « priorisation » des tâches, vous pouvez opter pour la méthode de la carotte et du bâton afin de prendre le chemin du succès. Quand vous avez une envie irrépressible de remettre les choses à plus tard, vous avez peut-être besoin qu'une carotte se profile devant votre nez, afin de vous inciter à persévérer. Après tout, ça marchait plutôt bien quand vous étiez gamin : « Si tu ranges ta chambre immédiatement, tu pourras regarder le film de ce soir jusqu'au bout. » En revanche, certaines personnes réagissent mieux à la menace du bâton. La promesse d'une récompense ne leur fait rien, alors que la perspective de conséquences fâcheuses les pousse à l'action.

Voici un exemple : vous détestez faire de l'exercice physique car vous devez vous lever plus tôt pour aller à la salle de sport et transpirer alors que vous pourriez dormir une heure de plus ou déguster un bon café en lisant le journal. Mais gardez à l'esprit le résultat final associé au choix de ne pas vous bouger : vous vous sentez énorme, pas en forme, vous ne rentrez pas dans vos vêtements, vous risquez de faire de l'hypertension et de n'avoir aucune endurance. Mais si vous faites régulièrement de l'exercice physique, vous aurez le plaisir d'être en forme, de déborder d'énergie et la satisfaction de tout faire pour vivre vieux et en bonne santé.

Voici un exemple dans le monde professionnel : le commercial qui s'astreint à deux heures de prospection par téléphone (au lieu d'une heure) en gardant à l'esprit la prime qui l'attend en fin de mois, la reconnaissance de sa hiérarchie et de plus belles vacances en famille. S'il néglige cet effort, certaines conséquences l'attendent : une mauvaise évaluation, un salaire moindre, plus d'efforts pour accomplir les objectifs, voire un licenciement.

Rechercher des récompenses

Si la perspective des conséquences agréables d'une action qui ne vous fait pas beaucoup envie vous incite à la mener à bien, concentrez-vous sur ces points positifs. Si la vision d'un bon café et de votre journal préféré vous donne l'élan nécessaire pour exécuter votre tâche, donnez-vous-en à cœur joie (une fois la tâche accomplie, bien entendu !). Si la perspective des vacances vous pousse à boucler un projet onéreux, fixez la date à laquelle vous allez vous rendre dans votre agence de voyages, une fois, bien sûr, votre mission accomplie.

Quand votre motivation fléchit, arrêtez-vous un instant pour vous remémorer ce qui vous attend si vous réussissez. Placez par exemple une photo attirante sur votre bureau : un endroit où vous aimeriez aller, une personne avec qui vous souhaiteriez passer du temps, un personnage dont vous aimeriez avoir les qualités, etc. Si votre récompense pour avoir bouclé un projet est des vacances dans les Caraïbes, mettez la photo d'un paysage tropical ou d'une immense plage de sable fin à côté de votre ordinateur.

Éviter les conséquences

Si vous êtes plus méfiant(e) des conséquences de votre négligence qu'enthousiaste face à une récompense, demandez-vous ce que vous risquez si vous ne parvenez pas à atteindre votre objectif et pensez-y aussi souvent que nécessaire.

Si vous estimez que les conséquences néfastes sont votre élément de motivation le plus sûr, veillez à vous concentrer sur celles dont la portée est la plus immédiate. Malheureusement, quand les conséquences sont situées loin dans le temps, l'être humain a tendance à retarder l'action positive. Ne pas faire de sport aujourd'hui ne vous expose pas à une crise cardiaque demain. Alors, pourquoi ne pas rester au lit une heure de plus ? Remettre à plus tard votre prospection téléphonique du jour ne va pas faire chuter votre salaire. Dans la mesure où la décision de ne pas accomplir ces tâches n'entraîne pas une punition immédiate, il est facile de se convaincre (à tort) qu'il n'existe pas de conséquences.

TRUC

Vous pouvez créer de nouvelles conséquences désagréables si vous avez du mal à vous concentrer sur le long terme. Il y a plusieurs années, deux de mes clients étaient des adeptes de la tergiversation. Ils finissaient toutes les tâches administratives, taillaient minutieusement leurs crayons et rangeaient leurs trombones avant d'entamer leurs travaux essentiels. La perspective d'être nommé employé du mois ne les motivait pas. J'ai donc essayé quelque chose de peu orthodoxe : j'ai demandé à chacun de faire un chèque de 500 dollars et de me l'envoyer. L'un a libellé son chèque à l'ordre d'un parti politique qu'il détestait par-dessus tout et l'autre a libellé le sien à l'ordre d'un de ses concurrents ! S'ils ne cessaient pas leurs tergiversations, j'avais l'autorisation d'envoyer ces chèques au bénéficiaire désigné. Comme je m'y attendais, je n'ai jamais eu à les envoyer. Leur désir d'éviter d'aller à l'encontre de ses idées politiques pour l'un, ou d'enrichir son plus grand concurrent pour l'autre, les a fait quitter la sphère des tergiversations. Raisonnez-vous afin de ne pas rester piégé(e) dans ce système.

Déceler les excuses et s'en passer

Les tergiversations sont absolument sous votre contrôle, mais des influences personnelles vous incitent assurément à vous y adonner. Et quand cela se produit, la tendance est de se trouver des excuses, de rejeter la faute sur quelqu'un ou quelque chose.

Résister à la pression des pairs

La vie est ainsi faite que les collègues, amis, connaissances et membres de la famille semblent tous s'allier pour vous écarter de ce que vous *devez* faire. Mais, à un moment, quand vous souhaitez éviter une obligation, vous recherchez ces occasions de la remettre à plus tard et il est alors appréciable d'avoir quelque chose ou quelqu'un sur qui rejeter la faute.

Admettons par exemple que votre amie essaie de vous persuader de prendre votre journée pour aller à la plage. Une grosse présentation est programmée la semaine suivante et les heures qui vous séparent du jour J ne seront pas de trop pour vous préparer. Mais ces préparatifs sont un processus fastidieux, vous redoutez cette présentation et la dernière chose que vous aimez faire, c'est rédiger un discours. Ça sent l'occasion en or de remettre tout ça à plus tard ! C'est là qu'entre en scène la discipline.

Quand une autre personne vous encourage à laisser tomber votre travail, avant de céder à la pression, admettez que vous avez plutôt trouvé en cette personne la bonne excuse. Rappelez-vous ensuite ce que vous devez faire pour respecter vos priorités. Voici la vraie question : est-ce que prendre du bon temps avec votre amie va vous éloigner ou vous rapprocher de vos objectifs ?

Des forces extérieures vous empêchent-elles vraiment de travailler ?

Il peut vous arriver d'avoir l'impression d'être obligé(e) de tergiverser à cause d'un facteur externe hors de votre contrôle (météo, embouteillages, panne d'électricité). Croyez-moi, je sais ce que l'on peut ressentir dans cette situation.

Dernièrement, j'étais chez moi et je rédigeais un chapitre de cet ouvrage. Il faisait beau et je mourais d'envie de rejoindre ma famille qui prenait l'air. Soudain, il y eut une coupure de courant. Si mon ordinateur portable pouvait continuer de fonctionner sur sa batterie, je n'avais plus accès à Internet, ce qui m'empêchait de faire des recherches. Quelle excellente excuse pour arrêter de travailler ! Bon, le fait est que je n'avais pas *besoin* d'un accès à Internet pour continuer de travailler sur mon chapitre. Je savais que je pouvais bien avancer, même si je ne pouvais pas tout boucler. Je recherchais simplement une bonne raison pour justifier le report de la rédaction du chapitre en question à un moment ultérieur.

Dans ce genre de situation, prenez du recul et évaluez la situation. Posez-vous les questions suivantes :

- Existe-t-il un autre moyen d'exécuter cette tâche ?
- Est-ce que la qualité de mon travail en pâtirait si je devais exécuter cette tâche dans ces circonstances ?
- Puis-je prendre des mesures pour garder le bon cap ?

Dans mon cas, je dois avouer que je pouvais en effet poursuivre la rédaction de mon chapitre et que je tenais vraiment à le terminer ce jour-là. La qualité de mon travail n'en serait certes pas affectée, mais je ne pouvais boucler la rédaction du chapitre sans vérifier quelques éléments sur Internet. Je savais également que de la pluie était prévue pour le lendemain. Je me suis donc résolu à prendre de l'avance et à faire le maximum pendant une heure. Puis, j'ai programmé une pause pour préparer un barbecue en famille, suivie d'une heure de travail supplémentaire avant de commencer à allumer le feu.

Je vous accorde que, dans certaines situations, vous n'avez pas d'autre choix que de remettre votre tâche à plus tard. Si vous êtes prêt(e) à tondre la pelouse et qu'une pluie torrentielle s'abat soudain sur votre jardin, vous ne pouvez faire autrement que de reporter cette corvée. Mais veillez bien à ne pas manipuler la vérité dans le but de disposer d'une bonne excuse pour faire ce qui vous tient à cœur.

Diverses options s'offrent à vous quand vous ne pouvez faire avancer la tâche à exécuter :

- Passez à la tâche suivante la plus importante sur votre liste et revenez ensuite sur celle que vous vous apprêtiez à exécuter ;
- Récupérez le temps de repos pris. Faites une pause cet après-midi, mais prévoyez de travailler la demi-journée pendant laquelle vous êtes habituellement de repos ou choisissez de vous lever plus tôt deux matins de suite pour récupérer votre retard.

Une pause salvatrice pour éviter une plus grande tergiversation

Cela peut sembler bizarre, mais remettre de plusieurs heures une tâche programmée peut contribuer à résoudre un réel problème de tergiversation. Dès que vous sentez que vous êtes en train de tergiverser, ne culpabilisez pas, autorisez-vous cette tergiversation, mais pas tout de suite.

Voici comment cela fonctionne : identifiez les façons dont vous êtes susceptible de remettre à plus tard votre projet. Puis, au lieu de mener une bataille perdue d'avance contre votre volonté, dites-vous que vous pourrez vous adonner à des activités plus plaisantes, mais seulement une fois un minimum de travail effectué.

Supposons que vous essayiez d'entamer la rédaction d'une dissertation mais que vous la remettiez à plus tard au profit de tout un tas de choses : un déjeuner entre amis, un tour dans votre centre commercial préféré, voire une émission de télévision. Vous pouvez prévoir d'aller faire chauffer votre carte de crédit, mais seulement *après* avoir passé une demi-heure à rassembler vos notes et à préparer votre plan. Avec un peu de chance, il se sera passé une heure, voire plus quand vous regarderez votre montre, ce qui vous aura fait avancer bien plus que prévu. Il se peut que vous décidiez de continuer à travailler, maintenant que vous êtes lancé(e). Mais, même si vous faites votre pause maintenant, vous aurez accompli plus de choses que si vous aviez cédé plus tôt à la tentation. L'avantage psychologique obtenu est susceptible de vous donner envie d'en faire encore plus.

Lorsque vous remettez votre tergiversation à plus tard, engagez-vous sur une courte période de travail (30 minutes ou une heure) avant de faire une pause. Vous serez ainsi plus susceptible de vous astreindre à travailler que si vous prévoyez une assiduité de trois heures consécutives.

Affronter des tâches redoutables avec la tactique du sandwich

Il arrive que ce que vous avez dans l'assiette vous semble si imposant que vous ne pouvez mordre à pleines dents dedans. Dans ce cas, il est préférable de découper la tâche en morceaux plus facilement gérables afin de progresser, de rester sur la bonne voie et de boucler le projet en question. Voici à quoi ressemble l'opération culinaire.

Manger la croûte d'abord : commencer par le plus difficile

Une technique qui porte remarquablement ses fruits pour ne pas remettre les choses à plus tard consiste à s'attaquer d'abord à la partie la plus difficile. Si vous travaillez sur une seule tâche imposante, commencez par l'aspect le plus ardu.

Je vous conseille de programmer l'exécution de la partie la plus difficile le matin de bonne heure, moment où la plupart des gens sont pleins d'énergie et parfaitement concentrés. Si vous parvenez à venir à bout de la tâche la plus difficile, votre journée sera bien plus productive.

Pour obtenir des résultats encore meilleurs, entamez la veille au soir votre travail préparatoire à la tâche la plus difficile. Dans le chapitre 4, je vous indique comment préparer le terrain et venir à bout rapidement de vos projets les plus ardus. Si vous êtes bien préparé(e), il ne vous faudra pas 30 minutes pour lancer la machine.

Si vous restez bloqué(e) sur la tâche difficile, vous pouvez retrouver votre dynamique grâce à la méthode salami ou à la méthode gruyère expliquées ci-après.

La méthode gruyère : percer des petits trous

Si mordre dans une tâche d'envergure ou compliquée peut sembler incommensurable, commencez par les aspects que vous pouvez traiter rapidement et facilement. Le travail restant s'en trouve alors allégé car vous vous êtes acquitté(e) des parties les plus faciles.

Par exemple, supposons que vous vous trouviez au milieu de votre cuisine une fois vos dix convives repartis : les assiettes sont empilées jusqu'à hauteur des placards, le fond de l'évier regorge de restes et des plats bien gras occupent toute la table. Ce qui vous attend est plus que vous ne pouvez en faire à minuit. Vous êtes tenté(e) de tourner les talons, d'aller vous coucher et d'espérer qu'une bonne fée vienne dans la nuit pour faire la vaisselle et tout nettoyer d'un coup de baguette magique.

Sinon, vous pouvez décider de faire une chose très simple avant l'extinction des feux : vider dans la poubelle ce qui reste dans les assiettes et les plats et le contenu des verres dans l'évier. Une fois ceci accompli, vous vous dites qu'il ne vous faudrait pas longtemps pour remplir le lave-vaisselle. Ensuite, vous décidez de rincer puis d'empiler les plats. Ces petits trous réalisés dans votre projet le rendent déjà moins impressionnant. Même si vous abandonnez à ce stade, ce qui vous attend le lendemain matin est à votre portée.

La méthode salami : une tranche à la fois

La méthode salami est une excellente tactique pour les projets à long terme dont la date butoir semble si éloignée que vous vous persuadez de l'inutilité de démarrer maintenant. Afin de ne pas vous retrouver à devoir mettre les bouchées doubles dans la dernière ligne droite, vous pouvez d'ores et déjà diviser le projet en morceaux suffisamment petits pour les programmer journée par journée, ou au moins semaine par semaine.

Il existe de nombreuses façons de tronçonner une tâche imposante, mais en voici une :

1. **Réservez-vous du temps pour planifier totalement le projet afin que vous puissiez le démarrer et le fractionner en plusieurs morceaux.**

2. **Classez les sous-tâches par ordre chronologique, avec une date précise pour chacune.**

   La chronologie vous permet de segmenter la tâche en plusieurs parties.

3. **Déterminez le matériel dont vous avez besoin pour exécuter la tâche.**

   Réunissez et préparez tout ce dont vous avez besoin.

Au début de chaque projet d'écriture d'un livre, mon éditeur m'accorde un certain temps, généralement plusieurs mois, pour rédiger le manuscrit. Par expérience, je sais que je ne peux considérer le projet d'un seul bloc car c'est trop effrayant. Je le divise donc en plusieurs morceaux. Par exemple, si j'ai six mois pour écrire le livre et qu'il doit comprendre 24 chapitres, je le divise par chapitre. Par conséquent, mon objectif n'est pas d'« écrire le livre en six mois », mais d'« écrire un chapitre par semaine » ou « dix pages par jour cette semaine » ou autre chose, en fonction de la décomposition choisie.

La méthode « ôter d'abord la décoration »

Quand vous commandez une entrée au restaurant, le plat comprend parfois un peu de persil, un quartier d'orange ou un filet de sauce sur le bord de l'assiette. Destinés à embellir le plat, ces éléments se mangent également. Mais, à moins que vous soyez réellement affamé(e), ils demeurent souvent dans votre assiette une fois le plat terminé.

Comme au restaurant, vous avez probablement quelques engagements dans votre « assiette » qui ne jouent pas un rôle majeur dans vos fonctions. Jetez un œil à votre programme et voyez si certaines de ces tâches sont uniquement décoratives. Vous avez ensuite le choix entre :

- Les enlever de votre assiette ;
- Les donner à quelqu'un d'autre ;
- Les garder pour la fin.

Garder sa motivation

Tout le monde a déjà lutté contre ses tergiversations et, pour certains, c'est leur lot quotidien. Je n'ai encore jamais rencontré une personne qui ne se batte jamais contre la tentation de remettre à plus tard des obligations qui semblent trop imposantes, trop difficiles ou simplement pas marrantes du tout. La voie de la guérison passe par l'admission de ses tendances. En suivant les stratégies que je présente dans ce chapitre, vous pouvez faire des progrès remarquables sur la voie de l'abandon des tergiversations.

Cependant, rester dans le droit chemin demande une vigilance de tous les instants. Voici des tactiques pour y parvenir :

- **Ayez des attentes réalistes.** Avant de vous culpabiliser pour vos tendances déplorables à tout remettre au lendemain, jetez un œil à votre emploi du temps et vérifiez si ce que vous tentez d'accomplir est réaliste. Avez-vous accepté une mission pour laquelle vous n'êtes pas qualifié(e) ou qui est trop importante pour vous ? Vous êtes-vous engagé(e) à respecter un délai absurde ?

  Là encore, vous commencez à vous sentir submergé(e) par votre charge de travail, c'est peut-être le signe que vous procédez à des reports de plus en plus nombreux. Faites donc votre possible pour ne plus être submergé(e). Cela peut réclamer un ajustement des attentes (celles de vos collègues, de votre chef et de vous-même) ;
- **Prenez en charge les choses les plus importantes et déléguez le reste.** Si vous estimez avoir trop d'obligations et de projets, au point que vous retardez tout avancement les concernant, le moment est venu d'alléger votre fardeau.

  Une fois votre charge de travail analysée et les aspects réellement importants de votre poste ou de vos objectifs de carrière identifiés, vous savez quelle priorité accorder à chaque chose. Mais, au lieu de mettre de côté ces tâches accessoires, voyez si vous pouvez les confier à quelqu'un d'autre ;

- **Évitez le désordre lié à la surcharge.** Autre signe que votre propension à tout remettre à plus tard pourrait surgir très bientôt : votre bureau ou votre logement est parsemé de papiers et dossiers, la boîte de réception de votre messagerie comprend plus d'une semaine de courriels non lus et votre emploi du temps vous échappe complètement.

  Vous ne pouvez maîtriser votre temps ou respecter complètement vos obligations si votre vie est un tel désordre que vous êtes noyé(e) au travail et à la maison. Pas étonnant que vous remettiez tout à plus tard. Si vous avez un projet dans tout ce bazar, vous ne savez même pas par où commencer.

  Vous êtes peut-être submergé(e). Vous avez peut-être trop de projets en même temps. Il faut à tout prix faire le ménage dans votre esprit et sur votre bureau. Prenez une journée ou quelques heures par mois pour ranger, classer, répondre et nettoyer (le chapitre 5 vous donne des conseils pour faire le ménage dans votre espace de travail) ;

- **Attachez-vous à maintenir un équilibre bon pour votre santé.** Votre vie professionnelle et votre vie privée sont importantes pour votre bien-être. Gardez un œil sur la balance pour voir s'il règne un certain équilibre. Si vous êtes acculé(e) au bureau, vous perdez de l'énergie et tout recul, les tergiversations ne tardant alors pas à s'immiscer dans vos deux vies. Si vous êtes obnubilé(e) par des problèmes familiaux, vous risquez de ne pas être performant(e) au travail. Quand un aspect de votre vie se détraque, faites de votre mieux pour restaurer l'équilibre.

Chapitre 10

Prendre des décisions rapides mais pertinentes

Dans ce chapitre :

- Éviter les obstacles à la prise de décision
- Suivre une procédure en six points pour de meilleures décisions
- Sortir de l'impasse

La vie vous réserve toujours des décisions à prendre et ce sont vos choix (même les mauvais) qui vous font grandir et accomplir les choses qui la rendent si riche. Si vous êtes dans une impasse face à des décisions sans importance, vous n'avez jamais le temps et l'énergie pour opérer des choix susceptibles d'améliorer votre vie et de la rendre plus enrichissante. Autrement dit, l'esprit de décision est plus qu'un outil utile, c'est une vraie façon de vivre. En revanche, l'indécision est une manière de se laisser aller et de s'en remettre à son destin sans combattre, ni choisir.

Il est très facile de se sentir paralysé face à une affluence de décisions à prendre et de vous retrouver en proie à la tyrannie des « et si… », qui représente votre seule énergie. Ménager la chèvre et le chou est inefficace et inconfortable. Et ne pas décider ? Eh bien, c'est une décision en soi, avec ses propres conséquences.

À l'instar de nombre de qualités importantes, savoir prendre des décisions ne s'apprend pas à l'école. La plupart des gens apprennent en tâtonnant et à travers les expériences des autres. Malheureusement, cette méthode vous laisse vous débattre dans un océan de choix qui changent sans arrêt. Dans ce chapitre, je vous aide donc à exploiter votre sagesse naturelle, afin de prendre de meilleures décisions grâce à votre discernement et de passer plus rapidement à l'action grâce à votre capacité à comprendre, à évaluer et à prendre en compte tous les résultats possibles.

Une fois plus en confiance pour prendre des décisions accessoires, il vous est plus facile d'appliquer ce que vous avez appris aux défis plus ardus. Vous voyez donc que vous pouvez décomposer ce qui semble déroutant, voire énorme en une série de petites étapes. Vous finirez par être suffisamment à l'aise pour prendre des décisions que vous *porterez*, grâce au pouvoir que vous exercerez sur votre vie.

Remonter à la source des batailles livrées pour prendre des décisions

Pourquoi est-ce si dur de prendre une décision ? C'est généralement une question de peur : la peur de faire le mauvais choix, la peur d'avoir ensuite des regrets. Plus vous avez peur de faire une erreur, plus vous vous torturez en évaluant, en discutant, en analysant et en étant obsédé(e) par chaque décision.

Avant de commencer à travailler sur vos compétences en matière de décision, vous devez savoir où réside le problème. Prenez un moment pour vous poser les questions globales suivantes :

- Quel est le domaine de votre vie que vous aimeriez changer, et dans lequel vous n'êtes jamais passé(e) à l'action jusqu'à présent ?
- Qu'est-ce qui vous retient ?
- Quelle est la pire chose qui puisse vous arriver si vous passez à l'action ?
- Quelle est la probabilité que le pire se produise ?
- Seriez-vous à même de supporter votre erreur, voire d'en tirer des enseignements précieux ?

Armé(e) des réponses à ces questions, vous vous apercevrez que cette peur n'est probablement pas justifiée et que le pire est très improbable. Prenez ensuite immédiatement des mesures à partir de vos conclusions.

Réduire les décisions importantes à une taille raisonnable

Les personnes chanceuses prennent de bonnes décisions de temps en temps. Celles qui réussissent ont une méthode qu'elles utilisent constamment pour aborder les situations nécessitant une prise de décision : un plan d'action qui fonctionne quels que soient les circonstances et le niveau de stress enduré.

Voici pourquoi : les bénéfices d'une décision ne sont pas toujours immédiats. Les décisions prises au quotidien, de l'éducation des enfants au respect d'un programme d'épargne, ont des conséquences qui peuvent se manifester des années après seulement. La clé est de faire des choix en toute lucidité *aujourd'hui* et d'accumuler les bons résultats, au lieu de réparer les erreurs au hasard à mesure que vous les commettez. Utilisez les six phases suivantes pour donner à la formidable tâche décisionnelle une taille raisonnable.

Étape 1 : évaluer la gravité de la décision

Vous ne parvenez pas à vous décider entre le homard et le steak ? N'allez pas jusqu'à en perdre l'appétit. Même si vous faites le mauvais choix, il y a des chances pour que vos regrets aient disparu avant votre prochain repas. (Vous pouvez aussi choisir le « surf and turf », à savoir un pavé de filet mignon accompagné de la queue et des pinces d'un homard frais.) De nombreuses autres décisions, changer de poste ou de métier, acheter une maison ou se faire opérer, ont des conséquences durables (parfois pour toute la vie) qui peuvent toucher de manière considérable votre famille ou vos employés. Évidemment, ces décisions méritent bien plus d'attention, de temps, de soin et de réflexion.

L'essentiel est d'aborder les choses, quel que soit le pan de votre vie concerné, la tête froide afin de pouvoir évaluer avec précision la taille et l'importance de la situation qui s'annonce. Voici une liste des domaines importants de la vie méritant du temps et des efforts :

- **Prendre soin de son entreprise.** Si vous êtes chef d'entreprise, les décisions que vous prenez au quotidien conditionnent le sort de votre famille ainsi que celui de tous les employés qui comptent sur vous pour percevoir un salaire et des avantages sociaux. Vous devez équilibrer les décisions prétendument accessoires (rembourser ou non un client) et les choix d'envergure (réorienter votre activité pour tirer parti d'un marché de niche à fort potentiel).

  Il n'est pas toujours simple d'évaluer la portée d'une décision. Voyez donc au-delà des répercussions possibles. Par exemple, ne pas rembourser un client mécontent peut inciter la personne à publier sur un blog particulièrement lu une critique cinglante de votre politique de service à la clientèle. Il vous faudra peut-être plusieurs mois pour réparer les dégâts. D'un autre côté, opter pour un marché de niche peut affecter le moral et la productivité de vos employés ;
- **Progresser dans son plan de carrière.** Devez-vous prendre un poste mieux payé mais avec un temps de transport plus long ? Vous voulez raccrocher votre casquette de commercial et suivre des études d'infirmier ? Si vous changez de poste, évaluez l'impact de frais de déplacement plus conséquents et d'une présence moins importante auprès de votre famille. Un changement de carrière peut tout bouleverser dans votre vie, du budget à l'image de soi en passant par vos relations ;
- **Ça reste dans la famille.** Certaines décisions cruciales impliquent la famille : la personne avec laquelle vous vous mariez, quand avoir des enfants, où vivre. Mais il y a également toutes les décisions que vous prenez au quotidien. Qui conduit les enfants à l'école ? Devez-vous partir en vacances ou refaire votre cuisine ? Même des décisions ne semblant pas d'une grande portée sur l'instant (laisser les enfants se servir de l'ordinateur sans surveillance) peuvent avoir des répercussions inattendues. Pour compliquer encore plus les choses, il se peut que vous deviez porter assistance ou vous occuper de vos parents âgés ;

- **Saisir l'importance des finances.** Il n'y a pas que l'argent dans la vie, mais c'est l'élément vital pour atteindre de nombreux objectifs importants. Malheureusement (mais ce n'est peut-être pas étonnant), la plupart des conflits éclatant dans les couples sont liés aux finances. Les choix que vous faites en matière de dépense, d'épargne et d'investissement, individuellement ou en tant que couple, peuvent déclencher des disputes quotidiennes et avoir des conséquences graves à long terme ;
- **Rester en bonne santé.** Dans ce domaine, la bonne nouvelle, c'est que les décisions les plus simples peuvent avoir les effets les plus marqués. Manger sain et équilibré, faire de l'exercice tous les jours et s'octroyer régulièrement des pauses pour récupérer du stress professionnel sont des décisions qui peuvent vous faire vivre plus vieux et améliorer la qualité de votre vie. C'est une bonne préparation aux décisions plus graves de la vie que vous pourriez être amené(e) à prendre si vous souffrez d'une maladie telle que le diabète ou si vous devez être opéré(e) ou faire des examens ;
- **Nouer des relations solides.** Des relations satisfaisantes sont la base d'une vie heureuse. Si vous êtes marié(e), fiancé(e) ou si vous avez un cercle d'amis très proches, le temps que vous consacrez et l'attention que vous portez aux autres vous sont rendus au centuple. Si vous recherchez l'âme sœur, les décisions prises concernant les qualités recherchées chez l'autre et ce que vous souhaitez apporter dans une relation vont façonner votre avenir pour le meilleur et pour le pire.

Étape 2 : évaluer le temps dont vous disposez pour prendre la décision

Quand le temps vous manque, la prise de décision devient une véritable lutte. Parfois, vous devez la prendre immédiatement car c'est une question de vie ou de mort. Par exemple, il y a plus de dix ans, les médecins ont découvert que mon père avait quatre artères bouchées au niveau du cœur, ce qui signifiait qu'une crise cardiaque était imminente. Il devait décider *instantanément* de subir un pontage. Il fut admis immédiatement à l'hôpital et opéré le lendemain matin à la première heure.

Par chance, peu de décisions doivent être prises aussi vite et sont une question de vie ou de mort. C'est ce qui explique probablement le talent de la plupart des gens pour la tergiversation. La clé : fixer une date limite raisonnable, avec un délai fixe mais confortable pour passer en revue les options que vous avez. En matière de prise de décision, il vous faudra peut-être ralentir le processus, prendre le temps de réfléchir avant de vous lancer. La réflexion est toujours préférable. Être impulsif dans ses prises de décisions génère souvent des regrets.

TRUC

Voici quelques questions à vous poser lorsque vous réfléchissez à un délai raisonnable pour prendre une décision. Ce sont les réponses apportées qui guideront la suite du processus :

- Cette décision s'accompagne-t-elle d'une date limite incontournable ?
- Vous arrivera-t-il quelque chose de bien si vous prenez une décision avant une certaine date ? Vous arrivera-t-il malheur si vous ne la respectez pas ?
- Qu'est-il susceptible de se passer si vous prenez la mauvaise décision dans ce délai imparti ?
- Quelles sont les conséquences d'un éventuel report de cette décision ? Pourrez-vous (ainsi que votre famille) vivre avec ?

Étape 3 : s'en tenir à deux options

Quand vous êtes face à un dilemme, il est utile de réduire le nombre d'options. Si j'ouvre le placard de ma fille de deux ans et que je lui dis : « Bon, Annabelle, quels vêtements veux-tu mettre ? », elle m'épuise en changeant plusieurs fois d'avis. Ma femme Joan a une meilleure stratégie : elle ne lui donne que deux choix.

J'appelle cette technique le *choix de l'alternative* et cela fait 20 ans que je l'emploie dans mon activité commerciale. Je n'offre à chaque client potentiel que deux options. Pourquoi ? À cause de l'embarras du choix. Plus les options sont nombreuses, plus il est difficile de se cantonner à une seule. Les recherches montrent que vous êtes plus satisfait de votre décision si le choix est restreint.

Les décideurs les plus doués et rapides sont les gens qui adaptent leurs décisions à leurs objectifs personnels et professionnels. Cela simplifie les choses. Identifier ses objectifs, ses principes, ses valeurs et le but de sa vie est une première étape importante (je vous aide à les consigner par écrit dans le chapitre 2). Vérifiez ensuite quelles sont les options qui ne sont pas conformes à vos objectifs et rayez-les de votre liste.

Pour réaliser une première évaluation de vos options, vous devez vous fixer un délai de prospection limité (une heure en ligne, une demi-heure d'appels téléphoniques ou une demi-journée de visites commerciales dans les magasins). Ensuite, à partir de votre recherche rapide, choisissez les deux options les plus en phase avec ces objectifs, priorités et valeurs. Ce travail peut s'avérer difficile si chaque option concerne plusieurs objectifs. Vous devrez alors décider quelles sont celles qui répondent à vos objectifs les plus importants. Je trouve souvent que l'application des filtres suivants facilite l'opération :

- Imposez-vous une fourchette de prix afin de réduire les options ;
- Fixez des critères de base afin de réduire les possibilités (tongs ou escarpins à bride ; restaurants asiatiques dans le 13e arrondissement ; postes sur la Côte d'Azur).

S'il se trouve que des ressources limitées réduisent prématurément vos options, reprenez vos objectifs et réévaluez vos ressources. Dressez la liste de toutes les choses qui vous manquent, classez-les par catégorie, puis réfléchissez à des façons de combler les lacunes que présente votre plan. Je vous aide à réaliser cette autoévaluation dans le chapitre 2.

Étape 4 : faites confiance à votre instinct

Votre corps est un partenaire de poids en matière de prise de décision, que vous suiviez ou non ses indications. En conséquence, avant de consacrer beaucoup de temps à rechercher une mesure en particulier, cessez de réfléchir et notez ce que vous ressentez au plus profond de vous-même. Que vous dit votre intuition ?

Nombreuses sont les personnes à ressentir dans la région de l'estomac un malaise caractéristique lorsqu'elles doivent prendre certaines décisions. Pas besoin d'avoir une indigestion pour savoir qu'une décision ne vous met pas en forme. Et, croyez-moi, toutes les données positives possibles ne dissiperont pas cette impression instinctive à propos du résultat. Les meilleures décisions sont à la fois frappées du bon sens et résultent d'une intuition favorable.

Étape 5 : rechercher ses meilleures options

Plus vous recueillez de données pour étayer votre décision, plus vous affichez de la confiance face à l'incertitude. Voici d'excellentes manières de réunir des informations susceptibles de vous aider à vous décider entre les deux meilleures options existantes :

- Lire un livre écrit par un expert ;
- Consulter une personne qui a déjà fait le choix en question ;
- Recueillir l'avis de membres de votre famille ou d'amis qui seront touchés par votre décision ;
- Poster une question sur un forum traitant du sujet ;
- Lire des revues spécialisées, des sites web et des blogs axés sur le marché visé ou le domaine concerné.

ATTENTION !

L'utilité des données pour votre quête s'accompagne d'un avertissement : à notre époque, il est facile de se noyer littéralement dans un océan d'informations. Dans ce cas, c'est la paralysie analytique qui vous guette. Par conséquent, au cours de vos recherches, vérifiez que les données sont de qualité, crédibles et exploitables. N'oubliez pas que celles-ci sont seulement destinées à vous *accompagner* dans votre prise de décision. Ne laissez personne choisir à votre place.

Étape 6 : trouver le moyen le plus efficace d'obtenir le résultat souhaité

Observez de près ce à quoi vous aspirez en quantifiant (dans la mesure du possible) le coût de votre décision, en matière de temps et d'argent, d'efforts et de ressources, aussi bien à court qu'à long terme. Jetez ensuite un œil au résultat souhaité afin d'identifier le meilleur itinéraire pour atteindre votre destination.

Le succès est subjectif. Ce que je juge important ou la façon dont j'évalue le coût d'un résultat est *personnel*. Vous devez faire ce qui vous convient. Voici quelques questions pour orienter votre réflexion :

- Comment saurez-vous que vous avez atteint un niveau de succès qui vous convient ?
- Combien de temps cela prendra-t-il ? Le jeu en vaut-il la chandelle par rapport à la quantité de temps et d'argent nécessaires ?
- Quel serait pour vous un résultat satisfaisant ? Quel serait un résultat exceptionnel à vos yeux ?
- Que souhaitez-vous faire pour atteindre le niveau satisfaisant ?
- Les résultats sont-ils quantifiables ? Comment vous y prendriez-vous pour les mesurer ?

Vous pouvez dresser une liste des avantages et des inconvénients pour affiner l'itinéraire le plus direct vers le résultat escompté. Dans le même temps, classez chacune de vos priorités sur une échelle de 1 à 10.

Évaluer les résultats et procéder à des ajustements

TRUC

Une fois votre décision mise en œuvre, veillez à évaluer les résultats. La plupart des gens font l'erreur de tarder à réaliser cette évaluation. Le talent du décideur consiste notamment à changer de cap quand il est certain de faire fausse route. Évaluer les résultats à intervalles réguliers vous aide à décider quand il est temps de prendre une autre direction. C'est comme au golf : ce ne sont pas les coups insignifiants qui ruinent votre carte de score, mais les mauvais coups que vous faites à la place d'excellents coups. Le coup à jouer après un mauvais coup est d'une importance capitale. Assurez-vous d'accorder à votre projet suffisamment de temps pour lui donner une chance de se transformer en succès. Essayez de procéder à de petits ajustements avant d'abandonner votre décision. Réorientez vos choix.

Voici des questions à vous poser à court terme afin de voir si un changement se justifie :

- Comment se situe le résultat par rapport à vos attentes ?
- Avez-vous atteint les objectifs fixés ?
- Comment pourriez-vous améliorer les résultats que vous essayez d'obtenir ?
- Si vous aviez su dès le départ ce que vous savez maintenant, auriez-vous choisi le même itinéraire ?
- Si vous deviez changer quelque chose, quel serait ce changement ?
- Quel résultat vaudrait que vous effectuiez un changement ? Quelle est la probabilité que le changement entraîne le résultat escompté ?

Affiner son approche en fonction de son profil comportemental

Chacun réagit différemment aux situations appelant des décisions importantes. Certaines personnes sont naturellement à l'aise face à la prise de risque et n'ont pas besoin d'informations pour prendre leur décision. D'autres réclament une analyse bien plus détaillée des faits avant de passer à l'action. Il n'y a pas de bonne ou de mauvaise attitude. Mais connaître son profil comportemental DISC (rapport sur vos préférences et votre style comportemental) peut aider à comprendre ses tendances naturelles.

DISC est un acronyme : *Dominance*, *Influence*, *Stabilité* et *Conformité*. La plupart des gens affichent un score élevé dans deux ou trois de ces quatre domaines, ce qui met en exergue les faiblesses que l'on retrouve couramment chez les personnes qui présentent souvent les mêmes tendances comportementales. Votre score au DISC offre un panorama réaliste de la façon dont vous réagissez face à une situation stressante, de la quantité de données dont vous avez besoin pour prendre une décision et du rythme auquel vous aimez travailler.

ATTENTION !

Vous n'en avez peut-être pas conscience, mais votre style DISC, et celui des personnes de votre entourage, à la maison comme au travail, s'expriment pleinement dans les situations complexes, quand la pression est présente et que vous avez des décisions lourdes à prendre. Quand vous êtes en retard dans le paiement de vos factures, êtes submergé(e) par un projet ou avez des problèmes à la maison, vos tendances naturelles peuvent vous faire prendre de mauvaises décisions. Comprendre votre style DISC vous aide à identifier les erreurs et à modifier votre comportement avant qu'il ne soit trop tard. Vous pouvez vous fixer des règles pour rester sur les bons rails et améliorer vos compétences en matière de prise de décision.

Cette section vous aide à comprendre les quatre domaines ainsi que vos tendances naturelles. Vous allez également découvrir comment les gens peuvent, face aux mêmes circonstances, réagir différemment en fonction de leur style.

ANECDOTE

Je suis un influent dominant, ce qui signifie que je suis enclin à rechercher les risques. Mais j'ai appris qu'il me fallait quelqu'un pour me freiner. Heureusement, ma femme est stable, douée pour chercher les détails (que je prenais autrefois pour de menus détails), lesquels sont extrêmement précieux pour prendre de bonnes décisions. J'aurais commis bien moins d'erreurs dans ma vie privée et professionnelle si j'avais compris cela étant jeune marié.

Le dominant

La *dominance* mesure votre faculté de réagir aux problèmes et difficultés. Les gens dont le score est élevé dans ce domaine ont tendance à avoir de l'assurance, à être directs, concentrés et animés d'une certaine foi en eux. Ils sont plus enclins à suivre leur instinct que les conseils d'autrui et ils prennent rapidement des décisions sur la base de résultats.

La personne très dominante est *directive*. Le facteur de la dominance pousse ces personnes à prendre des décisions courageuses et risquées. Ces individus sont confiants, décisifs, aiment la compétition, sont agressives et parfois exigeantes. Elles adorent les défis pour la stimulation apportée et peuvent se retourner pour s'exclamer : « Regardez ce que j'ai accompli ! »

Les dominants se focalisent sur le résultat, l'atteinte de leur objectif. Si leurs actions ou décisions ne conduisent pas au résultat escompté, ils essaient généralement de les oublier. Les dominants sont des organisateurs qui vont à l'essentiel. Il leur faut donc moins de paperasse et les étapes inutiles d'un processus sont vite éliminées.

Ils sont très motivés, arrivent au bureau tôt, partent tard et sont prêts à presque tout pour réussir. Ils travailleront longtemps, sans ménager leurs efforts pour atteindre leurs objectifs.

Les tendances naturelles d'un dominant sont d'être direct, agressif et pointu dans la prise de décision, ainsi que rapide à la fois dans son discours et quand il s'agit de faire un choix. Ses cycles de décision sont courts, les problèmes et imprévus ne lui font pas peur, il a un ego développé et affiche un désir farouche de décrocher les résultats souhaités.

TRUC

Si votre score est élevé en matière de dominance, vous devez utiliser votre force de conviction et votre instinct mais ralentir suffisamment pour que les faits soutiennent votre intuition. Prenez bien soin d'évaluer avec minutie les données concernant vos options et prenez en compte les inconvénients associés avant de prendre une décision.

La trajectoire du DISC

Le DISC est un langage universel d'observation des êtres humains qui mesure comment ces derniers agissent et réagissent dans certaines situations. Le profil comportemental à quatre points remonte aux découvertes d'Empédocle en 444 av. J.-C. Hippocrate a affiné le DISC en 440 av. J.-C. en définissant quatre humeurs ou tempéraments : sanguin, mélancolique, colérique et flegmatique. En 1928, le Dr William Marston, diplômé de Harvard, a publié son ouvrage de référence, intitulé *The Emotions of Normal People*, qui établit une version plus moderne de la théorie du DISC utilisée aujourd'hui par des centaines de milliers d'entreprises pour le recrutement de personnes aux postes les plus importants.

L'influent

L'*influence* mesure votre réaction aux personnes. Un score élevé en matière d'influence révèle souvent des personnes amusantes, charmantes, bavardes et optimistes quant aux résultats des décisions qu'elles prennent. Elles fondent leurs décisions sur l'émotion (certains appellent cela l'*intuition*) et se laissent influencer par ce qu'elles ressentent à propos d'une situation ou d'un problème.

La personne influente est également considérée comme expressive, sanguine, enthousiaste, sociable, persuasive, optimiste, bien dans sa personne et populaire. Elle veut mettre systématiquement de la joie dans ce qu'elle fait. Ses décisions doivent présenter un caractère amusant.

Les personnes influentes respirent l'optimisme et l'enthousiasme dans la vie et dans leur travail. Quand le chemin est semé d'embûches ou si la décision à prendre est particulièrement complexe, c'est l'optimisme et la perspective d'un résultat positif qui les portent. Elles sont également très émotives. Cela signifie que leurs sentiments et émotions peuvent influer considérablement sur leurs actes.

Elles ont besoin d'échanger et de s'exprimer, d'avoir un dialogue intérieur et extérieur à propos de la décision qu'elles s'apprêtent à prendre. Face aux autres, elles tiennent à trouver un accord avec l'autre partie et à ce que celle-ci soit également enthousiaste et optimiste.

Les personnes influentes ont une soif de reconnaissance et veulent être aimées. Elles se comprennent et instaurent facilement et rapidement une grande confiance avec les autres. Elles communiquent également leur confiance (souvent sans faire de distinction) aux autres. On peut également profiter d'elles. Un beau parleur qui a l'art de bien présenter les choses peut les inciter à prendre une décision. Le niveau de confiance augmente, les barrières tombent et elles se décident à partir se retirer dans un monastère tibétain du jour au lendemain.

La personne influente a naturellement tendance à être extravertie, à aller au-devant des autres, à être sociable, persuasive et dynamique mais amicale. Son manque d'analyse est légendaire. Son mot d'ordre est : « Si tu le sens bien, fais-le. »

Si votre score est élevé en matière d'influence, posez des limites afin de vous protéger. Fixez des règles, comme de ne faire un achat conséquent qu'après 24 heures de réflexion ou après en avoir parlé à quelqu'un. Soumettez vos idées à autrui (de préférence une personne stable ; voir la section suivante) avant de passer à l'action. En fait, vous avez besoin de trouver un système pour vous freiner.

Le stable

La *stabilité* mesure votre faculté de réagir au rythme où vont les choses autour de vous. Les personnes au score élevé en matière de stabilité ont tendance à être très méthodiques et prudentes dans leur approche de n'importe quel objectif. Elles disposent d'un processus qui fonctionne bien pour elles et ne veulent pas se décider ou agir dans la précipitation. Quand elles peuvent évoluer à leur rythme, elles sont détendues et extrêmement patientes.

La personne stable prend ses décisions avec patience, persévérance et sincérité. Elle sait écouter car elle tient avant tout à servir les personnes qui l'entourent. Elle souhaite recueillir des avis, non pour se mettre en avant et être reconnue mais pour obtenir des éléments. Elle prend la plupart des décisions en toute décontraction mais, lorsque le stress devient extrême, elle se replie dans sa coquille et n'en ressort pas, même si une explosion nucléaire survient.

Les stables sont plus des personnes de l'ombre qui font passer l'intérêt de leur famille, de leurs clients, de leurs collègues et de leur entreprise avant le leur. Elles se font passer en dernier pour n'importe quelle décision, jusqu'à ce qu'elles aient atteint leur limite. Mais, dans ce cas, c'est l'éruption du Vésuve.

Une fois que le stable a pris une décision, il est inflexible. Il veut terminer ce qu'il a commencé et voir la concrétisation de ses décisions. Il peut lui arriver de s'accrocher trop longtemps à une mauvaise décision avant d'opérer un changement.

Les stables ont tendance à être structurés, à prendre peu de risque et à se montrer prévisibles dans leur façon de prendre des décisions. Ils sont persévérants, organisés, impassibles, s'adaptent lentement, ont un rythme lent et évitent les conflits lorsqu'il s'agit de recueillir et d'évaluer les faits. Dans le processus de décision, ils n'atteignent jamais aucun extrême et restent mesurés.

Ce sont des chercheurs remarquables qui héritent souvent de la tâche de collecte d'informations afin qu'une autre personne ou une équipe prenne la décision. Ils peuvent cependant se sentir pressés d'agir par une équipe, ce qui les met mal à l'aise. Les stables demeurent malgré tout orientés vers les autres, le processus de délibération pouvant alors devenir extrême.

N'OUBLIEZ PAS !

Si votre score est élevé en matière de stabilité, sachez que, si d'autres personnes sont impliquées dans la prise de décision, vous pourriez avoir du mal à les convaincre de la validité de vos conclusions par manque d'enthousiasme. C'est plus particulièrement vrai si vous venez d'arriver à votre poste.

TRUC

Si vous avez tendance à être très stable, n'oubliez pas que le changement est parfois nécessaire. Vous pourriez peut-être donc être contraint(e) de changer de cap de temps en temps.

Quand vous vous sentez stressé(e), veillez bien à prendre du recul et à évaluer la situation afin de savoir si la meilleure approche est de changer votre fusil d'épaule.

Le conformiste

Le *conformisme* mesure votre faculté de réagir aux règles et procédures fixées par les autres. Les individus présentant un score élevé en matière de conformisme sont souvent précis et ont le souci du détail. Leur peur de se tromper est extrême et les pousse souvent à revenir recueillir des données supplémentaires. La procédure de prise de décision est lente et méthodique. Ils utilisent leur précision, leur diplomatie, leur capacité à créer des systèmes et leurs normes personnelles élevées pour prendre avec exactitude la bonne décision.

Ils planifient méticuleusement leur processus de décision, questions, informations auxiliaires, évaluations, feuilles de calcul, probabilités de succès, risques et organisation avant d'opérer le choix final. Pour un individu très conformiste, un score de 95 % laisse trop d'inconnues, avec un risque de résultat négatif trop élevé.

Les conformistes ont une approche polie et courtoise. Ils interrogent avec prudence, précision, sérieux, patience et objectivité en s'appuyant sur des éléments concrets. Ils présentent une nature introvertie et sont donc plus orientés vers les tâches que vers les relations.

TRUC

Si vous êtes conformiste, vous allez devoir vous forcer à définir exactement les informations, données, évaluations et éléments dont vous avez besoin pour être convaincu d'avoir pris la bonne décision. À mesure qu'approche le moment de prendre la décision, veillez à ce que votre recherche d'informations ne devienne pas obsessionnelle, ce qui est souvent une tactique inconsciente pour vous épargner une décision. Pour éviter ce piège, vous devez prévoir à l'avance les dimensions qui, quoi, quand, comment et combien de temps afin de ne disposer que des informations nécessaires avant de passer à l'action.

Prendre conseil pour sortir de l'impasse

Les conséquences sont réelles et, en fonction de l'importance et de la portée de la décision à prendre, votre peur de les affronter suite à un mauvais choix est somme toute naturelle. Vous pouvez vous rendre compte que vous ne disposez pas ou ne savez pas comment obtenir toutes les informations dont vous avez besoin pour prendre une décision en toute connaissance de cause. Les aléas de la vie ont peut-être mis à mal votre meilleur plan et vous ne savez pas quelle direction prendre désormais. Vous vous retrouvez donc dans une impasse.

TRUC

Avant de faire fausse route ou de vous retrouver dans l'embarras, essayez d'identifier un certain nombre de personnes ayant déjà dû affronter les difficultés que vous rencontrez, puis appelez-les si vous avez besoin de garder les pieds sur terre, de conseils d'expert ou simplement d'essayer les idées auxquelles vous pensez.

Apprendre des succès ou des échecs des autres

Parfois, le rôle le plus précieux qu'un tiers peut jouer est celui de modèle, par rapport à ce qui fonctionne… ou ne fonctionne pas. Vous pouvez apprendre plein de choses en étudiant les enseignements tirés par autrui, souvent par tâtonnement.

N'OUBLIEZ PAS !

Le tâtonnement est la façon d'apprendre la plus coûteuse en termes de temps, d'argent, d'efforts et d'émotions. Pourquoi réinventer la roue ? Il y a de fortes chances que quelqu'un d'autre ait déjà ouvert la voie vers la solution dont vous avez besoin. Étudiez les décisions de personnes ayant réussi que vous admirez et découvrez une mine d'or de conseils dans tous les domaines de la vie (des affaires au bien-être personnel), que vous pouvez appliquer. La plupart des auteurs de biographie font part de leurs succès et échecs, ce qui est un excellent moyen de connaître les itinéraires à suivre et de prendre garde aux chausse-trapes.

On apprend souvent plus de la défaite que de la victoire. Si vous observez les autres attentivement, vous pourrez voir les choses à ne pas faire, ce qui est souvent plus utile que de savoir quoi faire.

Ce n'est pas parce que d'autres personnes ont échoué que l'idée, la stratégie ou le système qu'ils ont mis en place sont bons à jeter. Voici quatre facteurs à prendre en compte pour vérifier si l'échec est l'éventualité la plus probable :

- **Le moment choisi.** Il arrive que ce ne soit pas le bon moment (trop tôt ou trop tard) pour prendre une décision ou lancer un projet ;
- **La mise en œuvre.** La décision d'agir était bonne mais l'action n'a pas été bien planifiée. Le plan n'a peut-être pas été assez détaillé pour réussir ou était mal conçu. Les différentes étapes du processus ne convenaient pas et la décision était donc vouée à l'échec ;
- **La personne qui applique le plan.** La décision, le moment, le plan et les différentes étapes peuvent être satisfaisants mais l'échec est tout de même au rendez-vous. C'est peut-être dû au fait qu'on n'a pas choisi la bonne personne car celle-ci n'avait pas les bonnes compétences ;
- **La durée.** Il est nécessaire de s'en tenir au plan pour réussir. Souvent, les gens abandonnent avant de savoir réellement si leur décision va porter ses fruits comme prévu ou s'il faut procéder à des ajustements. Cela entraîne une perte de temps considérable. Dans les affaires, si vous avez innové en matière de stratégie, de marketing, de pratiques commerciales, de management, de personnel et de service client, il faut plusieurs mois avant de savoir si vos efforts sont récompensés. Tout ce temps est en effet nécessaire pour recueillir les données qui vous conforteront ou non dans votre décision. Lorsque vous observez les échecs des autres, demandez-vous s'ils se sont accordé assez de temps pour que leur décision ou plan se concrétise triomphalement.

Obtenir un point de vue différent sur des situations similaires

Avoir de nouvelles idées est capital pour progresser. Mais vous ne pouvez pas toujours avoir les meilleures idées en vous y prenant tout(e) seul(e). Vous êtes parfois trop impliqué(e) dans la situation pour trouver la bonne solution. Vous n'êtes pas en mesure de déceler les éléments changeants. Vous pouvez être trop impliqué(e) émotionnellement et laisser vos sentiments influer sur votre jugement de la réalité.

Il est très facile d'être immergé dans une situation au point de ne plus pouvoir la percevoir. Dans ce cas, un œil neuf peut vous remettre sur la bonne voie. Développez votre capacité à innover en étudiant les idées des autres. Souvent, il faut simplement une bonne idée associée à la décision d'agir pour réussir dans la vie. Résolvez-vous à lire plus, à écouter plus de CD sur la réussite professionnelle, à assister à plus de séminaires et à faire des séances de brainstorming avec d'autres personnes. Voici quelques-uns de mes livres préférés :

- *Réfléchissez et devenez riche*, par Napoleon Hill ;
- *Focal Point* (en anglais), par Brian Tracy ;
- *La Puissance de la pensée positive*, par le Dr Norman Vincent Peale.

Se tourner vers un mentor ou un coach

Nombre des personnes ayant le mieux réussi ont tiré parti des conseils d'un mentor. Pourquoi ne pas demander à un ami ou professeur plus expérimenté de vous faire part de son expérience ? Certaines écoles et professions ont des programmes de mentor dont le principe est d'associer un nouveau venu à un collègue plus expérimenté pour le guider et le faire progresser.

Une autre option consiste à se payer les services d'un coach. Il vous aidera non seulement à clarifier vos objectifs personnels, professionnels ou amoureux, mais vous orientera également dans la mise en place de stratégies qui vous permettront d'atteindre chaque jalon et (c'est peut-être le plus important) de vous responsabiliser au cours du processus de mise en œuvre. Les coachs professionnels sont souvent spécialisés dans différents domaines (gestion du personnel, gestion de l'entreprise, gestion du stress, *leadership*).

Quatrième partie

Garder son efficacité au contact des autres

« Georges et moi avons passé ensemble plus de 120 heures à analyser les données de l'enquête et voici ce que nous avons découvert : Georges m'emprunte des stylos et ne me les rend jamais, il fait exprès de faire grincer son fauteuil pour m'embêter et, apparemment, je parle dans mon sommeil. »

Dans cette partie...

Dans le monde du travail, il n'y a pas de surveillant pour dire à votre collègue d'arrêter de vous déranger et de retourner dans son bureau. Il n'y a pas de cloche pour sonner la fin de la réunion. Il n'y a pas d'avertissement quand un client manque un rendez-vous. Mais, quand on attend de vous que vous affichiez un certain niveau de performance, il n'existe aucune excuse pour un travail inacceptable. Voilà pourquoi quelques nouvelles leçons sur la façon de gérer les réunions, les rendez-vous, les présentations et les autres activités réalisées en compagnie de collègues, clients et associés amélioreront à coup sûr vos compétences en matière de gestion du temps. Le chapitre 11 vous aide à remettre votre patron sur les bons rails, tandis que le chapitre 12 traite les réunions avec les collègues (comment organiser et animer une réunion productive et opportune). Enfin, le chapitre 13 étudie comment prendre rendez-vous avec des clients, présenter vos idées et faire avancer les choses afin d'obtenir plus rapidement une réponse positive.

Chapitre 11

Faire face à un patron ou un chef qui n'est pas un maître du temps

Dans ce chapitre :

- Aider son patron à respecter les délais
- Protéger son temps personnel
- Subir et corriger un patron qui remet tout à plus tard ou s'avère un bourreau de travail

Je suis entré dans le monde du travail en pensant être impressionné par ceux qui tenait les rênes. Tous ces gens en savaient indéniablement plus que moi, travaillaient aussi dur, voire plus dur que moi et apportaient aux employés tout ce dont ils avaient besoin pour réaliser des performances remarquables et finir par bénéficier à leur tour d'une promotion. Après tout, il y a bien une raison pour qu'il soit le *patron*, non ? Cependant, j'ai depuis lors découvert que, s'il existe bon nombre de bons chefs ou patrons, tous les cadres et responsables ne sont pas des employés modèles et que même des patrons de qualité peuvent s'avérer de piètres gestionnaires du temps.

Un patron qui gère efficacement le temps peut vous apporter des choses en termes de carrière. Mais, si vous avez au-dessus de vous un individu qui fait simplement beaucoup de vent ou qui est moyen en matière de gestion du temps, trois choix s'offrent à vous :

- **Faire avec, en sachant que vos possibilités d'avancement sont susceptibles de chuter car d'autres équipes et départements risquent de vous passer devant.** Quels que soient vos efforts pour surmonter la difficulté, cette situation se répercute de manière regrettable sur vos compétences et capacités. En outre, le stress va mettre à mal vos perspectives d'avancement et votre santé physique et mentale ;

- **Fuyez, pour rejoindre un autre département ou poste, voire, carrément, une autre entreprise.** Mais, si vous changez de crémerie, il est possible que vous abandonniez quelques avantages (facilités pour prendre des congés, par exemple), voire un environnement dans lequel il fait bon travailler ;
- **Aidez gentiment et discrètement votre patron à vous fournir les outils dont vous avez besoin pour faire votre travail dans les délais qui vous sont impartis.** La réalisation de ces objectifs fera baisser votre stress, améliorera votre vie professionnelle, multipliera les possibilités d'avancement et vous rendra plus précieux(se) aux yeux de l'entreprise. Voilà pourquoi ce chapitre va vous aider à étudier l'impact du style de votre chef sur votre productivité et votre capacité à gérer votre temps. Il va également vous dire comment concevoir et mettre en œuvre un plan d'action pour améliorer son style si besoin est.

Remplir ses objectifs pour aider son patron ou son chef à atteindre les siens

N'OUBLIEZ PAS !

Que vous le vouliez ou non, le temps de votre patron est plus précieux que le vôtre. Déléguer des activités à la personne compétente la moins bien payée (qui peut mener à terme des missions aussi bien que le patron tout en permettant à ce dernier de se concentrer sur des tâches de plus haut niveau et plus précieuses) est une pratique élémentaire dans le monde de l'entreprise. Votre objectif est d'offrir à votre patron plus de temps pour lui. Plus vous prenez en charge de choses, mieux c'est pour votre patron et vous-même. Dans l'idéal, votre salaire augmente et vos possibilités d'avancement sont directement liées à la valeur que vous revêtez pour votre patron, au soutien que vous lui apportez et à votre contribution au département dans lequel vous travaillez.

ANECDOTE

J'anime des séances de coaching avec des commerciaux du monde entier et j'ai plein de clients dans l'immobilier, les assurances et la planification financière. Les meilleurs acteurs dans ces secteurs ont des assistants et je dis à ces derniers que l'une de leurs missions les plus importantes est de faire en sorte que leur patron s'attelle à prospecter tous les jours.

Les meilleurs patrons ou chefs ont déjà évalué leur personnel (et eux-mêmes) et utilisent ces informations pour minimiser les faiblesses de leur équipe en optimisant leurs points forts. Bien entendu, vous n'avez peut-être pas un patron de la « race des grands » mais simplement un bon patron qui n'a pas cette capacité ou n'a pas encore découvert comment en tirer pleinement parti.

Les employés attendent souvent la perfection de la part de leur chef et *vice versa*. Commencez par comprendre que vous et votre patron êtes tous deux des êtres humains, avec vos faiblesses. Ceci dit, connaître le mode de fonctionnement de votre patron vous facilite la vie à tous les deux et s'avère essentiel pour réussir.

Prenez du recul et observez votre patron le plus objectivement possible. Commencez par ces questions d'ordre général auxquelles il répond quand il réalise votre évaluation et repérez des signaux dans les conversations que vous avez avec lui :

- Quels sont les objectifs à long terme de votre patron ? On ne s'avance pas trop en disant que la plupart des gens en veulent toujours plus : plus d'argent, plus de prestige, plus de défis.
- Quelles sont les forces de votre patron ?
- Quelles sont les faiblesses de votre patron ?
- Qu'est-ce qui agace le plus votre patron ?
- À quoi votre patron emploie-t-il le mieux son temps ?

Une fois cette évaluation réalisée, essayez de trouver des moyens de mieux soutenir votre patron. Cela vous mènera à l'instauration d'une relation de travail bien huilée avec lui et améliorera votre productivité respective. (Et évaluer les performances de quelqu'un d'autre est une compétence qui a une place de choix sur un CV, car elle vous servira quand ce sera *vous*, le patron!) Posez-vous les questions suivantes :

- Comment puis-je contribuer à diminuer l'agacement de mon patron?
- Comment puis-je aider mon patron à passer plus de temps sur des tâches qu'il est le seul à pouvoir exécuter?

Se fixer des limites

Un employé responsable se caractérise entre autres par sa capacité à se fixer des limites, aussi bien en termes de responsabilités qu'en termes d'équilibre entre vie privée et vie professionnelle. Cela ne signifie cependant pas que vous deviez être sur la défensive avec votre employeur. L'objectif est de maintenir une relation de travail positive. Vous avez besoin d'un équilibre salutaire entre travail et temps libre afin d'être efficace et, en même temps, vous devez veiller à être une ressource précieuse, fiable et assidue pour votre employeur.

Il peut vous arriver de vous retrouver dans une situation où votre employeur ne perçoit pas ce besoin d'équilibre. C'est souvent le cas quand vous avez pour patron un bourreau de travail. La plupart des bourreaux de travail pensent que tout le monde fonctionne comme eux. Si ce n'est pas votre cas, il pourrait estimer que votre investissement n'est pas en adéquation avec le sien parce que vous faites moins d'heures que lui (c'est incroyable!).

Vous pouvez vous attendre à devoir rester plus tard au bureau de temps en temps, en fonction des impératifs, mais faites en sorte de ne jamais devenir le souffre-douleur ni faire des journées à rallonge parce que c'est le cas de votre patron. Voici des solutions :

- **Indiquez que vous souhaitez rester dans la limite du raisonnable.** Faire respecter vos limites, c'est communiquer sur votre vision des choses raisonnables afin de ne pas vous ruiner la santé. En même temps, vous souhaitez apporter votre soutien et signaler que vous êtes prêt(e) à fournir des efforts supplémentaires.

Mais, votre objectif est que les heures supplémentaires demeurent l'exception au lieu de devenir la règle. Voici des moyens d'aborder avec tact des problèmes d'emploi du temps :

- *« J'ai X projets à terminer pour la date que vous m'avez indiquée. Quelle mission souhaitez-vous que j'abandonne ou que je reporte pour pouvoir suivre ce projet ? »*
- *« J'apprécie la confiance que vous me témoignez, mais je sais que si je prends en charge ce projet, mes autres responsabilités et engagements vont en pâtir. »*
- *« Je peux le faire mais je crains de ne pouvoir finir avant le milieu de la semaine prochaine. Ça vous convient ? »*
- *« J'ai plein de projets essentiels en attente actuellement. Pouvons-nous faire un tour d'horizon des dossiers les plus importants pour les deux ou trois prochaines semaines et voir ce que je peux raisonnablement faire dans ce laps de temps ? »*

- **Fixez des limites claires concernant votre temps libre.** La plupart des bourreaux de travail continuent de vous charger la barque à moins que vous défendiez activement votre temps libre en ayant des activités programmées. Considérez les activités familiales comme n'importe quel rendez-vous professionnel (voir le chapitre 3). Matchs de foot, cours de danse, catéchisme, voire repas de famille sont des événements à ne pas manquer. Contentez-vous de dire à votre bourreau de travail de patron que vous avez des choses prévues et que vous n'êtes donc pas disponible.

  ATTENTION !

  Il faudra bien que vous acceptiez la réquisition de votre patron, au moins de temps en temps. Vous ne pouvez pas toujours dire que vous êtes pris(e), sous peine que votre patron prenne votre indisponibilité pour un manque d'investissement. Pour compenser cette perception, vous souhaiterez peut-être en dire un peu plus sur la raison de votre indisponibilité : « L'équipe de football de mon fils Mourad joue le match le plus important de la saison et il sera vexé si je ne suis pas là. » À d'autres moments, un simple « J'ai déjà quelque chose de prévu » ou « Je suis pris » suffit. Se justifier n'est pas toujours une obligation ;

- **Sachez quand dire « non » (avec élégance, bien sûr).** Pas besoin de suivre une formation sur les bonnes manières pour découvrir comment dire « non ». Il vous faut simplement quelques expressions éprouvées. Voici quelques-unes de mes préférées :
  - *« Je dois me rendre à (telle manifestation sportive, anniversaire ou concert) et je ne peux pas y couper. J'ai promis à (mon fils, ma fille, ma femme, mon petit-fils, ma petite-fille, mon cousin au troisième degré). »*
  - *« Ah, si vous aviez pu me le demander il y a deux jours ! J'ai déjà pris des billets pour l'opéra »* ou : *« Je suis désolé(e). Nous faisons un stage de macramé en famille. Cela fait des mois que nous attendons ça. »*
  - *« Je vous dis ça demain, je dois vérifier avec ma femme si nous avons prévu quelque chose. »*

Se préparer à soulever des problèmes avec son patron ou chef

Si toutes vos tentatives ont échoué (ou si votre travail est rapidement devenu intolérable), vous souhaiterez peut-être avoir une conversation sérieuse avec votre patron. Si vous êtes chaque jour de plus en plus exasperé(e), ne tardez pas à vous entretenir avec lui. Attendre jusqu'à ce que vous soyez prêt(e) à exploser ne saurait servir votre cause. Si cela vous aide, préparez-vous en vous faisant une fiche, puis toquez à la porte de son bureau. Exprimez-vous de manière claire, honnête, calme, concise et affirmée.

Identifier les problèmes et réunir les preuves

L'attribution des missions suit généralement un courant descendant et la façon dont votre chef délègue ces responsabilités peut avoir des répercussions considérables sur votre emploi du temps. L'une des situations professionnelles les plus agaçantes est de travailler pour un chef qui vous colle plusieurs choses à faire en même temps ou un bourreau de travail qui attend de ses troupes qu'elles s'exécutent à la vitesse de la lumière. Si les tergiversations, la désorganisation ou la soif d'avancement démesurée de votre chef (ce qui lui a peut-être permis d'arriver là où il en est !) affecte votre travail ou met en péril votre carrière, essayez d'employer les techniques suivantes :

1. **Identifiez le problème, en faisant le tour des dimensions qui, quoi, où, quand, comment et pourquoi.**

   Où perdez-vous le plus de temps ? Dressez une liste d'exemples pour étayer votre argument. Où se situent les plus gros problèmes ? Les choses ne sont-elles pas assez planifiées ? Vous prévient-on trop peu de temps à l'avance ? Êtes-vous surchargé(e) ? L'organisation est-elle mauvaise ?

   Vérifiez également que *vous* ne constituez pas une partie du problème : prenez-vous sous votre bonnet la responsabilité de résoudre vous-même certains problèmes ? Attendez-vous que quelqu'un vous dise en détail comment mener à bien les différentes phases d'un projet ?

2. **Réunissez les faits qui témoignent du problème.**

   Si votre charge de travail est impossible à assumer, essayez de tenir un relevé de temps pendant quelques semaines. Votre patron est peut-être à l'origine de l'empilement des dossiers sur votre bureau car il n'a aucune idée de ce qui est faisable en un certain laps de temps ou il ne sait pas refuser un nouveau projet. Calculez le nombre d'heures passées sur divers projets et ajoutez le temps que vous consacrez aux tâches administratives courantes, telles que les appels téléphoniques et la rédaction de courriels. Puis, au lieu de dire : « Chef, je n'ai pas le temps de me consacrer à ce nouveau projet », vous pouvez lui montrer votre relevé de temps et lui dire : « Regardez, chef. Il y a 35 heures dans une semaine de travail. Pour mener à bien les missions qui m'ont été confiées, il faudrait que je travaille 80 heures par semaine les quatre mois qui viennent. Les chiffres ont parlé, chef. Il va falloir faire quelque chose ! » ;

3. **Décrivez la façon donc ces problèmes nuisent à vos performances et à votre efficacité.**

   Dites en quoi le fait de remettre les choses à plus tard vous conduit, vous et les autres employés du département, à vous écarter de la mission première et des valeurs essentielles de l'entreprise. Expliquez comme la désorganisation vous fait perdre du temps à cause des fréquentes suspensions de travaux, et à interrompre plus souvent votre chef pour lui poser des questions.

4. **Imaginez quelques solutions viables.**

   Quelles que soient les forces et faiblesses de votre chef, il apprécie les solutions fructueuses. On trouve à la pelle des employés qui soulignent que l'entreprise ou le département ne sert pas bien les clients, perd des parts de marché au profit des concurrents ou gaspille de l'argent, mais les vrais solutionneurs de problèmes sont plus rares. Si, parmi les solutions que vous proposez, une a votre préférence, faites-en part à votre chef, avec enthousiasme ! S'il s'avère que vous avez raison, votre perspicacité pourrait vous valoir une récompense et vous mettre sur la voie de nouvelles responsabilités et d'une belle augmentation !

   Prenez en compte les solutions suivantes :

   - Est-ce qu'un changement de système ou de procédure pourrait améliorer les processus actuellement utilisés ? Parlez de délais et de flux de travaux, en étayant si possible vos idées à l'aide de chiffres et de statistiques. Apportez la preuve des temps d'exécution courants.

     Prenez des exemples de projets passés pour lesquels les flux de travaux, les délais et les normes de qualité étaient bien définis et montrez combien le résultat était excellent. Mettre l'accent sur les politiques, les procédures et la chronologie des tâches est plus impersonnel et donc moins sujet à confrontation.

   - De brèves réunions assez fréquentes avec votre chef vous serviraient-elles ? Conseillez à votre chef de vous voir plus souvent. Nul besoin que les réunions durent une heure, ni même une demi-heure. Demandez-lui à le rencontrer plus souvent afin de pouvoir « mieux adapter votre travail à ses priorités ». Servez-vous ensuite de ces réunions pour traverser sans encombre le champ de mines qui se profile à l'horizon.

Votre enthousiasme peut également renforcer suffisamment sa confiance pour qu'il suive vos suggestions. Avec le temps, il pourrait même vous déléguer ces décisions. Vous ferez alors d'une pierre deux coups : votre chef aura moins de décisions à remettre à plus tard et vous aurez plus de responsabilités !

Soyez réaliste dans vos attentes. Ne vous attendez pas à ce que votre chef change, mais plutôt à ce qu'il vous attaque, au moins occasionnellement (ce sont les retombées de son style), et faites avec afin de pouvoir atteindre vos propres objectifs.

S'adapter au style comportemental de son patron

Avant d'aborder les problèmes de projet et d'emploi du temps avec votre patron, étudiez en détail la discussion et décidez d'une ligne directrice. Votre patron a un style comportemental particulier qui conditionne sa réaction aux événements et situations. Si vous connaissez son comportement, vous pouvez ouvrir le débat et discuter de la façon dont il prend des décisions et des motivations associées. Alors seulement, vous pourrez vous préparer aux obstacles qui jalonnent la vie de n'importe quel projet et gérer votre patron de manière productive et positive tout au long du processus. Les tendances comportementales de votre patron tournent essentiellement autour des dimensions que je traite dans les sous-sections à suivre.

Vous pouvez vous servir de ce que vous connaissez sur les valeurs et comportements de votre patron pour cadrer la conversation d'une façon vous permettant de faire passer votre message. Par exemple, si vous avez un patron axé sur les tâches, posez les problèmes en termes d'exécution des tâches (« Patron, pour que ce projet dépasse les attentes du client avant le XX/XX, il me faut les informations A, B et C. »). Si votre patron a un relationnel plutôt fort, formulez vos soucis ainsi : « Patron, la tournure que prend ce projet me dérange. On peut en parler ? »

Se concentrer d'abord sur les personnes ou les tâches

Votre patron a-t-il un sens du contact développé (il est chaleureux, persuasif, il aime parler avec les gens) et s'appuie-t-il sur son instinct et ses affinités avec les autres pour faire avancer les choses ou bien est-il plus orienté vers les faits, les chiffres et les listes de tâches ? Voici les caractéristiques de ces deux styles :

- **Les responsables orientés vers les tâches.** Ces personnes peuvent avoir besoin de temps pour parler des problèmes et difficultés à leurs subordonnés et *seulement* si cela entrave gravement l'avancement des travaux. Cela peut s'avérer agaçant car, sans orientations ou corrections, vous et vos collègues pouvez échouer dans tout ce que vous tentez, en faisant les mauvais choix et en vous y prenant mal (ce qui vous oblige à recommencer plus tard). La communication avec un patron axé sur les informations est généralement laborieuse, occasionnelle et impersonnelle. Côté avantage, ce genre de patron vous interrompt rarement. Si vous êtes conscient(e) d'être sous les ordres d'un tel patron, sachez que ce sont les délais, les résultats et la réussite qui lui importent. Cela ne signifie pas qu'il n'*aime* pas les gens, mais qu'il fait passer les tâches avant le facteur humain ;
- **Les responsables orientés vers l'humain.** Ces patrons passent plus de temps à communiquer et à entretenir l'esprit d'équipe et les délais sont souvent assez fluctuants. Bien que votre relation avec ces patrons puisse vous satisfaire, la quantité de travail abattu en pâtit souvent : les responsables très interactifs débarquent souvent dans votre bureau ou vous appellent.

Suivre les règles et les procédures

Votre patron a-t-il tendance à faire des entorses au règlement ou à le respecter à la lettre ? Si votre patron est très à cheval sur les règles, attendez-vous à ce que les changements rapides soient limités.

Certains patrons suivent tellement scrupuleusement les règles qu'ils entrent dans un « train-train ». Dans le monde professionnel actuel qui évolue rapidement, une tendance à la rigidité peut sonner le glas de certaines entreprises, voire de votre carrière. Un patron qui manque de réactivité au besoin de changement risque de ne pas rester votre patron très longtemps.

En revanche, si votre patron a tendance à ne pas respecter les règles, à ne les suivre que de temps en temps ou à autoriser les employés à faire une entorse au règlement pour parvenir à leurs fins, d'autres problèmes vous attendent. Si cette approche vous conduit, vous et vos collègues, à votre perte, vous serez peut-être en mesure d'aider votre patron à comprendre que les règles sont faites pour quelque chose et que les respecter permet à tout le monde de mieux maîtriser son temps et son énergie et de travailler plus efficacement.

Affronter les problèmes et relever les défis

Votre patron est-il un risque-tout ou a-t-il une véritable aversion pour les risques ? Votre patron aborde-t-il les problèmes de manière frontale, sans peur et avec une grande confiance ou est-il prudent et réfléchi ?

Avec un patron qui aime les risques, attendez-vous à plus de changements, d'interruptions, de délais serrés et d'exigences en termes de performance. Votre capacité à être performant(e) avec ce genre de patron dépend de votre style et de vos préférences. Cette frénésie et ce rythme en dents de scie vous rendent-ils fou/folle ou vous poussent-ils à vous bloquer ? Aimez-vous et êtes-vous capable de gérer plein de projets à la fois ? C'est ce qui vous attend avec un patron adepte du risque.

Le profil inverse est le patron qui déteste le risque, avec lequel les problèmes et les défis ne se succèdent pas à un rythme effréné. Il ne vous confiera pas dix tâches à faire pour hier. Cependant, la difficulté, c'est qu'il sera plus enclin à combattre le changement et à prôner le *statu quo*. Lorsque le changement s'imposera, vous disposerez de moins de temps car il aura consacré beaucoup d'énergie à essayer de « faire comme d'habitude ».

Planifier et se lancer dans de nouveaux projets

Comment votre patron réagit-il face aux nouveaux projets ? Les découpe-t-il en morceaux plus digestes, planifie-t-il et délègue-t-il de manière satisfaisante, établit-il un calendrier et prévoit-il des dates limites intermédiaires ou se lance-t-il sans planifier, est-il assailli par le stress, puis passe-t-il à la mise en œuvre avant de revenir à la conception ? Il présente peut-être plusieurs de ces tendances ou il a une approche radicalement anticonformiste des nouvelles missions.

Gérer la pression

Comment votre patron gère-t-il les délais serrés ou la surcharge de travail, avec sang-froid ou se montre-t-il sanguin ? Lorsque la pression monte, est-il paralysé, inefficace, agacé, léthargique et improductif ou dynamique, survolté, positif, solidaire et déterminé à respecter les délais et à répondre aux attentes ?

Adopter un certain rythme de travail

À quel rythme travaille votre patron ? Garde-t-il un rythme régulier et prévisible, en prenant un projet à la fois ou est-il un boulimique de travail, qui varie les tâches ainsi que la vitesse et l'intensité de l'effort, restant sur le pont pendant des jours ou des semaines sans faire de pause, puis ralentissant la cadence, avant de repasser la vitesse supérieure ?

Comme on peut s'y attendre, le volume de travail fourni par un patron adepte du rythme régulier est facile à gérer et à anticiper, ce qui n'est pas le cas avec un stakhanoviste des jours ouvrables, à qui il arrive souvent de prendre trop de projets à cause d'un manque de réalisme quant au nombre de tâches exécutables en un temps donné.

Assumer ses responsabilités et réagir à la non-réalisation d'objectifs

Si la barre est placée haut en termes d'objectifs, de quotas et de normes de performance, ils ne pourront pas tous être atteints ou respectés. Votre patron peut influer sur le pourcentage de réussite en décidant de la hauteur à laquelle il placera la barre. C'est là qu'il peut y avoir un décalage entre les attentes et les résultats. Quand certains objectifs ne sont pas atteints, que fait votre patron ? Présente-t-il ses excuses ou cherche-t-il des boucs émissaires ? Rejette-t-il la faute sur le marché, d'autres départements, les employés, la concurrence ou une politique tarifaire déloyale, ou bien œuvre-t-il de concert avec les employés à la recherche de solutions en essayant de nouvelles idées, approches et stratégies ? Votre patron invite-t-il tout le monde à résoudre les problèmes et à surmonter les difficultés ou a-t-il un style plus autocratique ?

Vous vous êtes probablement déjà heurté(e) à l'ego de votre patron. Pouvez-vous lui dire qu'il a tort (ou simplement le lui suggérer) sans déclencher une tempête ? Son ego est probablement sain et intact mais pas incontrôlable, alors vous pouvez peut-être oser le titiller.

Engager et favoriser une discussion bénéfique pour tout le monde

TRUC

Visualisez du début à la fin la conversation sur la gestion du temps de votre patron. Imaginez un échange calme, productif et fructueux d'informations au cours duquel ni vous ni lui ne vous fâchez trop. Répétez mentalement cette réunion afin que la réalité s'en rapproche ensuite le plus possible. Il y aura peut-être quelques heurts, mais vous pourriez être surpris(e) de l'harmonie dans laquelle se déroulera l'entretien. Les sportifs emploient cette méthode pour se préparer à des compétitions. Cela fonctionne aussi bien pour les situations interpersonnelles délicates. C'est une pratique de base en sophrologie pour aborder favorablement une situation à venir.

Au moment d'entamer la conversation, soyez positif(ve) mais prêt(e) à subir une réaction négative. Personne n'aime qu'on lui dise, même gentiment ou implicitement, qu'il lui manque des compétences ou qu'il est à l'origine de problèmes. Voici des conseils pour engager une conversation productive :

- **Prenez votre patron à part.** Il n'entendra rien de ce que vous lui dites s'il perd la face devant tout le monde, qu'il s'agisse de pairs, de supérieurs ou de subordonnés. Pour aborder un sujet délicat tel que celui-ci, je vous suggère de prendre rendez-vous avec lui. Ne mettez pas ça sur la table au cours d'une réunion journalière ou hebdomadaire traditionnelle. Il a déjà prévu un ordre du jour, au moins mentalement ;

- **Expliquez vos problèmes avec calme et de manière encourageante.** Faites en sorte que le dialogue reste centré sur le travail. Dites à votre patron en quoi les retards nuisent à vos performances et expliquez ce que vous pourriez accomplir si les principaux délais étaient respectés et les principales décisions prises de manière plus opportune.

  Parlez plus généreusement des conséquences que cela génère pour vous plutôt que de ses comportements erronés et inadaptés qui vous dérangent et vous empêchent de travailler efficacement et sans pression.

  Appropriez-vous vos propos en parlant à la première personne, afin que la discussion soit plus harmonieuse (« Je pourrais faire plus de choses si… » ou « Je pourrais vous aider beaucoup plus si… »). Évitez de lui faire part de vos sentiments et ne l'attaquez pas (« Si seulement vous… » ou « Vous devriez être plus/moins… » ou « Je déteste ça quand vous… »). Même si vos émotions sont importantes, vous évoquez un problème de performance.

  Si votre patron déteste avoir tort (et pire, déteste qu'on lui dise qu'il a tort, surtout si cela vient d'un subordonné), ménagez vos propos : « Patron ? Jean-Charles Criton a dit qu'il vous avait déjà donné le graphique des ventes que vous cherchiez la semaine dernière. Mais il se trompe peut-être. »

  Évitez d'accabler votre patron. Il peut être difficile de rester encourageant(e) pendant longtemps sans céder à l'impatience ou devenir critique, mais essayez. Le fait de contrarier votre patron pourrait vous coûter votre place ;
- **Présentez des solutions et demandez à votre patron quelles sont les siennes, même si vous estimez détenir la solution.** Les gens adhèrent plus facilement à des solutions s'ils ont contribué à leur développement. Demandez-lui ce que vous pouvez faire pour aider. Proposez-lui de le décharger un peu afin qu'il ait plus de temps à consacrer à la prise de décision ;
- **Concluez la discussion en lui assurant que vous avez l'esprit d'équipe et l'intention de faire le maximum pour lui, l'entreprise et les clients.** Affichez clairement votre soutien aux objectifs de votre patron. Dites-lui que

vous avez conscience que votre avancement est lié au sien et que votre mission est de le valoriser. Demandez-lui de vous aider à faire du mieux que vous pouvez.

TRUC

Observez les autres employés de votre département. Y en a-t-il un capable de gérer l'ego de votre patron bien mieux que tous les autres ? Si la réponse est oui, étudiez sa technique, puis expérimentez-la.

Incompatibilités : savoir quand passer à autre chose

Si vous trouvez que votre style est radicalement différent de celui de votre patron et qu'il vous est impossible (ou pour lui) de vous adapter, il se peut que vous deviez démissionner et trouver un autre poste, ainsi qu'un patron dont le style de gestion du temps se rapproche plus du vôtre. Si vous vous êtes contrôlé(e) et pouvez dire en toute franchise que vous faites tout ce qui est en votre pouvoir pour améliorer la situation, acceptez le fait que vous deviez peut-être prendre plus de responsabilités que ne le justifient votre titre, vos compétences, voire votre expérience.

ANECDOTE

Il y a quelques années, j'ai engagé Clara comme assistante. J'ai eu beau lui avoir expliqué mon style avant son arrivée, elle a passé les six premières semaines à essayer de me changer. (J'appartiens à la catégorie des patrons qui prennent des risques : j'ai plein de projets, d'idées et de délais à respecter en permanence.) Enfin, après des semaines de frustration, Clara m'a dit qu'elle avait besoin d'avoir les éléments quatre semaines avant une conférence, sous peine de ne pouvoir garantir que tout serait prêt à temps. J'ai essayé de m'adapter à son style afin de répondre à sa demande, mais, au final, nous sommes convenus que nos styles respectifs étaient incompatibles et Clara a cherché un poste ailleurs.

Chapitre 12

Maîtriser les réunions avec des collègues

Dans ce chapitre :

- Éviter que les réunions ne vous prennent toute votre journée
- Poser les bases d'une réunion productive
- Animer une réunion efficace
- Assurer un suivi pour une efficacité maximale

Si vous considérez les réunions comme une grosse perte de temps, poursuivez la lecture. Vous êtes en bonne compagnie si votre estomac se noue et votre tension artérielle augmente à la lecture d'une invitation à une réunion. Vous avez peut-être cette réaction car vous savez que vous allez récupérer d'autres projets alors que votre coupe est déjà pleine, à moins que vous ayez tant de choses à faire ce jour-là que prendre un engagement supplémentaire risque de faire déborder votre vase ou que vous sachiez par expérience que vous allez vous retrouver prisonnier d'une réunion sans fin.

Malheureusement, les réunions avec les collègues et autres personnes travaillant au sein de votre entreprise, ainsi que les rendez-vous avec les clients, fournisseurs et j'en passe, représentent une part importante de la vie professionnelle. Les réunions favorisent la transmission d'informations sur des problèmes vitaux, la prise de mesures adéquates, des mises au point et contribuent à mesurer l'avancement des travaux. Mais on use et abuse trop souvent des réunions, ce qui conduit à des pertes de temps et à la culture de l'inefficacité. Je ne peux pas vous aider à faire disparaître les réunions, mais je peux proposer des stratégies pour que ces « phagocyteurs de temps » se muent en événements gérables, intéressants, voire productifs et fructueux.

Il se peut que vous organisiez et animiez ces réunions ou que vous soyez un simple participant. L'instigateur contrôle un peu plus la situation car c'est lui qui fixe le rendez-vous, mais ce n'est pas parce que vous êtes un simple invité que vous devez renoncer à tout contrôle ou respect du temps qui s'écoule. Quel que soit votre statut, ce chapitre vous fournit des stratégies à utiliser avant, pendant et après la réunion afin qu'elle soit plus fructueuse et vous prenne moins de temps.

Définir les objectifs, dresser la liste des participants et établir un ordre du jour

Quand c'est moi qui suis l'instigateur de la réunion, j'adopte une stratégie, attestée par des études, qui consiste à consacrer aux préparatifs deux fois le temps prévu pour la réunion. Si la durée de la réunion est fixée à une heure, je prévois donc environ deux heures de préparation. Cette section vous explique comment remplir au mieux cette période de préparation.

Préciser l'objet de la réunion

Avant de programmer une réunion, ayez une vue d'ensemble, puis pensez à tous les détails. Démarrez vos préparatifs en réfléchissant à l'objectif, puis effectuez un déroulé à l'envers. Quel est le résultat que vous souhaitez atteindre grâce à cette réunion ? Que faire pour obtenir ce résultat ?

À première vue, vous estimez peut-être qu'étant l'instigateur de la réunion, vous avez automatiquement une idée précise de la raison de son existence. Certes, vous savez que vous voulez aller au fond des problèmes de service avec la société de fournitures de bureau en contrat avec votre entreprise, mais il reste certainement du chemin à faire avant de bien cerner la situation et de savoir comment la régler.

Réfléchissez donc bien à l'objet de la réunion. Commencez par les motifs. Est-ce d'aller au cœur des problèmes avec votre fournisseur ? Vraiment ? Souhaitez-vous simplement comprendre le problème ou faire en sorte qu'il soit résolu aux termes de la réunion ?

Ayez une idée précise de ce que vous voulez qu'il ressorte de cette réunion. Placez un cadre le plus détaillé possible en identifiant les mesures que vous recherchez et quand vous souhaitez qu'elles soient prises. Les questions que vous vous posez avant la réunion permettent vraiment d'accroître son efficacité. Voici les informations incontournables à recueillir :

- Quel est le problème ou l'objectif ?
- Comment souhaitez-vous le résoudre ou l'atteindre ?
- Que doivent faire les parties en présence pour atteindre l'objectif ou résoudre le problème ?
- Quand ces mesures doivent-elles être prises ?

Observez la différence entre les deux énoncés suivants, le second renfermant les détails qu'il faut :

> *« Salut Marie. J'aimerais qu'on se réunisse pour discuter des problèmes que nous avons avec votre service après-vente. »*
>
> *« Salut Marie. Nous avons des problèmes de délais avec votre service après-vente ces trois derniers mois. J'aimerais qu'on se réunisse pour que nous trouvions les obstacles à l'origine de ce problème, de façon à retrouver des délais de réponse raisonnables dans les deux semaines à venir. »*

Souvent, pendant le processus de clarification de l'objet de la réunion, il peut vous arriver de découvrir d'autres moyens d'aborder le problème à l'ordre du jour. Cet exercice peut vous aider à prendre conscience qu'un appel téléphonique ou une autre mesure suffit à régler la situation, sans qu'il soit nécessaire d'organiser une réunion.

Dresser la liste des participants

Pour que la réunion soit pleinement efficace, réduisez la taille de l'assemblée au plus strict minimum. De nombreuses études montrent que le chiffre idéal est entre cinq et huit personnes. Bien entendu, c'est souvent le sujet qui dicte le nombre de participants, mais je suis d'accord pour dire que lorsque l'assemblée dépasse huit à dix personnes, le retour sur investissement en matière de temps commence à décliner rapidement. Outre le fait que plus de personnes ne sont plus en mesure de remplir leurs devoirs habituels, les débats deviennent vite improductifs.

Les personnes invitées doivent être capables de représenter les autres et de leur communiquer les conclusions de la réunion. N'invitez pas quelqu'un sous prétexte qu'il risque de se sentir offensé s'il n'est pas présent.

Étant donné le nombre limité de participants, vous devez veiller à inviter tous ceux dont la présence est *primordiale*. En fonction de l'objet et du thème de la réunion, prenez en compte ces critères lorsque vous dressez la liste des participants :

- Avez-vous pensé aux personnes qui possèdent les informations ou réponses aux questions vitales ?
- Avez-vous invité les personnes habilitées à prendre les décisions nécessaires pour faire avancer les choses ?
- Avez-vous pensé à inviter des représentants de tous les départements qui seront concernés par le résultat de la réunion ou joueront un rôle dans sa mise en œuvre ?
- Avez-vous pensé à une personne pour prendre des notes et rédiger le compte rendu qui sera distribué aux participants et aux employés absents ?
- Un procès-verbal en bonne et due forme (avec consignation minutée de tout ce qu'il se passe et se dit pendant la réunion) n'est pas forcément nécessaire, surtout si le nombre de participants est peu élevé. Mais, vous devez au moins convier quelqu'un qui prendra des notes. Je vous suggère que ce ne soit pas l'animateur de la réunion qui s'en charge, car ce dernier doit surtout veiller au respect de l'ordre du jour et à l'obtention des résultats souhaités. Voici ce qui doit figurer dans le compte rendu :
  - Les points clés de la discussion ;
  - Les problèmes importants ou les questions auxquelles aucune réponse n'a été apportée ;
  - Le détail des mesures à prendre.

La réunionite aiguë en France

Le France est-elle une nation en proie à la réunionite ? Les réunions se sont-elles répandues dans le monde des affaires comme une épidémie ? Voyez ces chiffres :

- 39 % de participants ne restent pas centrés sur le thème principal ;
- 35 % des ordres du jour sont mal établis et en présence de personnes non concernées ;
- 34 % des participants manquent de préparation.

(Source : enquête internationale réalisée par Robert Holf, février-mars 2009.)

Lorsque vous réfléchissez aux bonnes personnes à inviter, ne perdez pas de vue celles qu'il *ne faut pas* inviter. N'incluez pas des « doublons » susceptibles de surcharger la liste, à savoir des gens qui représentent le même secteur. Lorsque vous avez le choix entre deux personnes, prenez en compte leur style de communication et voyez laquelle est la plus compatible à l'environnement de la réunion : la collègue qui aime disserter longuement et faire de l'obstruction systématique ou celle dont les interventions font avancer la discussion ?

Tenir des mini réunions informelles de préparation

Organiser une réunion pour parler d'une réunion ? Bon, avant que vous me déclariez fou à lier à cause d'une surdose de réunions, laissez-moi vous dire ceci : le travail préparatoire permet que la réunion soit la plus brève possible et bien centrée sur le sujet. Alors, oui, une mini réunion rapide risque de rendre plus fructueuse la réunion principale (par exemple, si le projet sur lequel vous travaillez est complexe ou si les intervenants risquent d'être très nombreux) et vaut donc la peine d'être organisée en amont.

Voici comment cela fonctionne : admettons que vous ayez programmé une réunion avec huit collègues pour traiter un projet impliquant plusieurs départements. Vous pressentez la résistance de certains participants aux propositions que vous vous apprêtez à faire. Au lieu de passer une grande partie, voire l'intégralité de la réunion à défendre votre programme ou à essuyer un feu nourri de critiques, réunissez-vous de manière informelle avec deux autres participants. Recueillir l'avis d'individus en qui vous avez confiance est un moyen judicieux d'affiner le programme des réjouissances. Partagez avec eux vos intentions et voyez ce qu'ils en pensent. Demandez-leur même de jouer l'avocat du diable. Ces 15 minutes passées avec des personnes clés peuvent vous aider à repérer les chausse-trapes que l'on pourrait vous tendre en cours de réunion et à préparer votre défense. Et, croyez-le ou non, le soutien de ces participants vous sera acquis car vous les aurez sollicités, surtout si vous tenez compte de leur position.

Tenez ces mini réunions une semaine à l'avance. Cela vous permettra d'ajuster l'ordre du jour, de corriger votre présentation et de mieux vous préparer aux réactions. Les réunions physiques sont préférables dans la mesure du possible, bien qu'il ne soit pas toujours pratique de les organiser. À vous de juger. Des conversations où les participants restent debout ou prennent place devant votre bureau (ou leur bureau) conviennent parfaitement. (Le chapitre 7 vous indique quel support choisir pour faire passer vos messages.)

Élaborer l'ordre du jour

Un ordre du jour sur mesure vous permet d'aller droit au but sans subir beaucoup de distractions. Voici le processus à suivre pour vous assurer que votre ordre du jour présente tous les détails pertinents :

1. **Détaillez le programme de la réunion.**

   Bien que ce soit l'objet de la réunion qui détermine son ordre du jour, ce dernier renferme toujours certains éléments :

   - Il commence par les salutations d'usage, la présentation des participants et les détails habituels (durée de la réunion et désignation de la personne chargée de prendre des notes et de rédiger le compte rendu) ;

- Il passe en revue les objectifs, afin que tout le monde comprenne bien l'objet de la réunion et les résultats attendus ;
- À la fin de la réunion sont récapitulés les mesures à prendre et l'éventuel suivi à effectuer par les participants.

L'ordre du jour doit être précis et détaillé, il ne doit pas seulement comprendre deux éléments : « Affaires en cours » et « Nouvelles affaires ». Dressez la liste des projets et points à aborder, ainsi que les décisions à prendre. Veillez à ce qu'il soit mis en forme de façon à faciliter l'identification des principaux thèmes et des sous-thèmes associés. Les détails favorisent l'émergence d'idées et incitent les participants à… participer et à animer la conversation afin de pouvoir traiter tous les points inscrits à l'ordre du jour.

Essayez de faire tenir l'ordre du jour sur une seule page. À l'instar d'un CV, un ordre du jour doit traduire la richesse de la réunion, mais sans pour autant noyer le lecteur dans des détails au point de l'hypnotiser.

2. **Distinguez les points correspondant à des rapports ou présentations et ceux abordés sous forme de discussion.**

   Faites cette distinction dans la marge du document pour que tout le monde la repère.

3. **Octroyez une durée à chaque point de l'ordre du jour.**

   En inscrivant cette durée sur l'ordre du jour, les participants auront plus de facilités à la respecter. Là encore, vous pouvez placer cette information dans la marge.

Admettons que le thème de votre réunion soit le lancement d'une opération de préservation de l'environnement à l'échelle de votre entreprise. La figure 12.1 vous propose un ordre du jour possible.

Envoyez l'ordre du jour quelques jours avant la réunion. Cela permettra aux participants de proposer des ajouts ou changements sur la base d'informations dont vous ne disposez peut-être pas. En outre, vous pourrez savoir à l'avance si certains points sont quelque peu sujets à controverse. En étant prévenu, il est plus facile d'anticiper les problèmes.

Exemple d'ordre du jour

I) Salutations et introduction (5 minutes)

II) Modalités pratiques (5 minutes)
a. Durée de la réunion
b. Rôles des participants

III) Résumé des points à l'ordre du jour et énumération des objectifs (10 minutes)

IV) Premier point(15 minutes)
a. Le problème ou l'objectif
b. Les solutions possibles
c. Qui doit être impliqués ?
d. De quoi ont besoin les personnes impliquées ?
e. Quand le résultat doit-il être obtenu ?

V) Second point (15 minutes)
a. Le problème ou l'objectif
b. Les solutions possibles
c. Qui doit être impliqués ?
d. De quoi ont besoin les personnes impliquées ?
e. Quand le résultat doit-il être obtenu ?

VI) Conclusion/Questions diverses/Plan d'action (10 minutes)

Figure 12-1 : L'ordre du jour d'une réunion.

Prévoir la date, l'heure et le lieu

Une programmation pertinente peut vous permettre de tirer parti au maximum du temps de réunion dont vous disposez. Le *moment* et le *lieu* de la réunion peuvent amputer sérieusement votre journée ou ne vous occuper qu'un court instant.

Selon le type de réunion organisée, vous lancez les invitations plus ou moins longtemps à l'avance. S'il s'agit de la réunion annuelle de l'entreprise, il peut être nécessaire de vous y prendre plusieurs mois à l'avance. Si votre réunion ne concerne que deux personnes et a simplement pour objectif de faire un point sur un dossier, un délai de 24 heures à deux jours peut suffire. Si d'autres personnes effectuent une présentation et ont besoin de se préparer, il peut vous falloir une semaine de délai. Comme pour toutes les décisions, à vous de juger.

Choisir une société de visioconférence

Dans la mesure où les affaires prennent de plus en plus une tournure mondiale, les réunions physiques commencent à devenir l'exception plutôt que la règle. C'est une bonne chose car cela diminue les frais et le temps de transport, sans parler de l'empreinte carbone au niveau de l'environnement.

Bien que rien ne puisse remplacer une rencontre en face à face, la vidéo, le téléphone et la technologie de visioconférence *via* Internet continuent de progresser, permettant à des collègues éparpillés aux quatre coins du monde de se réunir en appuyant sur un simple bouton.

Si vous n'êtes pas équipé, de nombreuses compagnies spécialisées peuvent mettre à votre disposition la technologie nécessaire. Le choix du prestataire est fonction des besoins, de la taille et des demandes spécifiques de votre entreprise.

Trouver le bon créneau

Pour les réunions en interne, le meilleur moment est avant le déjeuner ou en fin de journée. Avec le déjeuner ou le retour à la maison à l'horizon, les gens ont tendance à être un peu plus efficaces et moins susceptibles de faire traîner la réunion à cause de digressions, de discours à n'en plus finir et de mini débats personnels. Méfiez-vous tout de même de l'heure à laquelle vous programmez votre réunion. Voici quelques conseils :

- **Programmez des réunions en milieu de matinée ou avant le déjeuner, et non à la première heure.** La productivité de la plupart des gens est optimale en début de matinée. C'est là que le niveau d'énergie et de concentration est le plus élevé. J'estime pour ma part qu'il n'y a pas besoin d'un niveau de concentration optimal pour la plupart des réunions internes à l'entreprise. C'est à cette heure-là que les employés doivent exécuter les tâches prioritaires ;

- **Programmez des réunions en milieu d'après-midi ou en fin de journée, pas tout de suite après déjeuner.** En début d'après-midi, il n'est pas rare d'avoir un petit coup de pompe. Une fois l'estomac bien rempli, le cerveau se concentre plutôt sur la digestion que sur la discussion. Il vaut mieux consacrer ce moment de la journée à la gestion de son courrier électronique ou à exécuter des tâches administratives, plutôt que de faire un somme en réunion.

Ne commettez pas l'erreur d'intégrer le déjeuner à la réunion. Pourquoi ? D'une façon ou d'une autre c'est la nourriture qui prend le dessus. Il y a toujours quelqu'un qui n'a pas ce qu'il a demandé ou les commandes sont mélangées, ce qui fait perdre du temps et déconcentre tout le monde.

Si votre liste de participants est réduite, vous vous réunissez avec un fournisseur ou un client qui a un problème ou êtes en déplacement avec d'autres responsables ou employés de votre entreprise, le déjeuner de travail est idéal et peut s'avérer très productif. L'animateur peut présenter les thèmes de la réunion, des rapports ou fournir des informations pendant que les autres s'occupent de leurs lasagnes ou salade. Personne n'est tiraillé par la faim. Le fait de ne pas être dans l'entreprise présente l'avantage de limiter les dérangements intempestifs (au bureau, on sait toujours où vous trouver en cas d'urgence). Attention, cependant, concernant les déjeuners de travail : plus l'endroit est calme et reposant, plus la réunion peut durer longtemps. Veillez donc bien à cerner les priorités du jour avant de programmer votre réunion.

Prendre en compte le lieu

Si tous les participants travaillent au même endroit, le choix du lieu est simple : réunissez-vous là où vous avez le plus d'espace et de ressources disponibles. Beaucoup d'entreprises ont des salles de réunion de différentes tailles, l'espace constitue donc rarement un problème. Choisissez un lieu suffisamment grand pour le groupe et veillez à pouvoir disposer de tout le matériel nécessaire.

Pas besoin de tenir une réunion dans un lieu traditionnel si d'autres options sont possibles. Par exemple, si vous vous réunissez pour régler un problème sur les chaînes de production, vous pouvez commencer dans l'atelier avant de trouver un endroit plus calme. Le choix du lieu doit cependant s'effectuer avec soin, car l'environnement doit être propice à l'atteinte des objectifs de la réunion, avec efficacité et rapidité. Si la logistique nécessaire complique les choses, vous allez à l'encontre du but recherché.

Si vous êtes un simple participant, demandez si vous pouvez recevoir l'ordre du jour à l'avance afin de mieux vous préparer. Lisez-le et, en fonction des thèmes et sous-thèmes au programme, repérez ceux en rapport direct avec vos fonctions, vos clients et votre département ou ceux qui sollicitent le plus votre intérêt.

Même si vous n'animez pas la réunion, vous avez malgré tout des responsabilités avant, pendant et après la réunion. Si tout le monde arrive bien préparé, la réunion sera plus fructueuse et durera moins longtemps. Voici des questions à passer en revue, voire auxquelles répondre à l'avance :

- Quels sont les points de l'ordre du jour les plus importants en rapport avec vos fonctions ?
- Avez-vous trouvé des solutions précises aux problèmes qui seront traités ?
- Pour chaque point de l'ordre du jour, quelles informations devez-vous fournir à l'assemblée pour aider le département, votre entreprise et vos collègues ?
- Avez-vous (ou votre département) des problèmes en rapport avec les thèmes prévus à l'ordre du jour ?
- Pouvez-vous accepter de prendre des projets qui seront favorables à votre carrière ? De quels projets s'agit-il ?

Le jour J : bien animer la réunion

Le secret d'une réunion productive qui prend le moins de temps possible réside pour moitié dans la planification et pour moitié dans l'organisation et l'animation. Si c'est vous l'animateur, il vous revient de saisir le taureau par les cornes et de rester en selle. Si ce n'est pas vous qui tenez les rênes, contribuez à ce que la réunion reste sur les bons rails en ne soulevant que des questions en rapport avec l'ordre du jour. Si un moment est réservé aux débats généraux, réservez votre problème hors ordre du jour pour ce moment. Vous pouvez même aller trouver l'animateur avant la réunion pour voir si votre question peut être mise à l'ordre du jour.

Être à l'heure, prêt et motivé est la meilleure des aides que tout participant peut apporter à l'animateur. Si la réunion s'ouvre sur une discussion à propos de problèmes, suivez le mouvement en apportant quelque chose de valeur. Mon conseil sera d'être rapide, brillant et concis. Vous marquerez plus de points et gagnerez le respect si vous allez droit au but au lieu de parler pour ne rien dire. Si quelqu'un se met à parler de tout et de rien, aidez l'animateur à recadrer cette personne, par exemple en soulignant que le temps est précieux et que la réunion tire à sa fin. Plus vous aiderez l'animateur, mieux la réunion se déroulera et moins elle durera longtemps.

Pour ma part, je conseille toujours, afin qu'une réunion soit moins « protocolaire et rébarbative », de commencer par un critère positif (compliments, remerciements pour la présence de chacun, un mot sur le beau temps !) et de finir également par une note positive (encouragements, reconnaissance, capacités de chacun favorables et appréciables…).

Arriver de bonne heure pour l'installation et la mise en place

Tout le monde a déjà vécu le scénario suivant : l'animateur de la réunion démarre sa présentation et le PowerPoint n'apparaît pas à l'écran. Il y a un problème de connexion avec l'ordinateur. Le matériel de visioconférence est HS. Vous attendez donc que quelqu'un coure chercher le technicien pour résoudre le problème. Les minutes passent et vous pestez contre l'animateur qui vous fait perdre un temps précieux.

Voici des moyens de vous assurer que tout est prêt pour le démarrage de votre réunion :

- **Arrivez à l'avance dans la salle de réunion afin de vérifier que le matériel fonctionne.** Si quelque chose ne fonctionne pas, vous aurez le temps de demander aux techniciens de remédier au problème. Vous pourrez peut-être déléguer ces tests, en fonction du niveau de compétence du personnel. J'arrive généralement entre une heure et une heure et demie à l'avance afin de pouvoir tester personnellement le matériel audiovisuel.

  Si la réunion se tient à l'extérieur, y aura-t-il des personnes pour vous aider à tout installer ? Si vous avez déjà officié dans cette salle, le personnel avait-il assuré la logistique avec talent ?
- **Veillez à disposer des graphiques, des diagrammes, de la documentation et d'autres supports essentiels pour votre présentation.** Prévoyez des exemplaires supplémentaires des documents que les participants pourraient avoir oubliés ;
- **Vous souhaiterez peut-être vérifier le système de chauffage ou de climatisation.** Ainsi, vous pourrez être certain(e) que des participants ne quitteront pas la salle pour aller chercher leur manteau ou n'ouvriront pas la porte pour faire courant d'air.

Ouvrir la réunion

Quelles que soient la longueur et la formalité de la réunion, la règle la plus importante est de commencer à l'heure, même si certains participants, voire votre chef, ne sont pas arrivés. Si, dans votre entreprise, les réunions démarrent toujours avec 10 ou 15 minutes de retard, faites de votre mieux pour rééduquer les membres de votre équipe.

La façon de démarrer conditionne particulièrement votre capacité à garder la réunion sous contrôle. Si la réunion se déroule avec un client existant ou potentiel, vous souhaiterez peut-être commencer par échanger les menus propos d'usage, sinon, passez-vous de tout bavardage avant le début. Suggérez aux gens souhaitant se remettre au courant des derniers événements d'arriver en avance.

TRUC

Gérer les éternels retardataires

Si les participants arrivent généralement en retard aux réunions, gérez le problème en amont : parlez aux coupables individuellement. Allez trouver les éternels retardataires avant la réunion afin de vous assurer qu'ils arriveront bien à l'heure ou discutez avec eux après la réunion afin de leur demander qu'ils fassent ce qu'il faut pour arriver à l'heure la prochaine fois. Si cela ne fonctionne pas, il vous faudra peut-être vous montrer plus ferme :

- Récompensez les participants qui arrivent en avance. Offrez-leur des cadeaux promotionnels de l'entreprise, des tasses à café ou des places de cinéma ;
- Programmez l'évocation des projets ou missions les plus attrayantes dans les cinq premières minutes. Ainsi, les retardataires écoperont des sujets les plus difficiles ou moins intéressants ;
- Mettez en place une cagnotte, alimentée par les fautifs à chaque retard. Je suggère de fixer l'amende assez haut, sans que cela ne pénalise trop les retardataires financièrement. En fonction du secteur dans lequel vous travaillez, cela peut aller de 5 à 10 euros. Demander à des gens de mettre la main à la poche peut être délicat, mais si l'ambiance est plutôt décontractée, vous pouvez décider de reverser les fonds récoltés en fin d'année à une œuvre de bienfaisance ou de vous en servir pour faire un pot ou réaliser une sortie collective au restaurant ;
- Lorsque sonne l'heure de début de la réunion, fermez la porte à clé. Il s'agit d'envoyer un message très clair et d'éviter que les retardataires se glissent subrepticement dans la salle. Ces derniers ont le choix entre frapper à la porte afin de demander qu'on les laisse entrer et retourner dans leur bureau, et manquer ainsi la réunion.

TRUC

Prenez cinq minutes pour établir les principes généraux de la réunion :

- Définissez rapidement le thème et les objectifs de la réunion ;
- Vérifiez que chaque participant dispose de l'ordre du jour. S'ils peuvent tous suivre, les distractions seront moins nombreuses ;

- Dites à l'auditoire le résultat que vous souhaitez obtenir au terme de la réunion ;
- Précisez si les participants peuvent poser des questions au fur et à mesure ou s'il est prévu une séance de questions diverses en fin de réunion ;
- Si l'assemblée est très nombreuse et si vous craignez que certains participants monopolisent la parole, expliquez certaines règles, par exemple celle de ne pas parler pendant plus de trois minutes consécutives ;
- S'il est prévu que votre réunion dure plus d'une heure, prévoyez une pause et informez-en l'auditoire. Si tout le monde sait qu'une pause est prévue, cela réduira les sorties susceptibles de perturber la réunion. Précisez-en la durée (5 ou 10 minutes ?). Puis, reprenez une fois le délai écoulé ;
- Bannissez les téléphones portables ! Permettez-moi de monter sur mes grands chevaux : je trouvais regrettable que les participants prennent des appels pendant que se déroulait la réunion. Eh bien, maintenant, c'est pire : ils relèvent leurs messages sur leur BlackBerry ou iPhone et rédigent des SMS. Comment savoir si c'est professionnel ou personnel ?

  Dans votre préambule, demandez aux participants de couper leur téléphone portable ou autres appareils électroniques. Vous pouvez même leur dire que si jamais un téléphone sonne pendant la réunion, la discussion s'interrompra jusqu'à ce que son propriétaire l'éteigne. Généralement, cela couvre suffisamment de honte les gens pour les inciter à adhérer au règlement institué ;

  Pour les indisciplinés, instaurez un gage (photocopies, remise en place des chaises en fin de réunion…). Cela devrait les dissuader de recommencer à troubler l'ordre et favoriser le respect de tous.

Entretenir la dynamique de la réunion

Pour obtenir des réunions au déroulement harmonieux, votre meilleur allié est l'ordre du jour, car il vous permet de veiller à évoquer ce que vous avez prévu lors de la planification.

Le respect des délais fait de vous une personne de parole et inscrit un précédent positif pour les réunions à venir. Alors, prévoyez un plan d'action.

TRUC

Votre talent d'animateur peut également influer sur la dynamique d'une réunion. Voici quelques conseils pour garder le bon cap :

- **Sollicitez les participants.** Votre capacité à poser des questions et à impliquer chaque participant permet que la motivation de chacun ne fléchisse pas et entretient la dynamique instaurée. Vous ne devriez pas avoir besoin de faire machine arrière car les participants alimentent la conversation avant que vous passiez au thème suivant ;
- **Ne réajustez pas le temps accordé à chaque thème à mesure que vous avancez dans la réunion.** C'est le gage d'un retard, qui allongera la durée de la réunion ou vous empêchera d'aborder tous les points prévus à l'ordre du jour. Vous savez ce que cela signifie : et une réunion de plus, une !

  S'il vous semble qu'un point ne pourra être traité dans les temps, vous souhaiterez peut-être créer un petit groupe de travail qui discutera dans son coin, puis viendra exposer ses conclusions à l'ensemble de l'assemblée à un moment bien précis. Placez l'organisation de la réunion de ce sous-groupe sur votre liste de choses à faire et planifiez-la à la fin de la réunion actuelle ;
- **Ramenez les participants vers l'ordre du jour.** Appelez-en à l'ordre du jour lorsqu'une personne s'égare ou s'éternise sur un point. Par exemple, vous pouvez dire ceci :

  « Patrice, tes remarques sont pertinentes, mais j'ai promis que nous terminerions la réunion à 14 heures. Et si nous voulons aborder tous les points à l'ordre du jour, nous devons avancer. Je vais noter tes exigences afin de les étudier après la réunion. »

  « C'est un point important. Pouvons-nous l'inscrire à la fin de l'ordre du jour et l'aborder s'il nous reste du temps ? »
- **Ne remaniez jamais l'ordre du jour, ne revenez pas en arrière ou ne faites pas de résumé pour tenir compte des retardataires.** Ce sera à eux de se tenir au courant

de ce qu'ils ont raté, une fois la réunion terminée. C'est une perte de temps monumentale pour tout le monde de récapituler les dix premières minutes de la réunion à cause d'un manque d'égards de la part d'un participant ;

- **Le moment venu, annoncez aux participants qu'il reste dix minutes de réunion.** Cette période est très importante, comme parfois le temps additionnel dans un match de football. Si les participants ont un peu décroché, ce rappel attire leur attention. S'ils sont avec vous depuis le début, ils savent que le moment est venu de passer à la conclusion.

Attribuer les tâches à exécuter

En tant qu'animateur, votre mission est de veiller à ce que les participants se mettent d'accord sur les mesures à prendre et que les différentes personnes soient désignées. Si vous occultez cette partie, votre réunion peut passer du stade de collaboration productive à celui de gigantesque perte de temps. Lorsque les délais sont serrés, vous pouvez mettre en péril un projet si vous n'abordez pas les tâches à accomplir.

Une fois une mesure identifiée, consignez-la par écrit et attribuez-la à quelqu'un ou attendez que la discussion soit close pour assigner toutes les tâches. Clarifiez les éléments suivants :

- Qui est chargé d'exécuter la tâche ?
- Qui est chargé de contrôler que la tâche a été exécutée ?
- Qu'est-ce qui doit être fait exactement ?
- Quelles sont les dates de début et de fin de la tâche ?
- Quels sont les goulets d'étranglement du projet ?
- Quels sont les jalons pour chaque phase du projet ?
- Qui doit être averti de l'avancement du projet et à quels stades ?
- Quel est le résultat espéré ?

Ne négligez pas cette étape essentielle de la réunion, sous peine de devoir tenir une autre réunion pour vous pencher de nouveau sur le même thème et de vous apercevoir qu'à cause du retard, le projet est maintenant menacé.

TRUC

Si vous souhaitez que votre carrière progresse et que votre salaire augmente, assurez-vous, lorsque vous êtes simple participant, de vous porter volontaire pour l'exécution de tâches salutaires pour l'entreprise et l'équipe. Ce sont les personnes qui s'investissent le plus qui gagnent le plus d'argent.

ANECDOTE

Échafauder des plans sans la petite étincelle

Quand nous étions jeunes mariés, Joan et moi parlions des échéances à venir ou des courses à faire. Nous évoquions par exemple la nécessité d'acheter du lait. Joan et moi étions toujours d'accord lors de ces discussions. Mais, très souvent, quand le moment était venu de préparer le repas, et que nous n'avions pas de lait, nous nous regardions et disions la même chose : « Je pensais que nous avions décidé que c'était à toi d'aller chercher le lait. » Eh bien, nous avions décidé… qu'il fallait du lait. Mais nous n'avions tout simplement pas précisé la mesure à prendre et à qui elle revenait.

Résumer et conclure la réunion

Prenez au moins cinq minutes, une fois l'ordre du jour épuisé, pour résumer le déroulement de la réunion. En tant qu'animateur, votre mission est de vous assurer que tous les participants ont compris et accepté le résultat obtenu et les mesures prises. Dans votre résumé, veillez à aborder les points suivants :

- Les faits saillants des présentations et discussions ;
- Les tâches à exécuter et les personnes qui en ont la charge ;
- Les problèmes non résolus et la façon dont ils seront abordés ;
- Le suivi, dont par exemple la date de la prochaine réunion.

Profitez de l'occasion pour demander s'il y a des questions, soucis ou problèmes non résolus dans l'esprit des participants. Votre objectif premier est de veiller à ce que tout le monde comprenne les décisions prises et que les personnes ayant hérité de tâches à exécuter soient au courant et aient pris conscience de leurs responsabilités.

Si les questions sont très spécifiques et ne concernent pas l'ensemble de l'assemblée ou si elles sont un peu complexes et demandent plus de temps qu'il n'en reste, notez simplement les commentaires et engagez-vous à les aborder après la réunion. Ce n'est pas le moment de poursuivre la discussion. Pourquoi faire perdre du temps à tous les participants pour une question qui ne concerne qu'une des personnes présentes ? À ce stade, un jugement rapide vous permettra d'éviter d'ennuyer tout le monde et de leur faire perdre leur temps.

Ne prolongez pas la réunion, même s'il reste encore des points de l'ordre du jour à traiter. Mettez-vous d'accord sur une prochaine réunion ou, si deux personnes peuvent traiter le point resté en suspens, suggérez qu'elles restent après la réunion pour boucler l'affaire.

Effectuer un suivi pour une productivité maximale

La plupart des gens oublient une grande partie de ce qu'il s'est dit en réunion. Ils quittent la salle et repartent dans leur bureau pour traiter les tâches qui se sont accumulées pendant la dernière heure. Leur esprit bascule très vite sur ces missions, parfois avant même qu'ils soient sortis de la salle de réunion. Voilà pourquoi il faut prévoir au moins une demi-heure de suivi, après la réunion, pour que celle-ci porte vraiment ses fruits. Ce suivi prend deux formes : communiquer les résultats de la réunion et contrôler périodiquement l'état d'avancement des mesures décidées :

1. **Dans les 24 heures, distribuez le compte rendu de la réunion à tous les participants.**

   Envoyez un courriel résumant le bilan que vous avez fait en fin de réunion à propos des décisions prises et l'attribution des missions. En consignant ce bilan par écrit, et en demandant la confirmation des participants, vous clarifiez un peu plus les événements à suivre. Ainsi, personne ne pourra invoquer une incompréhension s'il ne se montre pas à la hauteur. Veillez à informer les employés n'ayant pas assisté à la réunion mais qui sont concernés ou impliqués dans les mesures à prendre.

2. **Gardez un œil sur la liste des tâches à exécuter et rapprochez-vous régulièrement des responsables afin de voir comment avancent les travaux.**

   N'oubliez pas non plus de rappeler à ces diverses personnes le délai dont elles disposent, conformément à ce qui a été décidé en réunion. Faites ensuite en sorte qu'elles respectent ledit délai.

   Non, vous n'êtes pas responsable si un employé ne suit pas l'affaire pour laquelle il avait été désigné. Et il ne vous incombe pas de chaperonner tous les participants ayant hérité d'une mission. Mais, pour protéger le temps que vous avez investi dans le projet, cela vaut la peine de passer quelques minutes à préparer une piqûre de rappel ou de demander par courriel un état des lieux de la mission en cours.

   Pour bien avoir à l'esprit toutes les tâches en cours, ne les perdez pas de vue mais inscrivez-les sur votre agenda journalier, de façon à pouvoir faire les vérifications d'usage auprès de l'employé concerné. Par exemple, si un participant doit faire passer une annonce le vendredi dans le bulletin d'information de l'entreprise, notez-vous de lui en reparler le mercredi.

Chapitre 13

Optimiser la collaboration avec ses partenaires

Dans ce chapitre :

- Savoir si la rencontre avec quelqu'un est susceptible de payer
- Se préparer à un rendez-vous et démarrer sur de bonnes bases
- S'adapter au style comportemental de l'autre
- Évacuer la zone d'indécision
- Présenter des solutions et assurer un suivi

L'objectif de tout homme ou femme d'affaires devrait être de fixer des rendez-vous avec des clients potentiels ou existants. Et cela vaut que vous soyez dans la prestation de service ou dans le commerce. Vous n'êtes pas dans le commerce, me dites-vous ? Cela peut paraître incroyable, mais vous vendez quelque chose tous les jours, quelle que soit votre profession : vous réussissez lorsque les autres adhèrent à vos idées. Et, en tant que commercial, l'une de vos principales fonctions est de décrocher et d'animer des rendez-vous avec des clients potentiels, que ce soit au téléphone ou en face à face. Lorsque vous tentez de réunir les conditions pour décrocher un rendez-vous, vous déterminez les paramètres et la probabilité de faire affaire avec cette personne ou entreprise, en évaluant les dimensions combien, quand et pour quel coût.

Il est plus facile d'afficher un niveau élevé de satisfaction client et de fidélité si vous les rencontrez régulièrement. Éduquer, former et aider vos clients à prendre rendez-vous avec vous leur montre que vous vous investissez et que vous prenez soin d'eux. Ils se sentent alors uniques et cela vous permet de gérer les problèmes et difficultés avant que la situation n'empire. La plupart du temps, ces rendez-vous sont destinés à résoudre des problèmes.

Dans le chapitre 7, je vous montre comment déterminer le support de communication le plus adapté à la situation rencontrée. Dans ce chapitre, je vous aide à tirer le meilleur parti de vos rendez-vous avec vos partenaires, grâce à une bonne planification et à une écoute attentive, car certaines discussions ne servent pas seulement à fournir des informations. Même si vous n'estimez pas être dans le commerce, je peux vous garantir que traiter vos décideurs comme des clients vous facilitera grandement la vie au moment de leur transmettre vos idées.

Savoir qu'il est nécessaire d'organiser un rendez-vous

Si vous essayez d'instaurer un changement grâce à votre pouvoir de persuasion, le facteur le plus important à prendre en compte est le coût d'opportunité que pourrait apporter cette personne. Lorsque vous consacrez du temps à un client potentiel qui finit par ne pas acheter, le *coût d'opportunité* correspond à ce que vous auriez gagné si vous aviez misé sur un client potentiel qui aurait fini par franchir le pas.

Ayant passé plus de 20 ans de ma vie dans la vente à la commission sans salaire fixe, voiture de fonction, notes de frais, etc., le coût d'opportunité d'un client potentiel m'obsède. Lorsque vous n'êtes payé qu'au résultat, vous faites tout votre possible pour identifier les personnes susceptibles de rentabiliser votre investissement en temps et en énergie. J'évalue les futurs partenaires de deux manières :

- À l'investissement en temps qu'ils vont demander (à savoir deviner s'ils demanderont beaucoup ou peu d'attention);
- À la probabilité de leur rendement potentiel.

Les personnalités demandant beaucoup d'attention ont généralement des ego surdimensionnés et sont difficiles à satisfaire. Elles attendent beaucoup de vous, ne cèdent pas et attaquent sans relâche jusqu'à obtenir ce qu'elles veulent. En revanche, avec les personnes réclamant peu d'attention, le temps que vous investissez est généralement minime et elles sont plus facilement satisfaites que les premières.

Plus le client demande d'attention, plus les retours positifs d'un rendez-vous doivent être élevés pour que le jeu en vaille la chandelle. La meilleure approche est de réduire vos pertes et d'éviter d'investir dans des profils qui prennent votre temps, réclament beaucoup d'attention et vous rapportent peu. Votre agacement et votre frustration seront bien moindres si vous optez pour des gens demandant peu d'attention. Même s'ils ne vous rapportent pas beaucoup, ils vous offrent l'énergie et le temps nécessaires pour débusquer des clients potentiels, réclamant peu d'attention et source de bénéfices élevés. De par mon expérience, les personnes demandant peu d'attention et rapportant peu vous apprécient de plus en plus au fil du temps. La valeur constante que vous leur accordez accroît la confiance qu'ils ont en vous, ce qui les fait acheter plus souvent chez vous, réduisant ainsi votre investissement en temps pour générer ces affaires.

Évidemment, le partenaire idéal demande peu d'attention et rapporte beaucoup. Vous lui consacrez très peu de temps, pour des bénéfices élevés. Malheureusement, ce genre de client ne court pas les rues. Il ne faut pas ménager ses efforts pour gagner leur fidélité, mais une fois que vous y êtes parvenu(e), faites tout votre possible pour ne plus les lâcher, et ne jamais les décevoir.

Quelles que soient vos fonctions, vous devez évaluer le rapport entre le temps consacré et le rendement de la relation professionnelle. Comment estimer ce rendement potentiel, la probabilité que votre rendez-vous porte ses fruits ? J'utilise un modèle évaluant quatre qualités : le *désir*, le *besoin*, la *capacité* et l'*autorité*.

Le désir

L'être humain fait des choses pour une raison. Cette raison, ou ce *désir*, doit exister pour que vous puissiez décrocher un rendez-vous. L'autre partie souhaite-t-elle se lancer dans un partenariat stratégique ou une alliance marketing ? Cette personne éprouvera-t-elle le désir de poursuivre la relation de service une fois que vous aurez réglé le problème qui vous a réunis ?

Si vous prenez tout le temps dont vous avez besoin pour bien cerner ce désir, vous sentirez peut-être que décrocher un rendez-vous relèvera du défi tant vous l'aurez saoulé de questions. À ce stade, vous essayez simplement de savoir si ce désir existe.

TRUC

L'un des meilleurs moyens de jauger le désir chez un client potentiel ou une relation de travail est de demander un rendez-vous. Le dernier endroit où un client potentiel sans désir a envie de se trouver est dans le bureau d'un commercial qui le harcèle pour réaliser son quota de ventes. Dès que vous avez le sentiment qu'un entretien en face à face pourrait faire avancer la relation, la vente ou le partenariat, essayez de fixer un rendez-vous.

N'OUBLIEZ PAS !

Le désir de l'être humain est directement lié au temps. Le laps de temps avant de passer à l'action est plus court lorsque la personne désire fortement prendre rendez-vous, acquérir votre produit ou service, résoudre un problème entre vos deux entreprises ou conclure une alliance stratégique. Plus le désir est fort, plus le rendement potentiel est élevé et rapide.

Le besoin

Avant de convenir d'un rendez-vous, vérifiez si l'autre personne a un *besoin* primordial. Votre collègue, partenaire stratégique ou client potentiel a-t-il un vide à combler et pouvez-vous l'aider en ce sens ? Dans le commerce, le besoin est un problème spécifique et identifiable que votre service peut contribuer à résoudre.

Il est relativement facile d'identifier les besoins de la plupart des gens et entreprises. Ils savent généralement à quelles difficultés et problèmes ils sont confrontés. Cependant, ils peuvent ignorer la portée, la taille ou la véritable source de ces problèmes ou difficultés. Souvent, ils se concentrent plus sur les symptômes que sur la cause de la maladie.

Votre objectif est essentiellement d'évaluer si le client (existant ou potentiel), le candidat à une alliance stratégique ou le partenaire vit une souffrance liée à un besoin sous-jacent et s'il a conscience de la nature de ce besoin. Bien entendu, votre but est d'être celui qui va mettre fin à cette souffrance grâce à votre produit ou service.

La capacité

La *capacité* d'une entreprise ou personne est liée à ses moyens financiers. Il n'y a pas de plus grande perte de temps que de rencontrer quelqu'un n'ayant pas suffisamment d'argent pour agir. La personne a-t-elle le budget pour répondre à votre proposition ? Si la réponse est non, peut-elle prélever la somme d'un autre budget pour l'affecter à ce projet ? Souhaite-t-elle le faire ? Demandez au client potentiel : « Pouvons-nous résoudre ce problème, avez-vous une marge de manœuvre au niveau du budget des années à venir pour réaliser cet investissement ? »

Peut-il demander une rallonge budgétaire dans ce domaine ? Quand démarre son prochain budget, afin que votre investissement puisse figurer dans celui de l'année suivante ? Certaines personnes et entreprises se montrent plus souples dans la gestion des sommes à disposition, tandis que pour d'autres, le budget est gravé dans la pierre et ne peut bouger d'un centime. Essayez d'évaluer la flexibilité de l'autre partie et de connaître ses ressources financières.

TRUC

Si jamais vous posez des questions d'argent avant de vous être mis d'accord sur un rendez-vous, certaines personnes pensent que vous essayez de les passer au crible ou de trouver leur point vulnérable. Tentez donc d'abord de décrocher un rendez-vous. Une fois que vous y êtes parvenu(e), vous pouvez poser des questions parce que la personne sait maintenant que vous préparez le rendez-vous. Si ses réponses ne collent pas, dites-lui avec élégance qu'au vu des éléments de la discussion, vous n'allez pas pouvoir l'aider et que vous ne souhaitez pas lui faire perdre son précieux temps avec un rendez-vous.

L'autorité

L'*autorité* concerne le pouvoir de la personne de prendre la décision finale. Avez-vous la responsabilité de décider ? Dans les affaires, nombreuses sont les personnes à se présenter habilitées à prendre les décisions alors qu'elles n'ont pas le pouvoir de changer de fournisseur ou de prestataire, ni de modifier les spécifications ou le planning de livraison. Elles ne sont pas en mesure de signer une alliance stratégique entre votre compagnie et la leur.

Si des tiers sont impliqués dans la décision finale, il faut qu'ils soient présents lors du rendez-vous, sous peine de devoir organiser un rendez-vous supplémentaire. Vous risqueriez de vous faire un adversaire et non un partenaire. Le décideur oublié se sent laissé pour compte et offensé et peut perdre de son influence et de son prestige. Il pourrait vous mettre en concurrence et vous rendre la tâche plus difficile.

Si tout le monde ne peut pas assister au rendez-vous, essayez de le reporter. Si ce n'est pas possible, à vous de juger si vous pouvez maintenir le rendez-vous malgré les absences ou d'insister pour le reporter et de risquer de contrarier la personne qui estime avoir, à tort, l'autorité nécessaire.

N'OUBLIEZ PAS !

Sans la présence de tous les décideurs, c'est à vous de bien faire passer votre message aux personnes présentes. Si vous êtes dans le commerce, c'est une stratégie plutôt inefficace car ce n'est pas vous qui allez vendre au décideur votre position, vos points de vue et les avantages que vous consentez, mais le « messager », qui s'y prendra à coup sûr moins bien que vous.

Se préparer pour le rendez-vous

Trop souvent, les gens s'en remettent à la grâce de Dieu lors des rendez-vous, ce qui peut faire perdre du temps aux autres participants et les rebuter. La plus belle assurance que le rendez-vous soit productif est de bien le préparer. Déterminez à l'avance les objectifs, les problèmes, les points à soulever, les informations à fournir et à obtenir, le processus de décision et le cadre du rendez-vous. Posez-vous des questions sur la chronologie des événements, les problèmes et difficultés, les attentes, les nouvelles occasions, le niveau de service de votre entreprise et pensez à tout un tas d'autres sujets liés au service et aux aspects commerciaux. Il s'agit vraiment de fixer les chances d'obtenir un résultat positif si vous consacrez du temps à ce rendez-vous (dans la section précédente, je parle de l'évaluation du client potentiel).

Identifier et qualifier le problème

Vous essayez de cerner les dimensions *qui*, *quoi*, *quand*, *où* et *pourquoi* afin de savoir comment poursuivre une relation professionnelle existante ou en nouer une nouvelle. Si vous vendez des produits ou des services, vous posez ces questions d'emblée. Si vous préparez une proposition non sollicitée, vous vous posez ces questions et vous vous servez des réponses lors de la préparation pour concevoir votre présentation.

Poser des questions est une démarche à la base d'un bon service client ou d'une bonne démarche commerciale. Dans les sous-sections à suivre, j'aborde les questions qui vous aideront à explorer l'opinion de l'autre partie sur le problème, son calendrier, son expérience auprès d'autres prestataires de services et la concurrence à laquelle vous devez faire face.

Cerner sa compréhension du problème

Votre présentation doit présenter clairement vos atouts à l'autre partie. Posez donc des questions qui vous aident à comprendre sa perception du problème (comment est apparu ce problème, ce que vous pouvez faire, comment elle aimerait que ce problème soit résolu, etc.) :

- *« Quel est votre problème ? Quel est votre sentiment sur ce problème ? »*
- *« Quelle est l'ampleur du problème ? Que vous coûte ce problème ? »*
- *« Quand vous êtes-vous aperçu de ce problème la première fois ? Depuis combien de temps y êtes-vous confronté ? Quand a-t-il commencé à devenir sérieux ? »*
- *« Quelle est la cause de ce problème ? Comment s'est-il produit selon vous ? »*

- *« Pensez-vous que nous pourrions vous aider à régler une partie de ce problème ? De quelle partie s'agirait-il ? Dans l'idéal, qu'aimeriez-vous que nous fassions ? »*
- *« Selon vous, comment devrions-nous résoudre le problème ? Quelles solutions avez-vous déjà essayées ? »*
- *« Que faisons-nous maintenant ? Comment voyez-vous les choses dans un mois, six mois ou un an ? »*

Avoir une idée du temps imparti

Savoir exactement quand votre partenaire souhaite voir le projet terminé (et non « dès que possible ») peut vous permettre de mieux gérer votre temps et les résultats à obtenir. « Dès que possible » n'est pas un indicateur de valeur dans le monde des affaires car il ouvre la porte à toutes les interprétations. Vous pouvez accroître les performances et diminuer le stress en troquant le « dès que possible » pour une date ou des délais précis, tels que « demain en fin de journée » ou « à la fin de cette semaine » ou « demain à midi ».

Un délai flexible est souvent synonyme d'une motivation moindre, d'un désir moins fort et de moins de marge de manœuvre en termes de conditions et de prix. Pour décrocher une date limite plus précise, vous pouvez poser les questions suivantes :

- *« Vous voulez ça pour quand ? »*
- *« Pouvez-vous m'indiquer une date idéale ? »*
- *« Si nous ne pouvions pas respecter ce délai à cause de tout le travail à fournir, quelle autre date limite serait acceptable pour vous ? »*
- *« Quand prendrez-vous une décision ? »*

Se renseigner sur les expériences passées

Le passé permet de faire le tri avant de prendre une décision. Les expériences qu'a eues la personne avec votre entreprise et des sociétés telles que la vôtre entrent en ligne de compte. Pour maximiser les résultats et minimiser le temps consacré, vous devez comprendre ces expériences passées. Si vous devez présenter un produit ou un service lors du rendez-vous, la connaissance des expériences passées du client potentiel :

- Influe sur la nature des éléments sur lesquels vous allez insister lors de votre présentation;
- Influe sur la structure de votre présentation;
- Influe sur les garanties que vous allez donner lors de la présentation;
- Donne un aperçu des objections que le client potentiel pourrait vous faire.

Voici quelques questions bien utiles sur les expériences vécues par le client potentiel :

- *«Pouvez-vous me dire comment vous aimez travailler avec des prestataires de services?»*
- *«Vous est-il déjà arrivé qu'un fournisseur ou partenaire stratégique ne réponde pas à vos besoins? Que s'est-il passé? Pouvez-vous me donner des détails sur la situation?»*
- *«Quel processus suivez-vous pour prendre une décision telle que celle-ci?»*

Découvrir contre qui vous devez lutter

La concurrence est toujours présente dans le monde des affaires. Vous devez lutter non seulement pour vous faire de nouveaux clients mais également pour garder ceux que vous avez. Penser que vos concurrents n'essaient pas de vous piquer des clients ou qu'ils n'y parviendront jamais, c'est faire preuve de naïveté.

Avant un rendez-vous important, vous devez connaître la concurrence : qui d'autre à part les décideurs envisagent-ils de consulter ou quelles autres options ont-ils en tête? Ils peuvent projeter de mobiliser des ressources internes. Dans ce cas, votre concurrent sera donc un département de l'entreprise et non une société extérieure. Ce genre de questions peut vous aider à comprendre les forces adverses en présence :

- *«À qui d'autre avez-vous pensé confier cette tâche?»*
- *«Envisagez-vous de sous-traiter ces tâches?»*
- *«Qu'est-ce qui vous a amené à choisir X comme solution possible?»*
- *«Envisagez-vous d'autres options à part Y?»*

Fixer les objectifs du rendez-vous

Les vrais buts d'un rendez-vous sont de provoquer des décisions, un passage à l'action et une progression vers un objectif fixé à l'avance. Pour ce faire, vous devez avoir une idée claire des objectifs du rendez-vous, à la fois pour vous et pour l'autre partie. Vous devez savoir si une décision sera prise lors de ce rendez-vous et quels éléments doivent être bien perçus par l'autre partie pour que la prise de décision soit effective.

N'OUBLIEZ PAS !

Le volet de fixation des objectifs est un élément très important pour jauger le rendez-vous. À ce stade, trop de professionnels fournissent la réponse bateau : « Nous voulons boucler l'affaire », « Nous voulons simplement résoudre le problème », ou encore : « Nous voulons vendre plus de trucs. » Ce qu'il y a de gênant avec ces réponses, c'est qu'elles n'apportent rien. Vous n'avez aucune idée de l'opinion de l'autre, de ce qui est important pour lui ou de la décision qu'il pourrait prendre. Et c'est un problème, car il va juger votre service, solution ou produit à la façon dont il répond à des besoins ou problèmes dont vous n'avez aucune idée.

Voici quelques questions pour vous aider à clarifier les objectifs de l'autre partie :

- *« Comment allez-vous évaluer le succès de ce projet ? »*
- *« Qu'attendez-vous précisément de nous en termes de services ? »*
- *« Quelles sont les trois choses les plus importantes que vous attendez de nous ? »*
- *« Comment allez-vous évaluer la réussite d'une relation à long terme entre nous ? »*
- *« Y a-t-il quelque chose d'autre que j'oublie et qui entre en ligne de compte dans votre décision finale ? »*

Pour nombre de ces questions, vous allez probablement avoir la réponse réflexe évidente. Pour éviter de perdre votre temps, employez la technique d'approfondissement reposant sur l'expression « à part ça » :

- *« À part ça, qu'espérez-vous accomplir d'autre ? »*
- *« À part ça, souhaitez-vous autre chose ? »*

- *« À part ça, dans l'idéal, qu'aimeriez-vous obtenir ? »*
- *« À part le problème X, existe-t-il un autre problème à résoudre ? »*

Bien entendu, vos objectifs importent également car ils conditionnent votre façon d'aborder la réunion. Par exemple, si votre but est de recueillir et d'évaluer des informations, vous fixerez un ordre du jour pour en collecter plus et confirmer les déductions réalisées jusqu'à présent. Vous souhaiterez préciser les conditions, spécifications, attentes, délais et concurrents. Vous tiendrez à connaître le décideur afin d'adapter au mieux la présentation que vous réaliserez plus tard.

D'un autre côté, lors de la réunion dont l'objectif est d'aboutir à une décision finale, vous pouvez rencontrer des obstacles et difficultés (voire être amené(e) à répondre à des objections dans le cas d'une présentation commerciale). Il s'agit donc de savoir qui y assistera, de s'assurer de la présence des décideurs, d'évaluer le profil des participants. Qui sont vos partisans ? Qui sera le plus difficile à convaincre ?

Créer un ordre du jour

Planifier le résultat final ou prévoir l'itinéraire qui mènera au résultat, c'est vraiment « scénariser » l'opération. La plupart des professionnels utilisent une forme de scénario afin de pouvoir reproduire leurs succès. Les avocats suivent une trame juridique pour exposer leurs arguments, leurs preuves et poser des questions à chaque témoin. Ils anticipent ce qu'il pourrait se passer avant de pénétrer dans la salle d'audience. Ils ne posent jamais une question dont ils ne connaissent pas la réponse. De même, un commandant de bord suit une liste de contrôles avant le décollage et l'atterrissage. Il s'agit là aussi d'un scénario. (Si le commandant n'a pas sa liste de contrôles, débarquez tout de suite !)

La création de l'ordre du jour est un moyen d'écrire le scénario d'une réunion. L'ordre du jour vous permet de progresser vers l'objectif de la réunion, selon l'itinéraire le plus direct et en subissant le moins de distractions possibles. Vous pouvez ainsi prendre en compte les problèmes ou obstacles susceptibles d'apparaître. Vous anticipez les questions qui seront soulevées et préparez des réponses.

Créez un ordre du jour présentant une certaine logique, afin de :

- Confirmer ce que vous avez découvert avant la réunion ;
- Soulever d'autres points, pour bien comprendre les problèmes ;
- Orienter l'autre partie vers vos solutions et les motivations qui devraient la pousser à les accepter ;
- Offrir une garantie de satisfaction de l'autre partie ;
- Lui demander de s'engager à agir maintenant ou dans un délai bien précis.

TRUC

Personnellement, j'aime le dernier point de l'ordre du jour qui indique qu'une décision sera prise en cours de réunion : « prendre la décision de passer à la phase suivante » ou « terminer toutes les tâches administratives », par exemple. Vous prévoyez que l'autre partie disposera de suffisamment d'informations pour passer à l'action. C'est clairement annoncé et de manière concise dans l'ordre du jour. L'autre partie ne peut donc passer à côté. Et si elle vous dit qu'elle ne prendra pas de décision aujourd'hui, au moins vous le savez et vous pouvez demander pourquoi. Ce point de l'ordre du jour est écrit noir sur blanc, vous ne pouvez donc vous rétracter et passer outre.

Vous allez distribuer cet ordre du jour et demander son approbation. Par exemple, vous pouvez dire :

- *« J'ai préparé un ordre du jour pour ce rendez-vous. Est-ce qu'il vous convient ? »*
- *« Est-ce que j'ai oublié quelque chose d'important à vos yeux ? »*
- *« Le format de la réunion vous convient-il ? »*

À vrai dire, 99 fois sur 100, l'autre partie est tellement étonnée par votre sens de la préparation et votre professionnalisme qu'elle ne peut rien faire d'autre que donner son assentiment.

Démarrer le rendez-vous sur des bases solides

Dans le monde des affaires, trop de personnes ne comprennent pas les conséquences de leurs retards. Pour certains clients, votre retard revient à dire : « Mon temps est plus important que le vôtre. » Ce n'est peut-être pas votre intention, mais c'est le message que vous envoyez pour certaines personnes.

TRUC

Que faire si vous êtes en avance ?

Si vous avez pour principe de ne jamais être en retard, vous êtes sans doute systématiquement en avance d'une dizaine de minutes. Voici certaines choses que vous pouvez faire dans ce cas :

- **Observer** : prenez quelques minutes pour observer les photos, journaux et tout le bazar qu'il y a dans l'endroit où vous avez pris place. Quelles sont les lectures de la personne ? Y a-t-il des photos qui indiquent le centre d'intérêt ou le passe-temps préféré de la personne qui va vous recevoir ? Le mobilier est-il plutôt fonctionnel ou tape-à-l'œil ?
- **Engager la conversation** : parlez avec le personnel qui vous a reçu, par exemple l'hôtesse d'accueil. Ne monopolisez pas son temps ou ne la perturbez pas. Soyez agréable et tenez compte de sa charge de travail. Vous voulez simplement faire connaissance de façon qu'elle vous passe votre interlocuteur la prochaine fois que vous appellerez. Il est toujours judicieux de connaître les employés situés aux points d'entrée d'une entreprise ;
- **Réviser** : revoyez votre ordre du jour, les questions et réponses anticipées. Faites le tour de ce que vous allez dire. Parcourir une dernière fois ses notes ne fait pas de mal. Vous ne serez jamais trop préparé(e) à un rendez-vous ;
- **Lire** : emportez toujours de la lecture intéressante (revue spécialisée, ouvrage sur le développement personnel ou votre collection d'articles découpés dans des journaux et magazines). Le temps est trop précieux pour être gaspillé, même dans une salle d'attente.

Ne soyez pas en retard ! Prenez suffisamment de marge en tenant compte du temps de transport, des embouteillages, d'un éventuel oubli ou de n'importe quel autre aléa de la vie. Je n'ai pas une opinion très positive sur les personnes en retard. Si vous êtes en retard à un rendez-vous avec moi, la probabilité que nous fassions affaire aura chuté de manière spectaculaire. Je connais de nombreux P-DG qui ont la même vision des choses en raison de la valeur qu'ils accordent à leur temps. Plus vous grimpez dans la pyramide hiérarchique, plus cette opinion est répandue. Ces personnes ont atteint le sommet grâce à leurs compétences professionnelles et à leur vision de la gestion du temps.

Si vous risquez d'être en retard, ne serait-ce que d'une minute, appelez la personne. Un individu professionnel et courtois informe l'autre de son retard afin que ce dernier puisse démarrer une activité au lieu de se contenter d'attendre. S'il s'agit d'un déjeuner de travail, appelez le restaurant et faites prévenir votre hôte de votre retard.

Bien entendu, être à l'heure (et rester raisonnable concernant les civilités d'usage) n'est que la première étape. Dans cette section, je vous explique comment parfaitement démarrer votre rendez-vous.

Confirmer les objectifs

Je recommande comme premier point de l'ordre du jour la confirmation des réponses aux questions posées dans la section « Se préparer pour le rendez-vous » (voir plus haut). Vous voulez être certain(e) d'avoir bien consigné les réponses de l'autre partie et vérifier que rien n'a changé. Vous tenez également à l'impressionner un peu plus pour avoir pris soin non seulement d'écouter mais également d'enregistrer ses réponses.

Si tous les décideurs sont présents lors du rendez-vous la plupart du temps, vous n'avez eu affaire qu'à un seul. Vous ne savez absolument pas si leurs objectifs, attentes et expériences sont les mêmes que ceux de la personne avec laquelle vous avez été en contact avant le rendez-vous. Pour renforcer votre crédibilité et accroître le niveau de confiance envers vous et votre entreprise, demandez la contribution des autres décideurs au moment où vous confirmez les réponses. Le fait de disposer de ces réponses vous permet de mieux appréhender les besoins et désirs de l'autre partie.

À ce stade, plus vous vous concentrerez sur *eux*, plus la réunion sera efficace. La plupart des gens sont constamment branchés sur Radio Mon Intérêt. Pour persuader les autres, vous devez vous mettre sur la même longueur d'onde qu'eux au cours de vos rencontres, réunions et présentations.

Présenter ses idées

Une fois confirmées les réponses aux questions et identifiés les besoins, désirs et attentes, vous êtes prêt(e) à passer à la partie du rendez-vous que je baptise « Pourquoi faire affaire avec moi ? » ou « Pourquoi choisir ma solution ? ». C'est alors que démarre réellement votre présentation. En effet, vous avez favorisé une compréhension et une confiance suffisantes pour vous concentrer sur la valorisation de vos solutions, produits, services ou autres choses dont vous vantez les mérites.

Faire le lien avec les objectifs de l'autre partie

Ford a fait un tabac aux États-Unis avec ses Mustang, Explorer et Taurus. Boeing fait toujours partie des acteurs de poids du marché de l'aéronautique, depuis les années soixante. Microsoft a battu à plates coutures ses concurrents avec le lancement au milieu des années quatre-vingt du système d'exploitation Windows.

Si vous souhaitez accélérer la prise de décision, aidez vos interlocuteurs à associer votre proposition à la perspective d'un triomphe. En fait, même des petits succès, tels que des économies substantielles, des dirigeants mieux informés et des employés plus heureux sont la clé de la réussite, à la fois pour vous et les autres. Commencez par aider les gens à répondre aux questions suivantes :

- *« Qu'est-ce que ça va me rapporter ? »*
- *« En quoi cela me sera-t-il profitable ? »*
- *« Quel sera le principal avantage pour moi si je me décide maintenant ? »*

- *« De quels autres avantages je bénéficie en agissant maintenant plutôt que plus tard ? »*
- *« En quoi est-ce bénéfique pour mon département ? »*
- *« En quoi cela va-t-il aider mon entreprise ? »*

Aider les décideurs à répondre à ces questions vous permet de prendre place, même si c'est pour un instant, derrière leur bureau. Lorsque vous abordez les problèmes de ce point de vue, vous alignez vos objectifs sur les leurs, pour une opération gagnant-gagnant.

Détailler la valeur de la solution proposée

Une fois votre offre liée aux objectifs de vos décideurs, enfoncez le clou. Faites en sorte que tous vos décideurs perçoivent l'ensemble des avantages de votre idée et soyez précis(e). « C'est vraiment bien ! » ou « C'est mieux que ce que vous avez actuellement » ou encore « Je vous promets que vous allez aimer » sont des énoncés convaincants qui induisent la satisfaction future et prédisent que votre produit n'offrira sans aucun doute que des avantages. Par exemple, si vous essayez de vendre le produit de votre entreprise à un client, listez avec votre décideur tous les avantages qu'il pourrait tirer de la souscription à votre offre, dans les domaines suivants :

- Le prix ;
- Les conditions d'achat par rapport à la concurrence ;
- Une plus grande rationalisation des systèmes ;
- Un temps d'exécution plus rapide ;
- Des informations de meilleure qualité et plus fiables, disponibles plus rapidement ;
- De meilleures relations avec la clientèle ;
- La sécurité et la tranquillité d'esprit.

Démontrez que l'achat de vos chaussures de course, l'adoption de la proposition pour le pique-nique de l'entreprise ou le choix du fournisseur de papier que vous recommandez permet d'avancer vers la réalisation des objectifs de la société et offre des avantages précis à toutes les parties prenantes. Les décisions tomberont ensuite comme des fruits mûrs dans votre escarcelle.

Dans cet univers de haute technologie en constante évolution, les informations récentes d'aujourd'hui sont les nouvelles périmées de demain. Ceux qui prennent rapidement des décisions remportent certes souvent les trophées, mais la *qualité* des décisions est au moins aussi importante que la rapidité avec laquelle vous les prenez. Faites vos devoirs et gérez honnêtement et efficacement les obstacles et objections, et vous gagnerez à tous les coups. Persuader les autres d'abandonner la *bonne* décision au profit d'une décision *rapide* met à mal votre relation et votre crédibilité.

Conclure une vente avec une enfant de 3 ans avertie

Vendre des idées à la maison est parfois aussi difficile que tout ce que vous pouvez rencontrer au bureau. Par exemple, Joan et moi avons été dernièrement dans la phase finale de vente, à notre fille de 3 ans, Annabelle, de l'idée de porter des culottes pour grandes filles. Ce sera à Annabelle de décider quand ce changement décisif aura lieu. Mais cela ne nous empêche pas de lui rappeler en permanence la valeur, les bienfaits et le confort du port de culottes pour grandes filles. Voici comment nous procédons :

- *« Dans des culottes pour grandes filles, tu seras propre et toujours au sec. Ça serait bien, hein ? »*
- *« Quand tu porteras des culottes pour grandes filles, tu pourras courir plus vite après Wesley* [son frère aîné]*. »*
- *« L'an prochain, tu porteras des culottes pour grandes filles, comme les autres enfants de la crèche. »*

Riez si vous voulez, mais ces avantages et valeurs décrits avec force détails sont importants pour notre petite cliente. (Vous remarquerez que nous exposons nos avantages en termes positifs et non négatifs : nous aidons Annabelle à visualiser sa future gloire ; nous ne lui disons pas qu'elle *ne portera plus* de couches, *ne sera plus* trempée et sale, etc.) C'est valable pour tous les clients : la prise de décision s'accélère si vous continuez de les impressionner avec les nombreux avantages de votre proposition. Ce sont des suggestions positives.

Évaluer ses progrès

Au moment de la présentation de votre solution, vous souhaitez savoir régulièrement où vous en êtes. Êtes-vous sur la voie du succès avec l'autre partie ? Avez-vous tiré les bonnes conclusions de ses besoins et problèmes et vos solutions ou propositions de changement répondent-elles à ses attentes ou les dépassent-elles ? Vous tenez également à être certain(e) de ne rien avoir oublié jusqu'à présent.

Le contrôle de la progression peut simplement se faire en demandant : « Cela vous paraît comment ? », « Je suis sur la bonne voie ? » ou : « Ai-je oublié quelque chose selon vous ? » Vous pouvez même organiser une séance de questions-réponses à la fin.

Tailler sa présentation sur mesure en fonction du style décisionnel du client

Cela fait plus de dix ans que j'enseigne les stratégies comportementales à partir des quatre styles du programme DISC (*Dominance*, *Influence*, *Stabilité* et *Conformité*). Pour découvrir votre style et celui des autres, reportez-vous au chapitre 10. Pendant votre rendez-vous, vous pouvez contenir vos attentes et vous épargner tout agacement en identifiant d'emblée le type de décideur auquel vous avez affaire.
La quantité et le type d'informations nécessaires varient en fonction du style affiché pour prendre des décisions, ce qui influe ensuite sur la rapidité avec laquelle l'autre partie tranche. Par exemple, le cycle de décision tend à être plus court pour les dominants et les influents. Les dominants font confiance à leurs convictions et instinct, tandis que les influents se fient à leur sensibilité. Dominants comme influents n'ont pas besoin d'autant de faits, chiffres et détails que les stables et conformistes.

Un bon moyen d'identifier le style comportemental de quelqu'un est de savoir quels types de questions il est susceptible de poser. Dans cette section, j'inclus des exemples de questions pour chaque type de personnalité. (Vous remarquerez que je fournis plus de questions pour les stables et conformistes que pour les influents et dominants, tout simplement parce que les deux premières catégories en posent plus.) J'explique également comment adapter votre présentation afin de plaire à chaque type de personnalité.

Gardez à l'esprit que les gens peuvent présenter des traits de deux ou trois styles.

Aller à l'essentiel avec des dominants

Les questions posées par les dominants sont directes, puissantes et sont parfois destinées à intimider. Si vous parlez pour ne rien dire, ne contrôlez plus la situation ou hésitez trop longtemps, ils ne vous respecteront plus et ne prendront pas la décision que vous recherchez. Les dominants vous demandent :

- *« À qui d'autre l'avez-vous dit ou vendu ? »*
- *« Quels sont les résultats financiers, les avantages ou les coûts pour moi ? »*
- *« Qu'est-ce qui vous permet d'être certain que c'est bien pour nous ? »*

Deux styles, deux approches

Je n'oublierai jamais mon premier poste d'encadrement. Si j'avais cinq personnes sous mes ordres, il y en a deux qui sont gravées dans ma mémoire : Lee et Tim.

Quand je déléguais un projet à Lee, elle prenait gentiment des notes et se mettait au travail. Elle pouvait revenir vers moi à de multiples reprises pour me poser les questions auxquelles elle n'avait pas pensé au départ ou me faire part de l'avancement des travaux. Elle avait tendance à vérifier les choses souvent pour s'assurer qu'elle était sur la bonne voie, puis elle procédait rapidement aux ajustements nécessaires le cas échéant. Lee était souple, communiquait beaucoup et travaillait vite. C'était une excellente employée.

En revanche, avec Tim, j'ai appris à lui fournir les informations au compte-gouttes et par petites bribes et à lui donner le temps de s'habituer aux nouvelles idées. Si je le bombardais d'informations, je ne devais pas m'attendre à ce qu'il file se mettre au travail, comme le faisait Lee. ...

...

Cependant, si je lui accordais suffisamment de temps pour digérer les informations, commencer par poser des questions, travailler sur un autre projet pendant un ou deux jours, puis revenir à la mission que je lui avais confiée, Tim s'en sortait chaque fois. Il fallait simplement que je lui donne du *temps*. Et il trouvait souvent des solutions plus novatrices que Lee. Tim était également un excellent employé.

TRUC

Les dominants testent la confiance en soi et les conclusions de leur interlocuteur. Si vous n'affichez pas une solide conviction, ils refusent d'aller plus loin. Pour guider le dominant vers la décision que vous visez, gardez ceci à l'esprit :

- Soyez bref, sûr de vous et persuasif ;
- Ne perdez pas votre temps avec des témoignages ;
- Employez une approche professionnelle directe ;
- Allez rapidement à l'essentiel et résolvez le problème.

Éblouir l'influent innovateur

Les influents posent généralement des questions avec chaleur, voire enjouement afin de découvrir vos émotions et d'être fixés sur la relation. C'est leur façon de prendre des décisions. Voici des questions types posées par des influents :

- *« Pourquoi avez-vous le sentiment que nous devrions faire ça ? »*
- *« En quoi cette nouvelle technologie est-elle novatrice ? »*
- *« Combien d'autres sociétés en sont équipées ? »*
- *« Pouvez-vous baisser un peu votre prix ? »*

Les influents se considèrent comme innovateurs et à la pointe du progrès. Ils ont tendance à prendre des décisions en un éclair, voire avec insouciance. Ils iront jusqu'à rester connectés à Internet des heures entières le jour du lancement du dernier gadget de télécommunication afin d'être les premiers à l'acheter.

Pour séduire un influent, suivez ces recommandations :

- Donnez-lui le temps de « s'échauffer » et de bavarder ;
- Axez votre propos sur le sujet, dans la bonne humeur et utilisez des histoires et anecdotes ;
- Abordez les points essentiels sans donner trop de détails ;
- Présentez de nouveaux services, idées et produits attrayants.

Rassurer le stable

Les questions du stable sont généralement sans agressivité, axées sur le service et destinées à recueillir l'information. Les stables recherchent un niveau de sécurité élevé avant de se décider, même s'il s'agit de simples changements à opérer. Voici des exemples de questions que posent les stables :

- *« Est-il déjà arrivé que ça ne fonctionne pas ? Racontez-moi. »*
- *« Le service est de qualité. Pourquoi faudrait-il que je change ? »*
- *« Depuis combien de temps êtes-vous dans la partie ? »*
- *« Que va-t-il se passer si ça ne fonctionne pas ? »*
- *« Pouvez-vous me rappeler dans une semaine ? J'ai besoin de réfléchir. »*

Les stables veulent être certains de ne pas avoir de mauvaises surprises ni de problèmes s'ils franchissent le pas. Ils ont tendance à remettre le plus possible la prise de décision à plus tard. Voici comment contribuer à accélérer le processus :

- Favorisez l'adhésion grâce à une approche posée et réfléchie ;
- Apportez plein de preuves et de chiffres lorsque vous présentez votre affaire ;
- Commencez par gagner leur confiance en parlant de leur famille et de leurs passe-temps ;
- Répondez à toutes les questions et obtenez leur accord grâce à vos réponses.

ATTENTION !

Soyez prudent(e) avec les stables. Ils auront plutôt tendance à dire « peut-être » et vous laisser ainsi dans l'expectative jusqu'à la Saint-Glinglin plutôt que d'oser vous dire « non ». Ils peuvent vous faire perdre beaucoup de temps car ils savent faire semblant d'être intéressés. Et, s'ils ne le sont pas, ils espèrent secrètement que vous ne les rappellerez jamais. (Pour en savoir plus sur les éternels indécis, reportez-vous à la section « Gérer l'indécision », plus loin dans ce chapitre.)

Fournir des faits et des chiffres au conformiste

Les questions types d'un conformiste portent généralement sur une chose : le processus. Les conformistes ne font rien sans un plan bien structuré. Ils veulent tous les faits, chiffres, statistiques et études imaginables, puis ils évaluent les données au poids. Pour les conformistes, une probabilité de succès de 99 % est bien souvent trop faible. Voici des exemples de questions posées par le conformiste :

- *« Quelle garantie offrez-vous ? »*
- *« Quelles qualifications avez-vous ? »*
- *« Depuis combien de temps ce produit est-il sorti ? »*
- *« Quel est le taux de retour de ce produit ? »*
- *« Quelles autres informations pouvez-vous me donner ? »*

TRUC

Voici comment inciter un conformiste à prendre une décision :

- Offrez-lui le temps de d'intégrer les informations que vous lui avez données avant de passer à l'étape suivante ;
- Utilisez les témoignages d'autres conformistes et stables ;
- Allez-y doucement et évitez les menus propos ; allez à l'essentiel en fournissant une multitude de données pour le rassurer ;
- Proposez uniquement des solutions éprouvées ; les conformistes se méfient de tout ce qui est nouveau ou qui n'a pas fait ses preuves.

Gérer l'indécision

On perd du temps en réunion, c'est indéniable. Tout le monde bâille pendant toutes ces minutes, voire heures passées ensemble. Mais pensez un peu à toutes ces décisions que nous devons prendre chaque jour, du choix de la chemise pour aller au travail à celui du pyjama pour aller se coucher. Le temps passé à évaluer la bonne option pour n'importe quel type de décision, importante ou futile, s'accumule. En outre, plus la prise de décision est longue, plus la probabilité d'un refus est grande. Comme le dit l'éminent théologien qui a étudié et enseigné à Harvard, Harvey Cox : « Ne pas décider, c'est décider. » Ce qui revient à dire que ne pas faire de choix est un choix en soi !

La bonne nouvelle, c'est que quel que soit le nombre de questions fermées que vous posez, il n'y a que trois réponses possibles : « oui », « non » et « peut-être ». Si vous parvenez à amener votre décideur au croisement des trois chemins oui/non/peut-être, il devra faire son choix, généralement assez vite. À ce stade, c'est atteindre ce croisement qui prend le plus de temps.

Les réponses « oui » et « non » sont généralement faciles à identifier et la réponse appropriée est plus simple. Mais vous pouvez aussi vous trouver confronté(e) au plus grand trou noir absorbeur de temps : le redoutable « peut-être ». La zone du « peut-être », à l'instar du triangle des Bermudes, est un endroit terrible : vous êtes seul(e), en plein brouillard et perdu(e). Vos appels et évaluations ne donnent rien et le temps et l'espace, sans parler de votre progression, sont figés.

Dans cette section, je vous explique comment comprendre la raison de cette indécision, poser des questions pour surmonter les obstacles de la zone du « peut-être » et vendre votre affaire. Je décris également quelques échappatoires, pour régler les points d'achoppement et se tourner vers d'autres décideurs.

Évaluer la raison d'être de ce « peut-être »

Je plaide moi-même coupable car il m'arrive d'entrer dans la zone du « peut-être ». Je dis « peut-être » quand je suis fatigué, quand je ne suis pas prêt à aborder le problème ou quand je n'ai pas envie de me battre. Ou bien j'espère qu'en ignorant la question, je la ferai disparaître (ce serait étonnant). Je dois finalement me résoudre à répondre.

Face à un « peut-être », votre meilleure réaction est de savoir si vous avez bien mené votre enquête sur le décideur dans les domaines suivants :

- Sa motivation ;
- Ses besoins ;
- Son autorité ;
- Ses capacités ;
- Le temps dont il dispose ;
- Les obstacles possibles ;
- Ses objectifs ;
- Sa réelle aptitude à prendre lui-même ses décisions sans l'accord d'autres personnes.

Assurez-vous de bien avoir pris en compte ces éléments. Si c'est le cas et que vous demeurez dans l'impasse, essayez de voir si votre décideur dit « peut-être » pour l'une des raisons suivantes :

- Il ne veut pas vous décevoir et espère que vous allez oublier ;
- Il est trop fatigué pour prendre une décision immédiatement ;
- Il lui manque des informations ;
- Il a besoin des conseils ou de l'aval d'une tierce personne avant de prendre une décision.

La raison du « peut-être » vous indique à quoi vous vous heurtez. Elle va vous aider à déceler quand ce « peut-être » est un « non » déguisé, parce que l'autre partie est trop fatiguée ou trop gentille pour vous dire la vérité. Si vous ne faites pas la lumière sur la raison de ce « peut-être », l'incertitude risque de se prolonger et la probabilité d'obtenir un « oui » franc et massif diminue un peu plus chaque jour qui passe.

Poser des questions

Les questions ouvertes sont l'idéal pour débloquer la situation quand on vous oppose un « peut-être ». Elles permettent de manière très fonctionnelle de passer le relais à l'autre personne. Elles requièrent des réponses réfléchies et plus détaillées que les questions fermées. En tant que demandeur, vous orientez et gardez le contrôle de la conversation. Cela vous permet d'accéder à une mine d'informations car vous écoutez au lieu de parler.

Voici des questions qui vous aideront à vous sortir de la zone du « peut-être » :

- *« Habituellement, comment prenez-vous ce genre de décision ? »*
- *« Parlez-moi de votre processus de prise de décision. De quelles informations avez-vous besoin et quand vous les faut-il ? »*
- *« Qui d'autre prend part à la décision finale ? »*
- *« S'agit-il d'un changement que vous estimez devoir faire ou que vous avez envie de faire ? »*
- *« Voyez-vous quelque chose qui pourrait retarder votre décision ? »*
- *« Dans quelles circonstances envisageriez-vous d'accepter ma proposition ? »*
- *« Vous imaginez-vous utiliser un service tel que le nôtre ? »*
- *« Est-ce que certaines conditions pourraient nous permettre d'avancer? Quels seraient ces circonstances, services, garanties ou conditions ? »*

Si votre traversée de la zone du « peut-être » s'éternise ou, pire, débouche sur la zone du « non », employez une autre tactique : recourez à l'inestimable « pourquoi », pourtant souvent sous-estimé. Ce « pourquoi » est mon ami depuis longtemps. Il m'a permis de surmonter des obstacles que je pensais ne jamais pouvoir franchir. Voyez ce qu'il se passe quand vous posez les questions suivantes :

- *«Pourquoi ma proposition vous inspire-t-elle ce sentiment?»*
- *«Pourquoi pensez-vous devoir attendre?»*
- *«Pourquoi vous sera-t-il plus facile de prendre cette décision la semaine prochaine?»*
- *«Pourquoi avez-vous besoin de l'avis de Macha sur ce point?»*
- *«Pourquoi devez-vous encore réfléchir?»*
- *«Pourquoi ne pas me faire confiance et vous engager dès à présent?»*

Un hiver, nous étions en vacances en famille à Palm Desert. Wesley avait 5 ans et il a décidé d'ouvrir un stand de vente de citronnade devant le parcours de golf. Nous sommes allés acheter de la citronnade, des cookies, des gobelets en plastique, du papier pour travaux manuels et des feutres pour faire une affiche. Dès l'ouverture du stand, à peine les joueurs ont-ils eu fini de putter sur le green du dernier trou que Wesley alla à leur rencontre pour vanter son produit. Il se dirigea vers eux et leur demanda s'ils voulaient une citronnade. Je les ai entendus dire «non» et j'ai pensé : «J'espère qu'il ne va pas se décourager.» Mais, là, Wesley a dit : «Pourquoi? elle est bonne, ma citronnade. Elle rafraîchit et c'est moi qui l'ai faite.» Ces adultes n'avaient rien à répondre au «pourquoi» de Wesley. Ils ont été les premiers d'une longue liste à prendre une citronnade. Il a vendu pour plus de 22 dollars de citronnade et en aurait vendu encore plus s'il n'avait pas épuisé son stock. On apprend beaucoup d'un gamin de 5 ans qui n'a pas peur de demander «pourquoi».

Exposer les avantages et les inconvénients

D'innombrables ouvrages sur le développement personnel conseillent aux lecteurs de dresser la liste des avantages et des inconvénients avant de prendre une décision. Si votre client est complètement dans le brouillard, à savoir dans la redoutable zone du «peut-être», encouragez-le à faire lui aussi sa liste. Cette technique fonctionne bien quand vous avez la personne en face de vous, mais vous pouvez aussi l'employer au téléphone. (Vous pouvez vous aussi en faire une et la donner au décideur, mais il vaut mieux que ce soit lui qui s'y colle, afin de s'approprier les idées qui y figurent.)

Si vous avez la chance de rencontrer votre décideur, demandez-lui de prendre une feuille et de faire deux colonnes intitulées « Pour » ou « Positif » et « Contre » ou « Négatif ». Demandez-lui de commencer par la colonne des avantages et laissez-le la remplir tout seul. Généralement, les gens démarrent fort puis s'essoufflent. Vous pouvez demander : « Et X ? Vous y voyez quelque chose de positif ? » Exprimez votre avantage sous forme de question afin que cela devienne une idée de votre décideur. Encouragez-le à mesure que la liste s'allonge. Ayez comme objectif une liste de points positifs de 15 à 20 éléments.

Passez ensuite aux aspects négatifs. Lors de cette phase, *vous gardez le silence*. Votre mission est de laisser le décideur essayer de remplir la colonne. Si votre proposition est de qualité, il devrait avoir du mal à trouver des inconvénients. Une fois l'exercice terminé, les deux colonnes doivent être radicalement différentes. Dans l'idéal, votre liste de points positifs devrait renfermer d'excellentes raisons de passer à l'action, et immédiatement !

Créer un sentiment d'urgence en imposant une date limite au décideur

Des délais et des attentes inexistants ou flous sont souvent la cause de retards en matière de prise de décision. La tactique courante est de dire : « Envoyez-moi de plus amples informations. » (Vous venez d'envoyer un document de 200 pages, que faire de plus ?) Pour en savoir plus et accélérer la décision, posez les questions suivantes :

- *« De quelles autres informations avez-vous besoin ? »* (Essayez de ne pas paraître incrédule quand vous posez la question.)
- *« De quoi avez-vous besoin, précisément ? Vous faut-il des éléments en plus pour prendre une décision ? »*
- *« Faut-il que d'autres prennent connaissance de ces informations ? »*

- *« Si je vous donne tous les éléments avant le XX/XX, quand estimez-vous pouvoir prendre une décision ? »*
- *« Quels problèmes ces éléments supplémentaires vous aideront-ils à résoudre ? »*
- *« Souhaitez-vous me parler de vos soucis ? »*
- *« Devrions-nous fixer un autre rendez-vous dans une semaine pour en reparler ? »*

Ces questions vous aident à découvrir :

- Ce dont le client a besoin précisément ;
- Ce que cette personne envisage de faire une fois qu'elle aura ces informations, et quand ;
- La date (au plus tôt) à laquelle vous pouvez vous attendre à ce qu'il passe à l'action, une fois les informations en poche.

Diminuer les risques perçus

Bien entendu, il est toujours possible que vous vous retrouviez à l'arrêt à cause des questions pertinentes et soucis légitimes de votre décideur. Ne serait-il pas merveilleux si vous pouviez éliminer ces pierres d'achoppement ? Cela vous est possible, en abordant puis en supprimant les risques qui effraient le décideur. Le processus détaillé ci-dessous accroît radicalement la probabilité qu'il fasse un choix, que son hésitation soit logique ou imputable à un excès de prudence :

1. **Identifiez précisément les problèmes et soucis, puis déterminez leur importance.**

   Si quelqu'un est incertain, il a tendance à donner aux risques une ampleur démesurée, et plus vous les laissez mijoter dans son cerveau, moins la décision finale a des chances de tourner en votre faveur. Posez les questions suivantes :

   - *« Quel est le plus gros problème de ma recommandation selon vous ? Quelle est la probabilité qu'il survienne ? »*
   - *« Quels inconvénients voyez-vous, aujourd'hui et à l'avenir ? »*

2. **Quantifiez les risques.**

   Gérez les risques d'une manière simple et directe. Aidez le décideur à les diminuer de façon à les rendre tolérables. Comme lorsque vous détaillez les avantages, il vaut mieux donner des chiffres et pourcentages précis que de rester général (*petit*, *beaucoup*, *trop*, etc.). Posez ce genre de questions :

   - *« Sur une échelle de 1 à 10, quel serait le niveau de risque acceptable ? »*
   - *« Si vous deviez me donner un pourcentage, quel pourcentage de risque pourriez-vous tolérer ? »*

   Quand une personne dit : « Cela représente un trop gros risque », vous devez sortir des chiffres pour amorcer la pompe : un risque d'échec de 30 % serait-il trop élevé ? Oui ? Et 10 % ?

3. **Après avoir jeté les bases, posez la question des solutions.**

   Essayez les questions suivantes :

   - *« Que pouvons-nous changer ou ajuster pour abaisser le risque au niveau acceptable pour vous de 10 % ? »*
   - *« Est-ce que ce sont les offres des autres qui vous donnent l'impression que le risque est plus grand si vous traitez avec nous ? »*
   - *« Avez-vous besoin de quelque chose que nous n'avons pas proposé ? Une chose qui vous amène à considérer notre collaboration ? »*

4. **Faites en sorte que votre proposition mette le décideur à l'aise et garantissez-lui qu'il obtiendra les résultats souhaités.**

   Des décisions sont prises rapidement si les risques semblent acceptables et gérables pour l'autre partie.

   Quand vous essayez de persuader l'autre de prendre une décision, n'oubliez pas que certains décideurs hésitent par peur de commettre des erreurs. Si votre objectif est que vos clients, collègues, supérieurs hiérarchiques, employés, voire vos enfants prennent de bonnes décisions dans un délai raisonnable, tenez compte de la peur qui les fait hésiter (et abordez-la, que ce soit directement ou de manière plus détournée).

Des efforts de dernière minute pour sortir de la zone du « peut-être »

TRUC

Vous avez fait tout ce qui est proposé dans les sections précédentes et votre décideur est encore englué dans la zone du « peut-être » ? Soyez tenace et persévérant(e) ! Il n'y a pas de mal à faire une dernière tentative avant de baisser les bras. Voici de bonnes tactiques à employer :

- **Reprenez vos questions.** Réévaluez le pouvoir d'action de votre interlocuteur et demandez-lui si son budget pose maintenant problème : *« Votre budget a-t-il évolué depuis le début du processus ? »*, *« Quelqu'un au-dessus de vous a-t-il gelé les dépenses ? »* (Pour en savoir plus sur la façon d'évaluer l'intérêt d'un client potentiel, reportez-vous à la section « Savoir qu'il est nécessaire d'organiser un rendez-vous », plus haut dans ce chapitre.) ;
- **Permettez au décideur de se pencher de nouveau sur les chiffres ou de consulter quelqu'un.** Même le P-DG de l'entreprise peut avoir besoin de l'aval du conseil d'administration avant d'agir. Dans la sphère privée, si la décision est importante, une personne peut la remettre à plus tard tant qu'elle n'en a pas parlé à son conjoint. Demandez au décideur s'il doit consulter quelque chose ou quelqu'un ;
- **Obtenez l'aide de partisans en interne.** Si vous êtes dans l'impasse, prenez du recul. Dans l'entreprise, qui veut que le boulot soit fait, et maintenant ? *Quelqu'un* a quelque chose à gagner (de la reconnaissance, de l'argent, du prestige ou une promotion) en allant de l'avant. Ces individus sont vos partisans en interne. Vous ne les avez peut-être jamais rencontrés et ils ne sont peut-être pas directement impliqués dans le processus de décision. En fait, il est très probable qu'ils ne soient pas impliqués, sinon la décision aurait déjà été prise. Dans ce cas, faites entrer ces gens dans la danse afin qu'ils puissent promouvoir votre solution depuis l'intérieur. Informez-les de l'avancement réalisé (ou du *statu quo*) et sollicitez leur aide. Encore une fois, ajustez votre intérêt par rapport au leur afin que vous tiriez la corde dans le même sens ;

- **Découvrez la pierre d'achoppement.** Le processus peut être lent ou échouer à cause d'un obstacle. Mon entreprise, Sales Champions, a une pierre d'achoppement connue, à visage humain. Nous orientons des gens vers ce spécialiste de l'entrave afin de contrôler tous les problèmes et cette personne évalue sciemment, avec précaution et minutie la situation dans ses moindres détails avant de présenter des recommandations à notre direction.

  Il est plus facile et rapide de surmonter cet obstacle si vous parvenez à convaincre la personne qui entrave le processus. Apprenez à la connaître, déterminez ses besoins, son pouvoir, son influence et son style décisionnel (voir la section « Tailler sa présentation sur mesure en fonction du style décisionnel du client », plus haut dans ce chapitre), puis procédez avec elle comme avec un décideur. Si vous découvrez que son pouvoir est limité, court-circuitez-le et adressez-vous à vos partisans ou à quelqu'un qui est habilité à prendre la décision.

Savoir quand abandonner

Je dis souvent à mes commerciaux que si un décideur laisse entendre inlassablement qu'il *veut* prendre une décision, mais ne bouge pas après plusieurs demandes de leur part, continuer d'essayer de le convaincre revient à arroser une plante morte : vous aurez beau vous échiner à la tâche, la plante ne ressuscitera pas.

La route est longue entre un intérêt mesuré ou l'indifférence, et le désir ou besoin d'une personne disposée à prendre une décision. Si votre décideur avance comme sur des œufs, il y a de fortes chances qu'il ait déjà pris une décision : celle d'attendre. Voici des questions qui vous aideront à évaluer votre investissement en temps :

- Sur une échelle de 1 à 10, quelle est la probabilité que cette personne aille de l'avant *immédiatement* ?
- Sur une échelle de 1 à 10, quelle est la probabilité que cette personne aille de l'avant *à un moment ou à un autre* ?
- Quel est le temps que vous devez consacrer pour que cette probabilité augmente sensiblement ?

Pour les personnes évoluant dans le commerce, une quatrième question pourrait être : voulez-vous vraiment convaincre ce client maintenant et sur le long terme? Bien entendu, si vous essayez de vendre une idée à votre chef ou conjoint(e), mettre un terme à la relation n'est pas une option envisageable. Mais, dans les autres situations, évaluez le temps que vous consacrez à l'affaire et étudiez ce que vous y gagnez ; analysez donc le *retour sur investissement*, comme on dit dans les affaires.

Aborder les problèmes en tout genre et inviter l'autre à passer à l'action

Dans tous les rendez-vous vient le moment où vous souhaitez conclure un accord ou prendre des mesures. Vous voulez une adhésion totale à toutes vos recommandations (ou au moins une partie) pour aller de l'avant. Vous devez *demander* des choses. À ce stade, quelqu'un doit :

- Exprimer clairement ce qui, selon lui ou elle, doit se produire ensuite ;
- Demander aux autres de participer.

Si vous essayez d'obtenir d'une entreprise qu'elle apporte des fonds pour une œuvre de bienfaisance, quelqu'un doit dresser la liste des avantages pour l'association, l'entreprise et les employés et dire « Faisons-le ». Dans une présentation commerciale, vous devez exposer clairement la valeur de vos produits et services et demander au client potentiel s'il veut traiter avec vous.

À la fin, si vous ne demandez rien, vous n'obtiendrez rien. Dans cette section, j'explique comment aborder les problèmes en tout genre des décideurs, présenter une solution et inviter tout le monde à passer à l'action.

Étape 1 : marquer un temps d'arrêt

Une fois que votre décideur a émis un argument ou soulevé un problème, marquez un temps d'arrêt. Cela fonctionne à merveille et offre à son auteur (c'est-à-dire vous) le contrôle de la conversation. Cela force votre décideur à réfléchir (et peut même faire grimper la température ambiante de plusieurs degrés).

Si vous marquez un temps d'arrêt, vous évitez de vous mettre sur la défensive et vous ne vous précipitez pas pour répondre au décideur avant qu'il n'ait fini d'exposer son problème. Cette pause vous permet d'*entendre* ce que dit votre décideur. Ainsi, vous le laissez finir d'exprimer son idée et avez le temps de rassembler vos esprits. Votre repartie n'en sera que meilleure. Si vous essayez de formuler une réponse pendant que votre client potentiel continue de parler, vous risquez de ne pas bien percevoir son problème. Ce temps d'arrêt vous empêche également d'interrompre l'autre personne, ce qui serait manquer d'égards ou peut passer pour de l'indifférence.

Étape 2 : accuser réception

Après votre pause, accusez réception des propos du décideur exposant son problème. Même si son souci vous semble ridicule, faites-lui sentir que vous avez reçu et compris le message. Cette méthode vous donne également un peu plus de temps pour résoudre les problèmes et avancer des propositions pour dénouer la situation.

Accuser réception ne veut pas dire être d'accord. Vous n'avez pas besoin d'être d'accord avec ce qu'a dit votre décideur. Pour combler le fossé entre vous et votre décideur, trois options s'offrent à vous :

- Changer d'idée pour rejoindre l'avis de votre décideur ;
- Convaincre avec tact votre décideur que votre approche permet d'obtenir les résultats souhaités avec plus d'efficacité ;
- Trouver un terrain d'entente.

Vous pouvez même remercier votre décideur sans pour autant manifester votre accord. Voici comment accuser réception en toute neutralité :

- *« Je vois bien ce qui pose problème. »*
- *« C'est une excellente question. Je suis content(e) que vous l'ayez posée. »*

- *« Merci d'avoir soulevé ce problème, comme ça je serai certain(e) de le prendre en compte. »*
- *« Je comprends votre problème. »*

Une autre technique efficace consiste à ajouter une question d'approfondissement à la fin de votre accusé de réception. Cela accroît la confiance de votre décideur en vous et lui montre que vous vous souciez de lui. En outre, vous faites ainsi preuve de professionnalisme. Voici quelques-unes de mes expressions préférées :

- *« Je comprends votre problème. Dites-moi ce qui est à l'origine de ce sentiment. »*
- *« Je vois où est le problème. Vous pouvez m'en dire plus, s'il vous plaît ? »*
- *« Je saisis votre hésitation. Avez-vous déjà eu une mauvaise expérience en la matière ? »*

Un accusé de réception suivi d'une question d'approfondissement permet de faire la transition vers l'étape suivante du processus : l'exploration.

Lorsque vous accusez réception, évitez le mot « mais ». « Mais » donne un aspect négatif à tout ce qui suit et donne l'impression que vous êtes sur la défensive. Le terme « et » convient parfois très bien. Écoutez la différence :

- *« Vous avez fait un excellent travail, mais vous avez commis quelques erreurs. »* (Comparez : *« Vous avez fait un excellent travail et je sais que vous pourrez corriger ces quelques erreurs en un rien de temps. »*)
- *« Je comprends la raison pour laquelle tu veux un serpent, mais ta mère ne va pas aimer ça. »* (Comparez : *« Je comprends la raison pour laquelle tu veux un serpent. As-tu pensé à ce que ta mère va dire ? »*)

Étape 3 : explorer

L'exploration (ou *approfondissement*) clarifie le problème de votre décideur. Quelle est l'origine du problème ? Un précédent fournisseur a-t-il fait un impair ? Le décideur ne vous fait-il pas confiance, à vous et à votre entreprise ? A-t-il eu vent d'une histoire néfaste vous concernant ?

En explorant bien, vous saisissez mieux l'ampleur, l'intensité du problème de votre décideur et le contexte émotionnel dans lequel il s'inscrit. Voici quelques questions pertinentes :

- *« Peut-on parler plus en détail de votre opinion sur ce sujet ? »*
- *« Qu'est-ce qui vous incite le plus à penser cela de ma proposition ? »*
- *« Y a-t-il une raison qui pourrait vous pousser à penser que je ne peux prétendre à cette promotion ? »*

Étape 4 : isoler

Votre objectif est de franchir le rideau de fumée pour aborder le vrai problème. Vous ne pouvez aider quelqu'un à prendre la bonne décision si vous ne connaissez pas tous les obstacles. L'utilisation de scénarios pour isoler les raisons du problème accroît de manière spectaculaire votre force de persuasion. Voici des questions qui vous aideront à mettre le doigt sur le problème :

- *« Supposons que nous trouvions une solution satisfaisante à votre problème. Me donneriez-vous le feu vert ? »*
- *« Est-ce la seule raison qui vous empêche de finaliser la transaction ? »*
- *« À part X, y a-t-il une autre raison qui explique votre réticence ? »*
- *« Si ce problème n'existait pas, seriez-vous disposé à signer sur-le-champ ? »*

Ces techniques amènent le décideur à considérer votre proposition en se posant la question « et si ? ». Que ferait votre décideur si vous aviez le pouvoir de résoudre le problème immédiatement ?

Il peut arriver que vous isoliez la cause de son hésitation pour découvrir ensuite que vous ne pouvez répondre aux exigences de votre décideur en termes de prix, de service, de livraison, etc. Néanmoins, votre vision des choses vous permet de renforcer votre relation avec lui et, qui sait, vous ferez peut-être affaire avec lui dans le futur.

Étape 5 : répondre

Une fois le ou les problèmes isolés avec précision, le moment est venu de passer au stade de la réponse. Soyez convaincant(e), montrez votre motivation et proposez une vraie solution. Inspirez confiance afin de pouvoir aider votre décideur à atteindre son ou ses objectifs. Faites preuve d'enthousiasme et de professionnalisme. Si vous n'êtes pas passionné(e) par cette fantastique proposition, comment espérer que votre décideur le soit ? L'enthousiasme est communicatif au même titre que l'incertitude.

Voici des exemples de réponses qui accusent réception des problèmes du décideur et proposent une solution qui règlent ces soucis :

- *« Je comprends bien que mon expérience dans le métier vous fasse douter, mais sachez que ce n'est pas mon premier poste dans ce secteur. Dans mon entreprise précédente, j'avais un taux de satisfaction client de 96 %. Je suis persuadé(e) que ma vision du service à la clientèle et mon professionnalisme conviendraient parfaitement pour ce poste. »*
- *« Je vois que vous essayez de peser le prix par rapport à la qualité. Bien que nous soyons plus cher, notre produit est de meilleure qualité. Vous allez utiliser cet appareil pendant dix ans et, comme vos coûts de maintenance seront moins élevés, vous aurez moins d'interruption de service et vos employés seront moins contrariés, notre rapport qualité-prix est supérieur et la différence sera gommée au bout de trois ans. »*

Conclure et confirmer l'engagement

Le dernier point de votre ordre du jour doit indiquer que l'autre partie prendra une décision au cours de la réunion. Lors d'une conclusion récapitulative, vous confirmez les détails de l'accord et obtenez un engagement pour les mesures approuvées. L'engagement à agir peut être joint ou séparé.

Dressez la liste des mesures, services ou points ayant fait l'objet d'un accord, avec l'énoncé d'un engagement, le cas échéant à certaines conditions. Cette technique peut également fonctionner en interne avec des supérieurs et des subordonnés ou à la maison.

Voici des exemples de conclusions récapitulatives :

- *« Alors, si nous fournissons X, Y et Z, nous pourrions faire affaire ensemble ? »*
- *« Que diriez-vous si les problèmes X et Y étaient résolus ? Vous décideriez de faire appel à cette entreprise, n'est-ce pas ? »*
- *« Je vois que vous voulez que nous fassions X, Y et Z, c'est bien ça ? Super ! Que ferez-vous ensuite ? »*

La confirmation de l'engagement est le dernier point, aboutissement naturel d'une bonne décision. Cela reconfirme que votre décideur est prêt à agir *maintenant*. Insistez de nouveau sur votre conviction que votre solution est la bonne et assurez-vous que le décideur va bien se décider. Voici d'excellents moyens de confirmer l'engagement de l'autre partie :

- *« Dans mon esprit, il n'y a aucun doute, la solution correspond exactement à ce qu'il vous faut. Passons maintenant au stade suivant. »*
- *« Tu m'as rendu fou de bonheur en acceptant de m'épouser. Je te promets de passer le restant de ma vie à faire en sorte que tu ne regrettes pas ta décision. Maintenant, mettons nos parents au courant. »*
- *« Je suis sûr que ce X vous comblera de bonheur. Il fonctionnera exactement comme je vous l'ai dit aujourd'hui. Débarrassons-nous de la paperasse pour que vous puissiez en profiter immédiatement. »*

Allez, un dernier effort ! Suivre et relancer

Parfois, lorsque vous ne parvenez pas à atteindre votre objectif pendant le rendez-vous, la relance que vous effectuez après peut s'avérer plus fructueuse que la réunion proprement dite. La plupart des gens oublient par la suite une grande partie de ce que vous avez dit lors d'un rendez-vous. Ils quittent la réunion et retournent dans leur bureau avec des affaires urgentes à traiter qui se sont accumulées pendant leurs heures d'absence.

N'OUBLIEZ PAS !

La meilleure stratégie de suivi et de relance est celle dont sont convenus tous les participants. S'il vous faut un autre entretien en face à face ou par téléphone, programmez-le avant la fin de la réunion. Le suivi s'avère plus difficile si vous restez vague (« la semaine prochaine »). Fixez une date.

TRUC

Après un rendez-vous, vous ferez forte impression si vous envoyez un mot de remerciement. Après chaque réunion importante, il m'arrive encore d'envoyer un mot. On trouve toujours un moment pour l'écrire, même lors d'une journée surchargée.

Cinquième partie

La partie des Dix

« Alors, Frank, quel est ton secret pour gagner autant de temps? »

Dans cette partie...

La vie est courte et cette partie (la fameuse partie des Dix de la collection « Pour les Nuls ») vous offre des réponses brèves mais complètes à vos problèmes de gestion du temps les plus impérieux. Si vous êtes confronté(e) au besoin de faire cesser vos pertes de temps, rendez-vous au chapitre 14. Une fois que vous serez prêt(e) à adopter des habitudes positives, le chapitre 15 est là pour vous servir. Le chapitre 16 vous donne des conseils pour gagner du temps dans votre vie privée et le chapitre 17 vous indique comment rester concentré au travail.

Chapitre 14

Dix comportements à éviter pour gagner du temps

Dans ce chapitre :

- Modifier sa façon d'aborder les tâches
- Diminuer le désordre
- Accroître son optimisme

Avec toutes les choses que vous avez à faire en un jour, ne serait-ce pas sympa si la journée durait un peu plus longtemps ? Avant de commencer à réfléchir à des moyens de ralentir la rotation de notre bonne vieille Terre, essayez de diminuer le nombre d'éléments vous faisant sérieusement perdre du temps ou au moins de leur consacrer moins de temps. Vous aurez l'impression de pouvoir investir une, deux ou trois heures (voire plus) dans des activités importantes à vos yeux. Voici les dévoreurs de temps les plus voraces à éliminer.

Ne pas s'accorder de temps de réflexion

Quand vous consacrez trop peu de temps à la préparation, vous êtes forcé(e) de passer plus de temps sur l'exécution. Le temps que vous consacrez à recueillir, compiler et organiser vos pensées avant de démarrer un projet porte ses fruits en termes de productivité et de qualité de résultats.

Non seulement la planification élimine les problèmes avant de démarrer mais aussi elle vous aide à imaginer comment vous allez exécuter la tâche. Lorsque vous abordez la situation à l'avance, vous nourrissez votre subconscient des outils et informations nécessaires pour travailler sur les problèmes, souvent sans en avoir conscience. Cela revient à laisser lever de la pâte à pain dans un espace chauffé pendant toute une nuit. Considérez vos efforts de planification comme la levure qui fait gonfler vos projets pour qu'ils atteignent leur plein potentiel.

La préparation s'avère précieuse que vous consentiez des efforts importants ou modestes. Ne serait-ce que dix minutes en fin de journée consacrées à passer en revue votre emploi du temps et à déterminer les éléments dont vous aurez besoin est un gage d'accroissement de votre productivité et d'efficacité le lendemain.

S'adonner au multitâche

Les preuves scientifiques montrent de manière flagrante que le *multitâche*, à savoir faire la navette entre plusieurs tâches, est un moyen extrêmement inefficace de procéder. Les chercheurs disent que, lorsque vous faites du multitâche, votre cerveau doit prendre le temps de passer à un autre groupe de compétences et à des aptitudes différentes.

Une étude montre que, lorsque l'on demande à une personne parlant deux langues de passer d'une langue à l'autre pour un exercice de comptage, elle doit ralentir chaque fois qu'elle commute dans l'autre langue, même s'il s'agit de celle qu'elle maîtrise le mieux. Une autre étude met en lumière que, lorsque les gens démarrent puis interrompent plusieurs tâches dans un laps de temps donné, ils augmentent le temps nécessaire pour les exécuter de 500 %.

Il arrive que le multitâche soit incontournable : vous préparez à dîner, aidez un enfant à faire ses devoirs et dites à un autre où sont rangées ses chaussures de football. Parfois, le multitâche n'influe pas sur la productivité : vous lisez un livre tout en écoutant du jazz et vous vous interrompez de temps en temps pour répondre à votre conjoint(e) qui lit à côté de vous.

Pour ces projets et tâches qui réclament un investissement total de votre part, vous feriez mieux de vous consacrer à une tâche à la fois. Voici comment conserver votre concentration sur une activité en particulier :

- **Éteignez votre téléphone portable, coupez la sonnerie de votre téléphone fixe ou transférez vos appels sur messagerie.** Même si vous n'avez pas l'intention de répondre si ça sonne, la seule sonnerie détourne votre attention et ralentit votre progression ;
- **Si vous travaillez sur ordinateur, paramétrez votre logiciel de messagerie pour ne pas recevoir une notification à chaque message reçu.** Vous pouvez jeter un œil à votre boîte de réception toutes les X minutes, voire prévoir un créneau spécial pour cela dans votre emploi du temps. Le chapitre 4 vous dit tout sur la façon de vous bloquer du temps grâce au système de tranches horaires ;
- **Si vous travaillez sur un rapport, un article ou un projet demandant une grande concentration, réservez-vous au moins une heure sans aucune interruption.** Vous ne pourrez peut-être pas boucler cette tâche en l'espace d'une heure, mais vous aurez déjà bien travaillé dessus. Une heure de travail correspond au laps de temps pendant lequel la plupart des gens peuvent se concentrer intensément sans aucune pause pour prendre un café, aller aux toilettes ou s'étirer.

Le chapitre 8 vous indique comment gérer les interruptions.

Travailler sans faire de pauses

Quand vous travaillez, votre concentration baisse considérablement au bout d'un certain temps. Trop de personnes bossent dur sans faire de pauses et vont au-delà de cette limite. Elles relisent encore et encore le même paragraphe parce qu'elles sont fatiguées et ont perdu leur concentration. Elles reprennent le même rapport et ne s'en aperçoivent qu'une fois arrivées à la moitié.

Tout le monde a besoin de faire des pauses. Faites-en fréquemment, mais d'une durée très courte. Si vous vous accordez deux pauses de 15 minutes par jour en plus de votre pause déjeuner, je vous conseille d'essayer trois pauses de 10 minutes ou deux pauses de 5 minutes et deux pauses de 10 minutes. Loin de moi l'idée de vous conseiller de prendre plus de temps que ne vous en accorde votre patron, mais de le répartir en tranches plus courtes mais plus nombreuses afin de refaire le plein de concentration et d'énergie.

Exiger la perfection

Si vous attendez la perfection de vous-même ou des autres, vous perdez votre temps. Ne pas accepter l'imperfection vous empêche de vous adonner à vos centres d'intérêt personnels ou vos objectifs professionnels peuvent finir par limiter votre épanouissement.

Le temps, les efforts, l'énergie et les émotions requises pour atteindre la perfection diminuent la productivité de manière radicale. Il vous faut parfois autant de temps et d'énergie pour passer d'un niveau de performance de 95 % à 100 % que pour passer de 0 % à 95 %. Il vaut mieux vous plonger dans de nouvelles activités que de rechercher la perfection.

Et si vous refusez de persister jusqu'à atteindre la perfection, comment ferez-vous pour devenir parfait ? L'un des inventeurs les plus prolifiques de l'histoire, Thomas Edison, a créé des centaines de prototypes ratés avant de mettre au point des inventions telles que l'ampoule.

S'inquiéter et attendre

Couplées, l'*inquiétude* et l'*attente* sont deux des éléments générateurs d'une perte de temps qui peuvent nuire à votre succès et à votre bonheur. L'inquiétude naît souvent du fait que vous vous attardez sur des facteurs que vous ne pouvez contrôler. Réfléchir à des forces impérieuses qui peuvent avoir un effet dévastateur est effrayant : une récession économique, un cyclone, le réchauffement climatique. Mais si vous passez votre temps à vous inquiéter, vous ne le passez pas à réfléchir à des solutions ou à éviter ces forces. Le gourou du développement personnel Dale Carnegie avait la vision des choses suivante : « Si tu n'arrives pas à dormir, lève-toi et fais quelque chose au lieu de rester allongé à t'inquiéter. C'est l'inquiétude qui aura raison de toi, pas le manque de sommeil. »

Un autre exercice pour vous aider à vaincre l'inquiétude consiste à vous poser ces quatre questions :

- Qu'est-ce qui m'inquiète, en fait ?
- Que puis-je y faire ?
- Que vais-je y faire ?
- Quand vais-je prendre les choses en main ?
- Est-ce vraiment de mon ressort ?

L'*attente* est une cousine germaine de l'*inquiétude*. Il ne s'agit pas d'attendre votre conjoint(e) pour le dîner, des nouvelles d'un client à propos de votre devis ou la baisse du prix des télévisions haute définition. Je parle de l'attente qui accompagne souvent l'inquiétude, de celle qui vous empêche de prendre des mesures productives.

Pourquoi ne pas être fixé maintenant et non plus tard ? Si ce client ne vous a pas rappelé(e), rappelez-le. Vous allez l'avoir, cette réponse, de toute façon. S'il vous apprend la mauvaise nouvelle que vous n'avez pas remporté l'appel d'offres, sachez-le maintenant afin de pouvoir faire quelque chose ou consacrer le temps libéré à prospecter. Si vous attendez la baisse du prix d'un téléviseur, quelle est la baisse que vous espérez ? Une attente de plusieurs mois vaut-elle les 200 euros économisés ?

Rester scotché devant la télévision

3 heures et 41 minutes. C'est le temps que passe en moyenne un Français devant l'écran chaque jour selon le Syndicat national de la publicité télévisée (SNPTV). Imaginez si vous pouviez passer tout ce temps à autre chose : rester en famille, prendre des cours, faire de l'exercice, voire dormir plus longtemps !

Si vous êtes accro à la télévision, arrêter d'un seul coup n'est sans doute pas possible. Le sevrage serait trop douloureux. À vrai dire, la télévision n'est pas si néfaste. À l'instar du café, elle peut vous être bénéfique à petites doses.

Voici des moyens d'apprendre à se passer de soirées et de week-ends vautré sur son canapé :

- **Éteignez la télévision si vous ne la regardez pas.** Certaines personnes aiment la garder en fond sonore, mais il peut être particulièrement tentant de rester planter devant si « Envoyé spécial » diffuse un reportage passionnant ou si le secret d'un candidat est sur le point d'être révélé ;
- **Établissez votre programme de télévision.** Déterminez les émissions que vous tenez absolument à regarder. Si c'est la série criminelle du mercredi soir de 20 h 45, soit. Mais n'allumez pas la télévision avant l'heure fatidique et éteignez-la dès le générique de fin ;
- **Programmez des créneaux où vous ne regarderez pas la télévision.** Prévoyez une soirée dans la semaine ou le week-end sans télé ;
- **Réduisez le nombre de téléviseurs chez vous.** Retirez le poste de télévision de la cuisine et de la chambre. Tout comme les diététiciens conseillent aux personnes souhaitant perdre du poids de ne manger que dans certaines pièces, le fait de limiter le nombre de téléviseurs peut vous aider à surveiller votre consommation cathodique ;
- **Programmez l'enregistrement des émissions qui vous intéressent et regardez-les à votre convenance.** L'avantage ? Vous pouvez sauter toutes les pubs, ce qui peut diminuer le temps passé devant la télévision d'environ un tiers !

Naviguer sur la Toile

Il n'y a pas de mal à rester connecté à Internet, tant qu'il ne s'agit pas de *dix heures*. Je n'exagère pas en disant que, malgré les trois à quatre heures passées en moyenne sur Internet selon les études, un pourcentage conséquent de personnes restent scotchées devant leur moniteur pendant sept heures, voire plus dans une journée ! Des études montrent également que l'on consacre de plus en plus de temps à Internet, au détriment d'autres activités, telles que regarder la télévision et lire.

L'Internet est un outil incroyablement puissant pour gagner du temps. Il est désormais ~~bien~~ plus rapide de rechercher des informations que par le passé ! Mais la Toile regorge aussi d'informations *inutiles*. Vous pouvez passer des heures à examiner des tonnes de données, à la recherche d'une info précise, et voir une demi-journée s'évanouir avant d'avoir pu dire « ouf ». Vos intentions originales sont balayées et vous ne suivez plus le bon cap, entraîné(e) par un courant sous-marin d'informations hors sujet.

Lorsque l'on fait des recherches sur Internet, rester concentré sur sa mission porte ses fruits. Que recherchez-vous ? Le rapport annuel d'une entreprise avec laquelle vous souhaitez décrocher un contrat ? Les meilleures chambres d'hôtes disponibles dans le Luberon en mai ? Ne vous laissez pas distraire par des informations associées qui vous détournent de votre quête initiale. Tapez dans votre moteur de recherche des expressions précises entre guillemets pour restreindre le champ de résultats, utilisez les fonctions de recherche avancées pour éviter certains mots ou ne recherchez que les sites.org, .com, .gouv ou .edu en fonction de vos besoins. Mettez en signets les sites web que vous trouvez utiles ou copiez-collez les infos importantes dans un document séparé, ainsi que l'URL correspondante, afin de pouvoir vous y reporter ultérieurement.

La Toile sert en grande partie à titre personnel : musique, shopping, jeux en ligne, blogs, univers virtuels, porno. Mon conseil : parfois, il vaut mieux supprimer carrément cette activité. Nombre de ces comportements peuvent vous attirer de graves problèmes, faire naître des addictions, vous mettre sur la paille, voire vous causer des ennuis de santé. Dans d'autres situations plus bénignes, il est toujours conseillé de ne pas abuser de l'Internet et de trouver ses passions dans le monde réel.

Se faire emporter par le flux de courriers et courriels

Comme si l'invasion des offres de cartes de crédit, des catalogues et des documents de marketing direct ne suffisait pas, votre boîte de réception est prise d'assaut par des courriels non sollicités, communément appelés *pourriels* (ou *spam*, en anglais). Au moins, les offres envoyées par courriel n'entraînent pas le gaspillage de milliers et milliers de tonnes de papier (si vous ne les imprimez pas). Mais tout le monde perd trop de temps à examiner de près son courrier et ses courriels afin d'être sûr de ne pas passer à côté d'une correspondance cruciale.

Chez nous, récemment, j'ai réuni un mois de publicités importunes, ce qui représentait 30 catalogues adressés à Joan. Élément intéressant : parmi tous ces catalogues, elle n'en avait commandé que deux. Apparemment, ces deux sociétés avaient vendu son adresse à d'autres prestataires.

La vente ou l'échange de listes de clients est une pratique courante chez les sociétés qui proposent des catalogues. Je parie que si vous vérifiez dans la pile d'offres que vous recevez, vous trouverez plusieurs sociétés qui orthographient mal votre nom exactement de la même manière. Est-ce une coïncidence ? Je ne le pense pas.

Se faire rayer de ces listes est plus difficile qu'il ne devrait. Appeler la société et lui demander de vous rayer de sa liste ne fonctionne pas toujours. Même si vous parvenez à faire disparaître votre nom de cette liste, la société peut très bien acheter une autre liste sur laquelle vous figurez et les catalogues sont alors de retour dans votre boîte aux lettres. Si de nombreuses entreprises s'engagent à ce que votre nom ne figure nulle part dans leurs futures listes, la promesse n'est pas toujours tenue.

Vous pouvez prendre certaines mesures pour diminuer le déluge de papiers et courriels reçus. Il faut cependant fournir quelques efforts :

- Désabonnez-vous des listes de diffusion ;

- Installez un logiciel antispam efficace. La plupart des bons programmes vous permettent de stocker les courriels indésirables reçus et de les lire si vous le souhaitez.

Ayez bien conscience qu'il peut vous falloir jusqu'à dix semaines pour voir le courrier postal non sollicité diminuer. Veillez donc à bien mettre les noms de toutes les personnes du foyer, y compris les variantes orthographiques erronées. Par exemple, Joan recevait deux catalogues d'une marque de vêtement : un au nom de Joan Zeller et l'autre au nom de Joan Seller.

Tuer le temps dans les transports

Avant, j'enviais ces gens vivant dans de grandes villes et qui pouvaient profiter de transports publics efficaces, sauter dans un train et lire, rédiger des rapports et programmer des engagements professionnels pendant le transport tout en laissant la conduite à d'autres. Je pensais que, dans ces conditions, le trajet pouvait bien durer une heure, peu importait !

C'était, bien entendu, un vœu pieux, car mon travail me conduisait en des endroits mal desservis par les transports publics. Je devais donc passer de longues heures improductives au volant. Improductives, jusqu'à ce que je découvre que ma voiture m'offrait des opportunités fantastiques que je n'avais pas imaginées. C'est alors que mon véhicule devint mon *auto-université*.

À l'époque, j'ai adopté l'autoradio-cassette (maintenant, c'est un lecteur de CD) et transformé ma voiture en salle de cours spécialisée dans la formation et le développement personnel. Au lieu d'écouter la radio, en passant d'une station à l'autre à mesure que je perdais le signal, je me suis mis à écouter des ouvrages audio sur tous les sujets, de la finance pour les particuliers aux relations humaines.

Bien qu'il ne soit pas néfaste d'écouter de la musique ou les émissions de débats à la radio (l'un de mes meilleurs amis possède plusieurs stations de radio), si vous passez beaucoup de temps dans votre voiture, vous seriez bien avisé(e) de faire bon usage d'une partie de ce temps.

Passer du temps avec des personnes négatives

Pour être enthousiaste, plein d'ardeur et voir la vie en rose, entourez-vous de personnes positives. À l'inverse, pour avoir moins d'énergie, faire baisser votre enthousiasme, voir les choses en noir, ralentir votre productivité et considérer le verre à moins vide et non plus à moitié plein, passez votre temps aux côtés de personnes négatives. Plus vous diminuez l'influence qu'elles ont sur votre vie, plus vous pouvez être heureux(se) et productif(ve).

Je sais, c'est plus facile à dire qu'à faire. Il y a de fortes chances que vous ayez un ami bien rabat-joie dans votre cercle proche. Et vous êtes probablement en relation avec une personne qui aime vous répéter que vous n'exploitez pas tout votre potentiel ou que tout le monde vous en veut. Vos collègues négatifs ne reportent pas forcément leur mécontentement sur *vous*. En fait, ils voient peut-être en vous l'incarnation de la réussite tout en se considérant comme les victimes de toutes les injustices du monde. Mais leur pessimisme risque de déteindre sur vous.

Je ne vous suggère pas de laisser tomber les amis et proches qui connaissent des moments difficiles en raison de la maladie, de problèmes financiers ou d'ennuis personnels. Je veux dire qu'il vaudrait mieux éviter ces personnes enclines à voir surtout le mauvais côté de la vie, quel que soit le bonheur qu'elles vivent.

Vous aurez du mal à vous sentir heureux(se), épanoui(e) et dans une phase ascendante si les personnes que vous côtoyez se trouvent dans une période noire remplie de contrariétés, d'embûches et de problèmes.

Faites de votre mieux pour réduire au strict minimum le temps passé en compagnie des grincheux et anticonformistes. Non seulement vous pourrez de nouveau consacrer un temps précieux à des projets positifs, mais leur absence redonnera de l'éclat à vos perspectives empreintes d'optimisme.

Chapitre 15

Dix bonnes habitudes en matière de gestion du temps

Dans ce chapitre :

- Bien démarrer la journée
- Consacrer du temps à sa santé
- Se concentrer sur ce qu'il y a de plus important
- Adopter un bon système

La gestion du temps n'est pas un talent inné. Il faut peut-être un ADN exceptionnel pour chanter à l'opéra, remporter un triathlon ou signer à l'Olympique Lyonnais, mais vous pouvez devenir un champion de la gestion du temps sans disposer du gène de l'efficacité. Une bonne gestion du temps est une question d'habitudes. Dans ce chapitre, je vous présente les dix meilleures habitudes à adopter pour gagner en « efficacité temporelle ».

Démarrer sa journée de bonne heure

La plupart des gens sont plus productifs le matin. C'est logique : après avoir dormi, vous avez plus d'énergie, vous êtes plus vif et vous avez moins de temps d'éveil derrière vous. Une demi-heure tôt le matin vaut largement deux heures en fin de journée.

Lorsque j'ai des délais à respecter et des projets à terminer, je mets mon réveil deux heures plus tôt que d'habitude. En ce qui me concerne, c'est une méthode bien plus efficace que d'essayer de rattraper le temps le soir. Je suis généralement trop fatigué pour pouvoir bien me concentrer. Je peux me coucher à 20 heures afin de me lever à 3 heures du matin. La maison est calme, je suis frais comme un gardon, mon esprit est vif et ma productivité optimale.

Vous n'êtes pas obligé(e) de mettre votre réveil au chant du coq. Une petite heure de travail en plus le matin peut vous donner plein de temps en plus pour sérieusement entamer votre liste de choses à faire. En vous levant ne serait-ce qu'une demi-heure plut tôt chaque jour, vous gagnez 182,5 jours par an, soit 23 jours de travail supplémentaires :

$$365 \text{ jours} \times \tfrac{1}{2} \text{ heure} / \text{une journée de travail de 8 heures} = 22{,}8 \text{ jours de travail}$$

C'est ce qui s'appelle s'acheter du temps.

Planifier la journée du lendemain

Réservez-vous un peu de temps chaque jour, à la fin de votre journée de labeur ou avant l'extinction des feux le soir, pour prévoir votre journée du lendemain. Y consacrer une demi-heure, voire seulement 10 à 15 minutes peut vous garantir un gain de productivité lors de vos 24 prochaines heures.

Lorsque vous confirmez votre emploi du temps du lendemain et étoffez votre liste de choses à faire, prenez en compte l'intégralité de la journée (pas seulement vos heures de travail, mais également vos obligations personnelles). Pensez à tout ce que vous souhaitez accomplir, du moment où vous flanquez une gifle à votre radioréveil pour l'arrêter (déposer le chat chez le vétérinaire ou récupérer des vêtements chez le teinturier ?) à la fin de votre journée (rappeler des amis et des membres de votre famille ?). Ajustez ensuite votre emploi du temps en conséquence.

Lorsque vous exécutez cette tâche de planification, faites ceci :

- Passez en revue vos engagements professionnels du lendemain et vérifiez que votre agenda est bien à jour ;
- Intégrez vos rendez-vous privés à votre emploi du temps ;
- Vérifiez que vous n'avez pas de conflits possibles dans votre emploi du temps (pourrez-vous être chez le dentiste à midi en ayant une réunion le matin ?) ;

- Ajoutez les éventuelles tâches que vous n'avez pas eu le temps d'exécuter aujourd'hui ;
- Anticipez les aménagements et le travail nécessaires pour accomplir les activités prévues le lendemain ;
- Identifiez vos toutes premières priorités (si la journée se déroule mal avec plein d'imprévus, quelles tâches devez-vous absolument exécuter ?).

Le chapitre 4 vous donne des conseils sur la façon de planifier votre journée grâce au système des tranches horaires.

Prendre soin de sa santé

Prendre les mesures nécessaires pour garder la santé et la forme est l'un des meilleurs investissements que vous puissiez faire en matière de gestion du temps. Après tout, si vous perdez des journées de travail parce que vous êtes souvent malade ou si vous n'avez pas suffisamment d'endurance pour tenir toute la journée, votre productivité décline et vous accumulez du retard au bureau et à la maison.

Bien manger pour être très performant

Pas besoin de faire le plein de calories comme un alpiniste ou un marathonien, mais manger sainement est aussi important pour les sprinteurs de bureau que pour quiconque ayant besoin d'un corps au top de sa forme. Une bonne alimentation vous assure l'énergie physique et mentale nécessaire pour être productif tout au long de la journée. Voici quelques conseils alimentaires :

- **Intégrez vos repas à votre emploi du temps.** Si vous avez tendance à sauter des repas, intégrez-les à votre emploi du temps, au même titre que les réunions et rendez-vous privés :
  - **Petit déjeuner :** ne sautez pas le petit déjeuner. Si vous démarrez la journée le ventre vide, vous manquerez de carburant avant d'avoir tout bouclé ;
  - **Déjeuner :** la pause méridienne a pour but de vous redonner un coup de fouet.

- **Oubliez les mauvaises calories.** Un paquet de chips et un soda empêchent peut-être votre estomac de gargouiller mais ils ne vous apportent pas le carburant à combustion lente nécessaire pour tenir la journée ;
- **Mangez équilibré.** Apprenez les bases de la nutrition et laissez la science et non les nouveaux régimes à la mode vous guider dans vos choix culinaires. (Pour en savoir plus sur la nutrition de base, lisez *Bien s'alimenter pour les Nuls* (Caroline Bach, Éditions First).

Faire de l'exercice pour avoir de l'énergie et de l'endurance

Je ne compte plus les gens disant que l'activité physique leur apporte un bien-être tant mental que physique. Il est scientifiquement prouvé que l'exercice physique stimule la libération de substances chimiques qui génèrent des pensées positives et un surcroît d'énergie vers le cerveau, autant de sensations importantes pour une productivité de haut niveau. Par conséquent, si vous pensez que vous n'avez pas le temps d'aller à la salle de sport, dites-vous que vous n'avez pas le temps de *ne pas* y aller.

Les kilos superflus pèsent lourd sur votre corps et vous ralentissent vraiment, ce qui ne vous met pas dans les meilleures conditions pour afficher une efficacité maximale en matière de gestion du temps. Mais, même les gens n'ayant pas de problèmes de poids tirent parti d'une activité physique régulière. Pour accroître votre productivité, suivez ces conseils :

- Faites de l'exercice physique (au moins 20 minutes) chaque jour ;
- S'il vous est difficile de trouver un créneau pour vous bouger, faites-le par petites tranches : garez-vous un plus loin de votre bureau afin de vous faire une petite séance de marche rapide, prenez les escaliers au lieu de l'ascenseur, faites des étirements, voire allez à la salle de sport pendant la pause déjeuner. Soulevez des haltères, faites des flexions et/ou des abdominaux dans votre salon. Ne refusez pas l'exercice physique sous prétexte

que vous ne pouvez pas vous dégager une heure entière, vous passez à côté de belles occasions de faire travailler votre corps. Ce sera déjà ça de pris ;

- Trouvez une activité qui fait augmenter votre rythme cardiaque (marcher, courir, faire du vélo, nager ou suivre un cours d'aérobique), à raison de deux ou trois heures par semaine ;
- Trouvez une activité que vous aimez au lieu de vous forcer à suivre un régime peu attrayant.

Dormir pour rajeunir

Il est primordial de se reposer suffisamment pour recharger les accus. Se coucher suffisamment tôt pour être bien reposé peut améliorer votre gestion du temps et votre niveau d'énergie le lendemain. Ayez une idée précise du repos dont votre corps a impérieusement besoin. Établissez votre emploi du temps de façon à respecter cette quantité.

L'une des meilleures techniques pour vous permettre de recharger vos accus grâce au sommeil consiste à faire la sieste. Je suis un inconditionnel de la sieste l'après-midi quand je suis en week-end. Elle m'aide à récupérer le repos dont j'ai besoin et je me réveille bien détendu. Pratiquer une sieste de 10 à 20 minutes tous les jours est très bénéfique. Celles-ci peuvent être prises en position assise sur son siège ou dans une salle de repos.

Faire une pause

Les emplois du temps trop chargés sont source de pression et de tension en matière d'éducation des enfants. Les experts du développement de l'enfant soulignent que les emplois du temps sont si chargés avec l'école, la musique, le sport, les jeux et autres engagements qu'ils n'ont pratiquement pas de temps de repos pour développer leur créativité et leur imagination.

Que vous appeliez ça un moment de prière, de méditation, de réflexion, de repos ou de fainéantise, les adultes aussi ont besoin de ces créneaux déstructurés. Les personnes extrêmement occupées ont du mal à justifier le fait qu'elles ne fassent rien quand tant de travail les attend, mais ces périodes de réflexion détendent les muscles de la pensée, font disparaître tout le stress accumulé, vous font envisager de nouvelles perspectives et vous aident à mieux comprendre les choses, ce qui n'est pas « rien ». En outre, elles ont le pouvoir de vous rendre plus réceptif, concentré, créatif et donc plus efficace.

Je remarque chez moi une amélioration significative en termes d'efficacité, d'énergie et d'attitude lorsque je respecte un rituel matinal commençant par une prière et la lecture de la Bible chaque jour à 5 heures. Voici des moyens de trouver un moment de calme idéal pour vous :

- Asseyez-vous à l'extérieur, dans votre jardin ou un parc, et laissez votre esprit vagabonder ;
- Marchez sans but précis ;
- Écoutez de la musique instrumentale ;
- Méditez ;
- Lisez quelque chose de spirituel ou de stimulant ;
- Priez (la plupart des religions proposent des prières quotidiennes).

Planifier les repas de sa semaine

Ma mère, l'une des personnes les plus efficaces que je connaisse, faisait la démonstration de sa science de l'organisation à travers la façon dont elle planifiait tous nos repas. Chaque semaine, elle s'asseyait, prenait une feuille de papier et un crayon et prévoyait tous nos repas des sept prochains jours, en prenant en compte notre emploi du temps, les occasions spéciales (les anniversaires, par exemple) et les articles bénéficiant d'une offre spéciale cette semaine-là dans les différents rayons. Elle inspectait les placards et le garde-manger pour vérifier qu'elle disposait de tous les ingrédients nécessaires, puis faisait sa liste de courses. Elle se rendait au supermarché avec un plan d'action bien préparé : aucune place pour les pulsions soudaines. Maman avait une mission, elle savait ce qu'elle voulait et où le trouver. Et elle ne faisait ça qu'une fois par semaine, alors pas question d'oublier un ingrédient. L'extrême efficacité de ma mère pour la planification des repas portait ses fruits. Elle se libérait ainsi du temps pour apprécier le dîner et les conversations avec son mari et ses fils.

Prenez l'habitude de vous concocter un plan hebdomadaire afin de ne pas perdre de temps à réfléchir à ce que vous allez manger. Adieu, les passages éclairs par les établissements de restauration rapide parce qu'il n'y a plus rien dans les placards !

TRUC

Cette habitude de concevoir un plan hebdomadaire peut concerner d'autres domaines que la cuisine. Par exemple, prévoyez votre tenue pour chaque jour de la semaine afin d'être certain(e) que tout est lavé, repassé, ciré et recousu.

Déléguer presque tout

Ayez conscience de ce qui est le plus important pour vous et déléguez tout le reste. Dans le chapitre 4, je vous guide dans le processus d'indentification de vos priorités. Dès que vous êtes en possession de cette liste (je vous suggère de la dresser par écrit et de l'avoir à portée de main), vous êtes mieux à même de déterminer les activités permettant de répondre à ces priorités, qui, même si elles doivent être menées à leur terme, peuvent être confiées à une tierce personne.

ANECDOTE

Parfois, ce qui ressemble à une activité pouvant être déléguée est en fait très cher au cœur de vos proches. Je ne peux pas dire que je sois un fan de la dînette mais la joie qui illumine le visage de ma fille Annabelle lorsqu'elle s'assied à côté de ses poupées me remplit de bonheur et contribue à mon épanouissement. Je ne déléguerais ces séances de dînette à personne. En revanche, je déteste le jardinage. Bien entendu, il est important à mes yeux, et à ceux de mes voisins, de tondre régulièrement la pelouse. Mais passer du temps à m'occuper de mon jardin ne figure même pas parmi mes 100 premières priorités. Je délègue donc cette tâche, ainsi que d'autres responsabilités, telles que faire la vidange de la voiture, réparer une fuite d'eau et d'autres tâches de choix.

Dire « non » plus souvent

Vous avez sans doute déjà entendu dire que pour qu'une chose soit faite, il fallait la confier à une personne occupée. Il est vrai que les personnes les plus productives semblent être capables de jongler avec un plus grand nombre de responsabilités et d'activités. Mais toute la quantité de choses que parvient à réaliser une personne trop occupée se fait au détriment de la qualité. Pour tirer le plus de satisfaction du travail que vous effectuez et des passe-temps auxquels vous vous adonnez, vous devez veiller qu'ils ne soient pas engloutis par d'autres engagements.

Les exigences subies sont sans limite. Le temps est une ressource limitée. Sachez repérer quand le sablier est presque vide et protéger votre temps en disant « non ». Reprenez votre liste de priorités et voyez si votre programme regorge d'engagements n'y figurant pas. Si c'est le cas, faites le ménage le plus possible afin de laisser de la place pour les choses réellement importantes à vos yeux. Et, à la vague suivante de sollicitations, levez gentiment la main et dites : « Non merci, mon programme est plein. »

Toujours utiliser un système de gestion du temps

Pour bien cultiver vos compétences de gestionnaire du temps, optez pour un système et respectez-le. Si vous l'utilisez régulièrement, son emploi deviendra plus facile et il vous apportera beaucoup. Dans le chapitre 4, je vous montre comment utiliser le système de tranches horaires, que j'ai moi-même adopté pour son efficacité.

Se simplifier la vie

Si vos biens matériels prennent de la place chez vous et au bureau, ils encombrent également le temps dont vous disposez. Un de mes clients, qui vivait à Manhattan depuis plusieurs années, a décidé qu'il lui fallait acheter une voiture.

Il l'a gardée à peine un an, le temps qu'il s'aperçoive que ça lui coûtait du temps et de l'argent : les pleins d'essence, la révision, le parking, l'assurance. Il l'avait achetée parce qu'il pensait qu'elle lui faciliterait la vie, mais il s'est vite rendu compte que cela compliquait plus les choses qu'il ne l'avait imaginé. La vie était bien plus simple quand il se déplaçait en taxi et en métro.

La possession et l'entretien de ses biens prennent beaucoup de temps. Moins vous en avez, plus la vie devient simple. Loin de moi l'idée de vous suggérer d'aller vivre dans la forêt ou de rejoindre une communauté. Il n'y a rien de mal à posséder des choses qui vous apportent bonheur et plaisir. Si vous adorez faire vos longueurs quotidiennes dans votre piscine privée puis passer du temps à lézarder au soleil sur le bord du bassin, savourez votre bonheur le plus souvent possible. Mais, plus vous vous dépouillerez de vos autres accessoires de loisirs, plus vous pourrez vous consacrer à vos moments de détente dans votre piscine.

Reprenez votre liste de priorités et faites le point de l'adéquation entre votre richesse matérielle et vos objectifs. Identifiez ce qui est en rapport et débarrassez-vous de tout le reste dans la mesure du possible. Disposer d'un fardeau matériel moins conséquent est l'un des sentiments de libération les plus forts que vous puissiez éprouver.

Recommencer chaque jour à zéro

Posez tous vos bagages de la journée dans la soute du passé. Quels que soient les erreurs, déceptions, pertes, gênes et échecs subis hier, ils ne doivent pas affecter la journée qui s'annonce.

Comme le dit l'adage : le passé, c'est l'histoire, l'avenir est un mystère et aujourd'hui est un cadeau. Voilà pourquoi nous l'appelons *présent*. Abordez chaque nouvelle journée avec l'envie de produire des choses, de connaître succès et épanouissement, de rendre service aux autres, d'obtenir des résultats et de tisser des liens. Utilisez votre temps de façon qu'il vous apporte les plus belles choses.

Chapitre 16

Dix astuces pour consacrer plus de temps à sa vie privée

Dans ce chapitre :

- Engager un professionnel qui se chargera des corvées qui prennent beaucoup de temps
- Confier l'organisation de ses voyages à quelqu'un d'autre
- Déléguer la prise en charge des petits événements de la vie tels que les anniversaires et les vacances

La gestion du temps ne concerne pas que le travail. Si une utilisation judicieuse de votre temps au travail peut être source de succès professionnels, adopter des tactiques de gestion du temps lorsque vous êtes débordé(e) peut vous libérer des créneaux pour vous adonner à vos activités préférées avec les personnes qui vous sont les plus chères. Dans une société orientée vers le service, il n'a jamais été aussi simple de trouver quelqu'un à qui confier les tâches que vous n'avez pas le temps d'exécuter. Même les prestataires de services les plus onéreux gagnent beaucoup moins que les professionnels très bien payés. Que valent quelques heures par semaine passées en famille ? Elles n'ont pas de prix !

Sous-traiter le travail pénible

Pour certaines personnes, tondre la pelouse, ratisser les feuilles et planter des fleurs a des vertus relaxantes, voire thérapeutiques. Je n'en fais pas partie. De quelque côté de la clôture que vous vous situiez, tondre la pelouse peut rajouter des heures à vos responsabilités ménagères hebdomadaires et c'est le type de tâche qui ne ravira pas vraiment vos voisins si vous la négligez trop longtemps. Pourquoi vous infliger cette corvée si vous avez la possibilité d'engager quelqu'un pour promener la tondeuse ? Vous pouvez vous retrouver avec une pelouse parfaitement entretenue que vous envieront vos voisins et disposer ainsi de temps pour apprécier une beauté naturelle vierge de tout pissenlit.

La palette de services va de l'adolescent du voisin désireux de se faire de l'argent de poche au jardinier manœuvrant une machine infernale. Demandez à vos amis s'ils connaissent un jardinier ou sollicitez des lycéens courageux.

S'offrir un chef pour le dîner

J'adore cuisiner, mais quand Joan et moi avions nos activités, aucun de nous deux n'avait le temps de préparer autre chose pour le dîner qu'un cheeseburger. Un cuisinier personnel peut rendre grandement service à une famille qui apprécie des repas sains et gastronomiques.

Notre chef venait à la maison deux jours par semaine et préparait des repas à base de produits frais que nous conservions ensuite au réfrigérateur ou au congélateur. Il apportait tous ses ustensiles et ingrédients et, en l'espace de deux heures, il concoctait un mois de dîners à partir d'un menu que vous avions choisi à l'avance. En dehors des entrées, il préparait en un éclair des encas, des salades et d'autres plats que nous pouvions sortir pour le déjeuner ou emporter.

Le tarif des services d'un chef varie en fonction de certains facteurs, mais, par expérience, il vous en coûte moins et vous demande moins de temps que d'inviter toute la famille au restaurant.

Si vous n'avez pas les moyens de vous offrir un chef à domicile, vous pouvez consacrer une journée à la préparation de dîners pour un mois (ou une semaine), en congelant ou en mettant sous vide les plats. Ainsi, vous allez faire moins souvent les courses, passerez moins de temps chaque soir à vous demander ce que vous allez faire à manger, réduirez le temps de nettoyage de la cuisine et diminuerez le nombre de soirs où vous devrez manger au restaurant parce que vous n'avez pas envie de vous mettre aux fourneaux. Lisez des livres de cuisine ou consultez des sites web consacrés à cette technique de préparation.

Embaucher une femme de ménage

Le marché des services de ménage a explosé lorsque les femmes ont commencé à être plus nombreuses à travailler et que nombre d'entre elles ont découvert qu'elles ne pouvaient pas et ne voulaient carrément pas faire le ménage. Le fait est qu'après 35 heures, voire plus chaque semaine passées à l'extérieur à travailler pour faire bouillir la marmite, peu de femmes ou d'hommes ont envie de sacrifier deux, trois, quatre heures, voire plus à faire la poussière, passer le balai, laver et cirer.

Les personnes occupées peuvent se tourner vers des professionnels qui se chargeront de ces tâches ingrates. Vous pouvez faire appel à des particuliers qui recherchent quelques heures à faire pour mettre du beurre dans leurs épinards ou à des sociétés spécialisées qui exécutent une liste précise de tâches. Les tarifs de ces prestataires sont souvent à l'heure. Vous pouvez les engager pour qu'ils viennent chez vous une fois par semaine, une fois tous les 15 jours ou une fois par mois. Vous convenez d'un certain nombre de tâches à accomplir (changer les draps, faire les lits…), et une équipe d'employés débarque chez vous et met tout en ordre en l'espace d'une heure, mission qui vous aurait peut-être demandé plusieurs heures à vous tout(e) seul(e). Et quel est l'avantage annexe ? Après une journée de travail frénétique et harassante au bureau, quelle joie de pénétrer dans une maison rutilante !

Pour engager une femme de ménage, il peut être idéal qu'un ami vous recommande quelqu'un de confiance. Prudence tout de même : vérifiez que les normes de propreté de votre ami sont les mêmes que les vôtres. Vous souhaiterez peut-être jeter d'abord un œil à l'allure de la maison de votre ami juste après le passage de sa femme de ménage avant d'envisager de vous offrir ses services.

Si on ne peut vous recommander personne, faites appel à des sociétés spécialisées telles que menage.fr ou Shiva. L'avantage, c'est que les employés ont un contrat et une assurance en bonne et due forme (pour des questions de responsabilité), ce qui instaure un climat de confiance et de sérieux.

Faire garder ses enfants le temps d'aller faire ses courses

J'ai le bonheur d'être père et j'apprécie vivement tout le temps que je passe avec mes enfants. Ceci dit, faire les courses en traînant deux enfants n'est pas l'idée que je me fais d'une formation de liens affectifs de qualité. En fait, lorsqu'ils sont avec moi, les courses me prennent deux fois plus de temps !

Lorsque vous avez besoin de sortir faire des courses, vous irez plus vite et en ferez plus en moins de temps si vous laissez vos enfants chez vous en présence d'un(e) baby-sitter. Faites-vous recommander quelqu'un par un ami, engagez un adolescent que vous connaissez bien ou faites un échange de bons procédés avec un ami qui apprécie lui aussi de faire ses courses en toute liberté et auquel vous rendrez le même service une autre fois.

Utiliser les services de collecte et de livraison

Les pizzerias ne sont aujourd'hui plus les seules à effectuer des livraisons. La liste de sociétés qui proposent ce service et vous évitent de prendre votre voiture s'allonge chaque jour un peu plus. Le teinturier vient chercher chez moi et me rapporte le linge que je lui confie, parce que le temps qu'il me faut pour aller déposer et rechercher (quand j'y pense) mon linge en voiture vaut largement les quelques dollars que je débourse en plus. Je programme les heures de collecte de mes chemises sales et j'attends simplement qu'on me les rapporte lavées et repassées.

Les services de courrier express et autres coursiers sont de plus en plus nombreux. Que vous ayez besoin de faire acheminer un contrat à un client situé à l'autre bout de la ville ou de récupérer cette parure d'anniversaire de mariage avant de retrouver votre femme au restaurant pour dîner dans deux heures, un simple appel et un coursier vient à votre rescousse.

Explorer les autres solutions existantes pour acheter

Avec toutes les solutions qui existent pour acquérir les biens et marchandises dont vous avez besoin ou envie, vous pourriez ne plus jamais remettre les pieds dans un centre commercial, à moins bien sûr que vous traîner comme un escargot sur le parking pour trouver une place et vous frayer un chemin à travers la foule à la recherche de la bonne boutique ou du bon rayon fassent partie de vos plaisirs.

Vous pouvez pratiquement tout acheter en ligne. Que vous alliez sur eBay ou sur le site web de votre magasin de prêt-à-porter préféré, il y a de fortes chances que vous puissiez commander et payer vos achats et vous faire livrer le lendemain, soit le délai qu'il vous faut pour sortir votre voiture du garage.

Même les supermarchés proposent des services de livraison à domicile. Toutes les étapes entre le moment où vous faites votre liste de courses et celui où vous rangez vos marchandises dans les placards disparaissent d'un coup. Commandez en ligne et choisissez votre jour de livraison !

Engager un prestataire à domicile pour bichonner sa voiture

Si vous passez beaucoup de temps dans votre voiture pour vos déplacements professionnels, il est peut-être primordial pour vous d'avoir un véhicule propre. Mais l'apporter chez un spécialiste du nettoyage automobile constitue un déplacement de plus que vous n'avez pas le temps d'accomplir et qui ne s'impose pas puisque de nombreux prestataires viennent chez vous ou sur votre lieu d'activité. Pendant que vous êtes au bureau à recevoir des clients, le spécialiste s'occupe de votre véhicule et le transforme en carrosse rutilant prêt à reprendre la route.

Confier l'organisation de ses vacances à une agence de voyage

Nous sommes face à un paradoxe : planifier ses voyages n'a jamais pris autant de temps alors que le nombre de sites web spécialisés continue d'augmenter fortement. Trouver le tarif le plus intéressant pour votre vol peut vous demander des heures de recherche. Il vous faut ensuite réserver vos chambres d'hôtel, la location de voiture et régler d'autres détails. Il peut être long et difficile d'assembler toutes les pièces du puzzle. Malgré cela, cette mode du self-service semble être destinée à durer. Le recours à un professionnel du voyage peut cependant vous faire gagner un temps précieux.

Les agences de voyage ont à leur disposition des outils sophistiqués de professionnels que les autres prestataires n'ont pas. Elles peuvent prendre en compte vos exigences et rapidement vous proposer un itinéraire qui répond à vos souhaits. (« Nous ne sommes disponibles qu'entre le 5 et le 21, nous préférons un vol qui décolle l'après-midi et nous avons la carte Flying Blue du groupe SkyTeam. Nous voulons des hôtels équipés d'une salle de sport. ») Et souvent, elles peuvent trouver des offres couplant le vol et l'hôtel que vos heures passées à naviguer sur la Toile ne vous permettront jamais de dénicher.

La plupart des agences de voyage facturent des frais de dossier, mais il s'agit d'une somme modique qui vous garantit des vacances paisibles en famille, une seconde lune de miel ou une escapade de rêve.

Laisser quelqu'un d'autre faire le paquet cadeau

Lorsque vous devez offrir un cadeau, arrangez-vous pour faire d'une pierre deux coups, à savoir acheter le cadeau et le faire emballer. Très nombreuses sont les boutiques à vous offrir ce service. Il ne faut guère plus de deux minutes au vendeur pour emballer avec talent votre article et mettre un ruban sur le paquet. Au pire, la boutique peut vous fournir une pochette cadeau, mais la plupart des grands magasins et centres commerciaux ont des stands d'emballage de cadeaux, souvent sous l'égide d'une association caritative.

N'abandonnez pas l'idée si vous achetez par correspondance ou sur Internet. Demandez s'ils peuvent faire un papier cadeau et vous fournir une petite carte. Cela entraîne généralement un petit supplément mais vous permet de gagner du temps, d'autant plus si vous leur demandez de livrer le paquet directement à l'heureux destinataire, si vous avez son adresse.

Écrire d'un seul coup ses cartes de vœux

Dernièrement, un ami m'a présenté un service fabuleux qui fonctionne ainsi : vous créez un compte, entrez votre liste de destinataires, avec leur adresse, les occasions pour lesquelles vous souhaitez leur envoyer une carte, choisissez vos cartes parmi un large éventail ou créez vos propres cartes, jusqu'à la forme de la signature. C'est ensuite l'entreprise, pour environ 1 euro le publipostage, qui se charge du reste. Chaque année, vous êtes ainsi dans les temps.

Si vous êtes le genre de personne qui envoie toujours des cartes d'anniversaire avec une semaine de retard, si tant est que vous y pensiez, ce service peut être une bénédiction. Pensez une minute à tout le temps que vous économisez au moment du Nouvel An !

Vous êtes peut-être nombreux à penser que c'est de la triche de payer quelqu'un pour penser à ce genre de choses, mais préparer à l'avance l'envoi d'une carte, c'est être certain de bien le faire. Ce type de service peut s'avérer une aubaine pour les professionnels débordés qui savent qu'il est important de retenir les occasions spéciales de leurs clients.

Chapitre 17

Dix façons d'aiguiser sa concentration au travail

Dans ce chapitre :

- Réduire au strict minimum les distractions
- Se motiver pour travailler

Votre faculté d'utiliser votre temps au mieux est étroitement liée à votre capacité à vous concentrer. Cette heure que vous vous réservez pour mettre la touche finale à votre rapport doit être pleine. Mais, si vous déviez de votre cap, peut-être attiré(e) par la petite enveloppe signalant l'arrivée d'un courriel, au bas de votre écran d'ordinateur, une heure risque de ne pas suffire. Il vous faudra peut-être deux heures, voire plus pour tout boucler.

Rester concentré sur les tâches les plus vitales, à savoir celles qui représentent 80 % de votre réussite, est l'un des défis les plus compliqués à relever lorsque vous vous efforcez de bien gérer votre temps. J'ai identifié dix habitudes qui permettent de centrer votre esprit là où il faut et non sur les distractions futiles qui vous détournent de vos objectifs.

Démarrer modestement

La concentration s'acquiert. J'en compare le processus à la musculation. Faire travailler les muscles de la concentration demande de l'investissement, une pratique régulière et la volonté de se dépasser, petit à petit.

Tout comme vous n'iriez pas soulever une barre de 100 kilos le premier jour de votre programme de musculation, vous n'allez pas vous infliger des contraintes irréalistes lorsque vous apprenez à maîtriser la technique. Au début, vous ne parviendrez peut-être pas à passer toute la journée à rassembler vos reçus et dossiers pour remplir votre déclaration d'impôt.

Commencez par des poids légers, à savoir des petites tâches, les projets les moins complexes. Et structurez vos séances, peut-être en commençant par de petites tranches d'une demi-heure. Accordez-vous ensuite une pause afin de libérer la tension et d'accorder à votre esprit les pauses dont il a besoin. Prenez une boisson ou allez marcher dehors 5 ou 10 minutes. Reprenez ensuite votre projet. Lorsque vous aurez acquis un peu d'endurance, vous pourrez accroître les périodes de travail et vous montrer studieux(se) et concentré(e) plusieurs heures de suite.

Rechercher un endroit calme

Le bruit ambiant (bourdonnement d'ordinateurs et de photocopieurs, sonneries de téléphones, conversations) peut vous distraire, altérer votre concentration et donc diminuer l'efficacité de la gestion de votre temps. Lorsque vous avez besoin de vous concentrer, recherchez un endroit ou un moment de la journée calme. Il m'arrive souvent de me lever à 3 heures du matin pour écrire : les enfants ne jouent pas, la télé n'est pas allumée, il n'y a aucun bruit de circulation dans la rue. Je me concentre donc bien mieux au cœur de la nuit grâce au silence ambiant.

Vous ne souhaiterez peut-être pas passer en équipe de nuit mais, pour optimiser votre concentration et le temps dont vous disposez, saisissez toutes les occasions de diminuer le bruit distrayant. Si vous avez un bureau, fermez la porte. Vous pouvez aussi rechercher une salle de conférence non utilisée.

Malgré tous vos efforts, vous ne serez peut-être pas en mesure d'éliminer toutes les distractions sonores qui nuisent à votre concentration. Si vous n'êtes pas certain(e) de les vaincre, mettez-vous à faire du bruit. Sérieusement ! Créez votre propre bruit. Je veux parler de bruit blanc, à savoir ce bruit de fond régulier qui semble niveler tous les autres. Pensez au bruit des vagues de l'océan, de la pluie, du vent qui souffle dans les arbres. Recherchez des CD de musique apaisante ou servez-vous d'un ventilateur afin de créer un bruit léger mais constant. Ces types de sons n'affectent pas votre concentration mais bloquent tout autre bruit.

Certaines personnes ne jurent que par la musique classique. Des études montrent qu'elle favorise la concentration et la créativité. Personnellement, j'en mets quel que soit le type de projet sur lequel je travaille. Je préfère les instruments à cordes. (J'ai tendance à éviter des œuvres telles que l'*Ouverture 1812* et d'autres compositions à base de cymbales.) Mais chacun réagit différemment à la musique. Trouvez celle qui vous convient et renforce votre concentration.

Commencer tôt (ou finir tard)

Certaines personnes sont des lève-tôt tandis que d'autres s'estiment plus productives plus tard dans la journée, voire la nuit. Mais, même si vous vous considérez comme un couche-tard, je maintiens que tout le monde tire généralement parti d'un démarrage de bonne heure. Vous êtes toujours plus frais très tôt le matin, quand votre journée ne vous a pas encore réservé de contrariétés. Pour la plupart des professionnels, les distractions, problèmes et difficultés augmentent à mesure que la journée avance. Plus vous commencez tôt, moins vous risquez d'être interrompu(e). Vous avez également moins de problèmes à gérer et votre concentration est meilleure.

Commencer à travailler un peu plus tôt que l'horaire officiel est une tactique qui dynamise votre progression. Peu de personnes sont à leur bureau ou au téléphone pour perturber votre concentration. En outre, un démarrage productif contribue à conforter votre attitude et votre niveau d'énergie pour le restant de la journée.

Bien entendu, lorsque vous n'avez pas la possibilité de commencer tôt, l'autre tactique consiste à rester travailler tard. Vous serez peut-être un peu fatigué(e) après une longue journée, mais vous pouvez profiter de l'ambiance plus feutrée une fois la plupart de vos collègues rentrés chez eux. Restez à votre bureau, accordez-vous une heure, voire plus de travail ininterrompu et évitez ainsi les embouteillages pour rentrer chez vous !

TRUC

Il est plus rentable d'accroître votre amplitude horaire en restant un peu plus tard chaque jour ou plusieurs soirs par semaine. Rester trois heures de plus au bureau une ou deux fois par semaine peut avoir l'effet contraire de celui escompté : vous finirez votre journée fatigué(e) et risquez d'arriver en retard le lendemain ! Il vaut mieux faire une heure supplémentaire trois ou quatre fois par semaine.

Déplacer l'heure du déjeuner

Déplacez au maximum votre pause déjeuner en dehors du créneau 12 heures-13 heures (plage horaire pendant laquelle tout le monde va déjeuner). Si vous démarrez tôt le matin, vous souhaiterez peut-être prendre votre pause vers 11 heures. Si vous êtes sur quelque chose d'important, vous voudrez peut-être tenir le coup jusqu'à 14 heures.

En allant déjeuner en dehors de l'heure de pointe, vous prendrez une pause plus tranquille (moins de monde et de bruit au restaurant ou à la cantine et dans la salle de repos). Vous reprendrez donc le travail détendu(e) et prêt(e) à vous concentrer. Et vous profitez d'un moment tranquille pour travailler, lorsque la plupart de vos collègues sont partis déjeuner. En restant à votre poste entre 11 h 30 et 13 h 30, vous découvrirez un environnement plus propice à la concentration.

Vous pouvez aussi décider de prendre plusieurs encas afin d'éviter le coup de pompe classique, quand votre organisme n'a plus de carburant et que vous éprouvez cette sensation d'évoluer au ralenti. Vos pauses sont plus courtes mais plus nombreuses, ce qui permet de retrouver de l'énergie.

Faire des pauses plus courtes mais plus souvent

Il est impossible de rester complètement concentré huit à dix heures de suite par jour si vous évoluez dans un environnement de production. Vous pouvez gagner du temps et accroître votre productivité en travaillant intensément, puis en prenant une courte pause. Chez la plupart des gens, le cerveau ne peut fonctionner à plein régime plus d'une heure et demie à deux heures sans souffler. En vous arrêtant ne serait-ce que 5 à 10 minutes, vous pouvez retrouver de l'énergie, de l'intensité et de la concentration.

Quelles sont les tâches les plus dures que vous exécutez dans votre travail ? Qu'est-ce qui vous fatigue rapidement ? Qu'avez-vous conscience d'avoir besoin de réaliser mais que vous avez du mal à faire régulièrement ? Privilégiez de répartir toutes vos activités sur de courtes durées entrecoupées de brèves pauses. Pour les commerciaux, le plus long est la prospection, à savoir la recherche de nouveaux contrats. Je conseille donc toujours aux commerciaux d'enchaîner les appels de prospection pendant une heure, puis de prendre une pause de 10 à 15 minutes.

Ne pas abuser des discussions personnelles

Machine à café, distributeur de boissons, photocopieuse, le lieu de travail peut s'avérer un champ de mines pour l'employé consciencieux désireux d'être productif. Vous pouvez recontrer du monde à chaque coin de porte et voir tomber à l'eau vos plans basés sur les meilleures intentions du monde.

Les interactions avec les autres sont difficiles à supprimer, sous peine de passer pour un être antisocial ou d'hériter de l'étiquette de reclus du bureau. Le meilleur moyen d'éviter cela est de vous bloquer un créneau spécial pour voir les autres.

TRUC

Ce créneau vous permet donc de discuter d'autre chose que du travail avec vos collègues. Ce peut être tôt le matin au moment où les employés arrivent ou sous la forme d'une pause d'une demi-heure maximum entre deux projets. Demandez si le week-end au ski de votre secrétaire s'est bien passé, si le fils de votre chef a gagné au football, si votre voisin de bureau s'est bien rétabli de sa grippe, souhaitez un joyeux anniversaire à la standardiste. Reprenez ensuite votre travail.

Avec cette stratégie, vous gagnez sur tous les plans : vous demeurez productif et vos collègues apprécient que vous pensiez à eux.

Si vous avez besoin de limiter les visites des autres à des moments malvenus, mettez un écriteau sur la porte de votre bureau ou sur la partie extérieure de votre box (dans un bureau paysager) qui dit quelque chose de ce genre : « Ne pas déranger. Merci de me contacter par courriel ou de laisser un message vocal entre [heure] et [heure]. Je consulte ma messagerie une fois par heure. »

Avoir conscience des pensées perturbatrices et les éviter

Inévitablement, quand je m'assieds pour m'atteler à un projet qui exige beaucoup de concentration, une pensée parasite vient me perturber, comme le ferait un moustique, et il me faut alors la chasser. « Est-ce que j'ai bien éteint la cafetière ? » « Je me demande comme s'est passé la sortie éducative de Wesley ? » « Comment s'intitulait déjà ce livre que je voulais lire ? ».

Quand ce genre de perturbation m'assaille, je suis le conseil d'amis qui pratiquent le yoga ou la sophrologie. Pour atteindre un vrai état méditatif, ils se concentrent sur leur respiration et font ainsi en sorte que ces pensées parasites s'échappent au-delà de leur état de conscience. Ils ne les combattent pas mais ne les laissent pas non plus s'installer. C'est comme si vous laissiez s'envoler ces idées parasites tels des nuages au gré du vent afin de vous reconcentrer sur l'instant présent. Ma respiration s'apaise et je parviens à laisser s'évanouir ces pensées parasites afin de poursuivre et de me pencher sur elles plus tard, une fois mon projet terminé.

TRUC

La meilleure stratégie est d'accepter que surviennent ces pensées perturbatrices. Ayez un bloc-notes à portée de main et, quand une pensée surgit, consignez-la par écrit, puis oubliez-la. Puisque vous l'avez notée, la laisser s'échapper ne devrait pas vous poser problème.

Se récompenser en cas de succès

Vous avez probablement déjà employé l'approche de la carotte pour vous encourager à atteindre vos plus gros objectifs : j'obtiens cette promotion et je pars en croisière avec la famille ; je fais une belle vente et j'achète cette robe de soirée. Le système de récompenses fonctionne tout aussi bien pour les étapes intermédiaires qui vous aident à remplir votre objectif, même au quotidien. Si vous aimez le golf et souhaitez vous offrir une nouvelle série de clubs, décrochez vos clubs un par un, un pour chaque journée où vous êtes resté(e) bien concentré(e). Si vous bataillez pour terminer un rapport qui met à l'épreuve votre capacité à vous concentrer, promettez-vous de sortir au restaurant ou de vous offrir un bain à remous si vous le bouclez dans l'après-midi.

TRUC

Décomposez en petits segments les activités pour lesquelles vous souhaitez vous récompenser. Je connais une femme qui s'octroie un carré de chocolat chaque fois que s'achève une heure de travail productive. Un étudiant en médecine s'autorise à écouter quelques morceaux de son CD préféré après deux heures de révision. En ce qui me concerne, je vais m'offrir un massage pour avoir rédigé le présent chapitre aujourd'hui !

Affronter les moments importants

Avez-vous déjà remarqué combien les plus grands sportifs, tels que Tiger Woods ou Roger Federer, élèvent leur niveau de jeu dans les tournois majeurs ou du Grand Chelem ? Les champions renforcent leur concentration et jouent mieux lors des grands événements parce qu'ils savent qu'on attend plus d'eux.

Un défi peut vous pousser à être plus performant(e) et efficace. Dans la vie, réussir, c'est faire son maximum pour devenir meilleur, puis se tester afin de voir si on y est parvenu. Lorsque vous êtes face à une échéance importante, vous êtes obligé(e) de consacrer du temps à l'amélioration de vos compétences et d'adopter l'attitude qui vous permettra d'obtenir à l'avenir de meilleurs résultats. Dans la mesure où les gros défis sont plus difficiles à relever, vous devez tester vos compétences. Les personnes ambitieuses et visant à progresser pratiquent également la sophrologie, qui les amène à anticiper toujours un avenir meilleur et leur permet d'augmenter considérablement leur confiance en eux. Cela a un effet très bénéfique sur la réalisation des objectifs.

L'autre avantage des grandes occasions, c'est qu'elles vont dans le sens de la règle des 80/20 (voir le chapitre 4). Il faut la même quantité de temps et d'efforts pour ferrer un gros client qu'un tout petit. Dans le commerce, vous pouvez partir pêcher la baleine et en profiter pour remonter du menu fretin afin de consolider votre trésorerie.

Garder un rythme régulier

Persévérance et cohérence sont des qualités que possèdent les personnes qui réussissent. La faculté de se concentrer, de garder le bon cap, voire de travailler avec acharnement peut vous aider à assumer les échecs et frustrations avant de finir par atteindre vos objectifs. Si vous ne voyez pas les résultats immédiatement, admettez qu'il vous faut plus de temps et remettez votre ouvrage sur le métier en faisant preuve de patience. Si vous percevez des progrès sans que les résultats soient encore au rendez-vous, n'abandonnez pas, persévérez. Exercez, persistez et appréciez votre évolution. Comme le dit l'adage : « C'est en forgeant qu'on devient forgeron » !

Index

D

Q

R

S